CABANIS

DANS LA MÊME COLLECTION

Aristote. Une philosophie en quête de savoir, par R. Bodéüs, 2002.
Augustin. L'expression du Verbe, par D. Doucet, 2004.
Berkeley. Un nominalisme réaliste, par D. Berlioz, 2000.
Blondel. Un univers chrétien, par B. Saint-Sernin, 2010.
Cournot. Le réalisme, par B. Saint-Sernin, 1998.
Deleuze. La passion de la pensée, par P. Montebello, 2008.
Descartes. La règle de la raison, par M. Spallanzani, 2015.
Daseinsanalyse, par Ph. Cabestan et Fr. Dastur, 2011.
Diderot. Un matérialisme éclectique, par A. Ibrahim, 2010.
Duns Scot. La métaphysique de la singularité, par G. Sondag, 2005.
Maître Eckhart. Une philosophie du christianisme, par K. Flasch, 2011.
Épicure. La nature et la raison, par P.-M. Morel, 2010.
Fichte. Réflexion et argumentation, par I. Thomas-Fogiel, 2004.
Gadamer. Une herméneutique philosophique, par I. Weiss, 2010.
Habermas. La raison publique, par R. Chennoufi, 2013.
Hegel. Une philosophie de la raison vivante, par A. Stanguennec, 1997.
Heidegger. La question du Logos, par F. Dastur, 2007.
Hobbes ou l'œuvre de la raison, par M. Malherbe, 1983.
Hume. Une philosophie des contradictions, par J.-P. Cléro, 1998.
Kant. L'invention critique, par M. Castillo, 1997.
Malebranche. Une philosophie de l'expérience, par D. Moreau, 2004.
Montaigne. L'usage du monde, par P. Mathias, 2006.
Montesquieu. Le droit et l'histoire, par F. Markovits, 2008.
Nicolas de Cues. L'homme, atome spirituel, par G. Federici Vescovini, 2016.
Les néokantiens. Valeur et vérité, par É. Dufour, 2003.
Le néostoïcisme. Une philosophie par gros temps, par J. Lagrée, 2010.
Le scepticisme. Vivre sans opinions, par S. Marchand, 2018.
Pascal. La force de la raison, par H. Bouchilloux, 2004.
Platon. Le désir de comprendre, par M. Dixsaut, 2003.
La philosophie romantique allemande. Un philosopher infini, par A. Stanguennec, 2011.
Ricœur. Philosopher à son école, par J.-Ph. Pierron, 2016.
Sartre. Liberté et histoire, par A. Guigot, 2007.
Spinoza. Union et désunion, par P. Sévérac, 2011.
Les Stoïciens. La liberté et l'ordre du monde, par R. Muller, 2006.
Voltaire. Du Cartésianisme aux Lumières, par É. Martin-Haag, 2002.

BIBLIOTHÈQUE DES PHILOSOPHIES

Directeur : Michel MALHERBE

CABANIS

L'IDÉOLOGIE PHYSIOLOGIQUE

par

Claude JOLLY

Ouvrage publié avec le concours du Centre national du livre

PARIS

LIBRAIRIE PHILOSOPHIQUE J. VRIN

6 place de la Sorbonne, V[e]

2021

Imprimé en France

ISSN 1281-5675
ISBN 978-2-7116-3007-3

www.vrin.fr

LISTE DES ABRÉVIATIONS

ŒUVRES DE CABANIS

DCM : Du Degré de certitude de la médecine.

OCC : Œuvres complètes de Cabanis, [éditées par François Thurot], Paris, Bossange Frères, Firmin Didot, 1823-1825, 5 vol.

OPC : Œuvres philosophiques de Cabanis, texte établi et présenté par Claude Lehec et Jean Cazeneuve, Paris, P.U.F., 1956, 2 vol. (Corpus général des philosophes français).

PVSP : Quelques principes et quelques vues sur les secours publics.

RPMH : Rapports du physique et du moral de l'homme.
– Les mémoires et leurs paragraphes sont indiqués. Ainsi M III, § 2 se lit : Troisième mémoire, paragraphe 2.
– En ce qui concerne le dixième mémoire qui comporte plusieurs chapitres, ceux-ci sont présentés sous forme abrégée comme suit :
De la vie animale : DVA
Des premières déterminations de la sensibilité : DPDS
De l'instinct : DI
De la sympathie : DS
Du sommeil et du délire : DSD
Du sommeil en particulier : DSP

RRM : Coup d'œil sur les révolutions et sur la réforme de la médecine.

ŒUVRES DE DESTUTT DE TRACY

DdT, *OC* : Destutt de Tracy, *Œuvres complètes*, éditées par Claude Jolly, Paris, Vrin, 2011-2018, 8 volumes (Bibliothèque des textes philosophiques).

Le numéro du volume est indiqué :

I. *Premiers écrits. Sur l'éducation et l'instruction publique.*
II. *Essais philosophiques.*
III. *Éléments d'idéologie, 1. Idéologie proprement dite.*
IV. *Éléments d'idéologie, 2. Grammaire.*
V. *Éléments d'idéologie, 3. Logique.*
VI. *Éléments d'idéologie, 4-5. Économie, Morale (Traité de la volonté et de ses effets).*
VII. *Commentaire sur l'*Esprit des lois *de Montesquieu.*
VIII. *Correspondance.*

ŒUVRES DE MAINE DE BIRAN

MdB : *Œuvres* de Maine de Biran, publiées sous la direction de François Azouvi, Paris, Vrin, 1984-2000, 13 tomes en 20 volumes.

Le numéro des volumes cités est indiqué :

I. *Écrits de jeunesse.*
II. *Influence de l'habitude sur la faculté de penser.*
III. *Mémoire sur la décomposition de la pensée.*
XI-3. *Commentaires et marginalia : XIXe siècle.*
XIII-2/3. *Correspondance philosophique, 1766-1824.*

INTRODUCTION

1. Les Idéologues [1] sont au cœur de ce qu'on a parfois appelé les *Secondes Lumières*. La plupart d'entre eux sont nés dans les décennies 1750 ou 1760, ce qui signifie qu'ils sont âgés d'environ 35 ans en 1789, 45 ans au 18 brumaire et 60 ans à la chute de l'Empire. S'ils forment une nébuleuse aux contours incertains et changeants, ils ont cependant en commun un certain nombre de principes philosophiques, des engagements politiques et la participation à des institutions savantes ou la fréquentation de certains lieux de sociabilité :

– Sur le plan *philosophique*, ils ont été formés au condillacisme, c'est-à-dire que leur pensée s'organise autour de trois idées-forces : 1. Toutes nos idées ont leur source dans la sensation et rien que la sensation ; c'est pourquoi on les a parfois désignés sous le nom de sensationnistes. 2. Nos idées n'existent ou en tout cas ne se développent que revêtues de signes ; avant même de nous permettre de communiquer, le langage a pour fonction première de nous permettre de penser. 3. Seule la méthode de l'analyse peut nous conduire à la vérité.

– Sur le plan de *l'engagement politique*, les Idéologues accueillent tous favorablement la Révolution sur des positions proches de celles de La Fayette, de Mirabeau ou de Condorcet. Un très grand nombre d'entre eux sont membres d'une ou de plusieurs des assemblées parlementaires qui se succèdent durant la Révolution puis sous l'Empire ou la Restauration. Ils sont attachés à la défense de la propriété et sont convaincus que le pouvoir doit être exercé par la classe « mitoyenne » et instruite, qui est à leurs

1. Selon une tradition désormais bien établie, il est d'usage d'écrire Idéologues et Idéologie avec une majuscule, pour distinguer cette école de pensée des idéologues et de l'idéologie au sens marxiste du terme.

yeux la plus à même de représenter l'intérêt général [1]. Refusant aussi bien le retour de l'Ancien Régime et de ses privilèges que les débordements populaires gouvernés par les passions, ils sont emprisonnés, se cachent ou se font discrets sous la Convention jacobine. La chute de Robespierre le 9 thermidor marque le début de leur ascension : sous le Directoire ou au début du Consulat, ils occupent une position peut-être pas hégémonique mais à tout le moins largement dominante dans le champ intellectuel et sont étroitement liés au pouvoir politique. Ils applaudissent à tous les coups d'État du Directoire et participent à celui du 18 brumaire (Cabanis, Chénier, Daunou, Garat, Volney) ou au minimum l'envisagent positivement (Destutt de Tracy). Leur étoile pâlit au fur et à mesure de l'avancée du Consulat, sous le triple effet de l'hostilité du Premier consul à leur égard (dès 1801, la plupart d'entre eux sont devenus des opposants plus ou moins silencieux à un régime autoritaire dont ils attendent patiemment la chute), du retour en force de la religion (illustré par le Concordat et le succès auprès du public des élucubrations du *Génie du christianisme*) et de l'apparition d'une sensibilité romantique qui leur paraît aussi étrange que rétrograde. Au fil du temps, on voit une dissidence spiritualiste émerger dans les rangs mêmes de l'Idéologie (Degérando, Maine de Biran, Laromiguière) tandis que d'autres écoles de pensée s'émancipent et leur contestent le premier rang dans le champ intellectuel : traditionnalistes, romantiques, doctrinaires, éclectiques, saint-simoniens…

– Sur le plan *institutionnel*, les Idéologues, parce qu'ils associent étroitement liberté et lumières, s'investissent fortement dans les institutions scientifiques et pédagogiques créées à la fin de la Convention, mises en place sous le Directoire et pour une part défaites sous le Consulat : Institut national et en particulier sa deuxième classe consacrée aux sciences morales et politiques ; écoles centrales des départements ; écoles spéciales. Par ailleurs ils se retrouvent régulièrement à Auteuil dans le salon de Madame Helvétius ou encore, entre 1797 et 1802, tous les tridis dans un restaurant de la rue du Bac.

1. Si l'expression est déjà utilisée par Volney en 1787 dans son *Voyage en Syrie et en Égypte*, c'est à Jean-Baptiste Say que l'on doit la notion de classe mitoyenne, qu'il définit comme « loin des soucis et des plaisirs de la grandeur, loin des angoisses de la misère ; [celle] où se rencontrent les fortunes honnêtes, les loisirs mêlés à l'habitude du travail, les libres communications de l'amitié, le goût de la lecture et des voyages ; [celle où] naissent les lumières ; et c'est de là qu'elles se répandent chez les grands et chez le peuple ; car les grands et le peuple n'ont pas le temps de méditer » (*Traité d'économie politique*, Paris, 1803, p. XVIII).

Ces trois dimensions (philosophiques, politiques et scientifiques/pédagogiques) sont étroitement liées entre elles et sous-tendues par une exigence commune, la recherche du *bonheur* individuel et collectif et la production des *biens utiles* [1] : s'il faut former une science des idées ou *Idéologie*, qui est en fin de compte une science des méthodes [2] permettant de penser juste, ce n'est pas parce que celle-ci serait une fin en elle-même mais bien parce qu'il ne peut y avoir de bonheur sans vérité ; s'il faut s'engager politiquement, c'est parce qu'un régime fondé sur la superstition religieuse et la confiscation du pouvoir par un groupe social animé par des intérêts particuliers ne peut conduire qu'au malheur du plus grand nombre ; s'il faut développer les sciences et l'éducation, c'est parce que le bonheur social n'est établi durablement qu'à la double condition que le pouvoir soit confié à un personnel politique instruit et que l'instruction puisse bénéficier progressivement à tous.

2. Pour autant, si l'on peut discerner assez aisément les principaux caractères de l'Idéologie, il est en revanche beaucoup plus délicat de vouloir dresser, que ce soit avec Picavet [3] ou d'autres, la liste des Idéologues. Certes, le Premier consul sait très précisément de qui il parle quand le 12 pluviôse an IX (1er février 1801), à la suite de la dénonciation par plusieurs membres du Tribunat de la volonté du gouvernement d'instituer des tribunaux spéciaux, il dénonce

> douze ou quinze métaphysiciens bons à jeter à l'eau. C'est une vermine que j'ai sur mes habits. [...] Il y a une classe d'hommes qui depuis dix ans a fait plus de mal à la France que les plus forcenés révolutionnaires. Cette classe se compose de phraseurs et d'idéologues [4].

1. Dès l'introduction du *Mémoire sur la faculté de penser* qu'il lit devant l'Institut en l'an IV (1796), Destutt de Tracy place son propos sous le signe du bonheur et de l'utile : « L'unique but de tous vos travaux est la solution de cet immense problème, *les facultés d'une espèce d'êtres animés étant connues, trouver tous les moyens de bonheur dont ces êtres sont susceptibles* » et « En dernière analyse, quel est le but de toutes les recherches, si ce n'est l'utilité ? » (DdT, *OC* II, p. 69-71).

2. Comme le dit Cabanis, « La vraie métaphysique [i.e. l'Idéologie] est en un mot la science des méthodes ; méthodes qu'elle fonde sur la connaissance des facultés de l'homme » (*Lettre sur un passage de la* Décade philosophique *et en général sur la perfectibilité de l'esprit humain*, dans *OPC* II, p. 515).

3. François Picavet, *Les Idéologues, essai sur l'histoire des idées et des théories scientifiques, philosophiques, religieuses, etc. en France depuis 1789*, Paris, Alcan, 1891.

4. Louis de Villefosse et Janine Bouissounouse, *L'Opposition à Napoléon*, Paris, Flammarion, 1969, p. 168.

Il vise alors directement les membres des assemblées qui commencent à prendre leurs distances vis-à-vis d'un pouvoir qu'ils ont pourtant contribué à installer. Sont ainsi désignés quatre sénateurs qui, au sein de la chambre haute, forment le cœur de ce que l'on appellera bientôt la minorité du Sénat : Cabanis, Destutt de Tracy, D.-J. Garat et Volney; une dizaine de tribuns qui acceptent mal la dérive autoritaire du régime et seront pour la plupart éliminés du Tribunat dès 1802 ou un peu plus tard, à savoir Andrieux, M.-J. Chénier, Constant, Daunou, Gallois, Ginguené, Jacquemont, Laromiguière, Le Breton, Say; enfin un membre du Corps législatif, Charles-François Dupuis, l'auteur de *L'Origine de tous les cultes* (an III-1794) et militant notoire de l'athéisme et de l'anticléricalisme. Si cette énumération cible assez bien (à l'exception de Benjamin Constant que l'histoire des idées associe à Madame de Staël et au Groupe de Coppet, bien qu'il soit à cette date sur des positions très proches de celles des Idéologues) le noyau dur de l'Idéologie, il reste qu'il est assez vain de se livrer à un tel exercice qui revient à ériger des cloisons là où il est plus pertinent de mettre en évidence des relations ou à mal prendre en compte les évolutions des esprits, surtout dans une période aussi « mobile » sur le plan intellectuel et politique que celle de la Révolution et de l'Empire. Ainsi, si l'on peut parfaitement qualifier Degérando d'Idéologue en tant que lauréat en 1799 du concours ouvert par la classe des sciences morales et politiques de l'Institut sur l'influence des signes, ses autres écrits comme le réseau de ses relations permettent tout autant de le ranger à cette époque parmi les amis de Madame de Staël ou encore de l'abbé Sicard. De la même façon, Maine de Biran est sans aucun doute un Idéologue en 1800, mais il ne l'est certainement plus en 1804 après qu'il a fait la « découverte » de l'effort hyperorganique. Laromiguière est sans conteste un éminent contributeur à l'élaboration de l'Idéologie au travers des communications qu'il présente devant la classe des sciences morales et politiques de l'Institut mais l'est-il encore quand il publie au début de la Restauration ses *Leçons de philosophie* [1] ? Le cousinien Damiron ne le sait pas lui-même qui, dans son *Essai sur l'histoire de la philosophie en France au* XIX*e siècle* [2], le classe parmi les Idéologues dans la première édition puis parmi les Éclectiques dans la deuxième, parues pourtant toutes deux la même année. Quant à cette

1. Pierre Laromiguière, *Leçons de philosophie ou Essai sur les facultés de l'âme*, Paris, Brunot-Labbé, 1815-1818.

2. Philibert Damiron, *Essai sur l'histoire de la philosophie en France au dix-neuvième siècle*, Paris, Ponthieu, 1828. Seconde édition : Paris, Schubart et Heideloff, 1828.

grande figure de l'Idéologie qu'est Volney, Destutt de Tracy le voudrait « tant soit peu plus idéologiste » [1].

3. Si une délimitation très précise du périmètre de l'ensemble formé par les Idéologues est donc largement indécidable, un point en revanche ne fait pas débat : Cabanis et Destutt de Tracy forment bien le centre de gravité de l'Idéologie; ils en sont sans conteste les chefs de file ou, si l'on veut, les référents. Même si l'on peut noter entre eux quelques divergences (par exemple celle que signale Cabanis dans le dixième mémoire des *Rapports du physique et du moral de l'homme*, relativement à la connaissance des corps [2]), les deux philosophes sont en parfait accord sur l'essentiel. Maine de Biran n'avait pas manqué de l'observer, lui qui écrit en 1802 à Dorimond de Feletz : « Les deux amis semblent n'avoir en tout qu'une même opinion » [3]. Pour autant, leurs contributions respectives à l'Idéologie ne sauraient se confondre car elles sont complémentaires. En effet, si l'un et l'autre s'attachent à l'analyse des idées et font de la sensation la source exclusive de celles-ci, ils ne les envisagent pas sous le même point de vue. Si l'Idéologie, science des idées, est une [4], Cabanis analyse celles-ci sous le prisme de la sensation *en tant que phénomène physiologique* c'est-à-dire suivant les fonctions assurées par nos organes, tandis que Destutt de Tracy, tout en reconnaissant absolument le primat du physiologique [5], ne s'attarde pas sur cette dimension qu'il connaît mal (comme il le reconnaît lui-même [6]) et qu'il considère comme traitée par son ami, pour se consacrer à la description de notre intelligence ou de notre entendement à travers l'analyse de la sensation *comme faculté*,

1. Lettre à Cabanis en date de février-mars 1806, dans DdT, *Correspondance, OC* VIII, p. 205.

2. *RPMH,* M X, DPDS, § 11, dans *OPC* I, p. 556.

3. MdB, XIII/2, p. 169.

4. On sait que le mot *Idéologie* a été inventé par Destutt de Tracy qui ne voulait ni de *métaphysique* qui s'intéresse aux causes premières ou à l'essence cachée des choses, ni de *psychologie* suspectée de faire référence à l'âme (Voir DdT, *Mémoire sur la faculté de penser, OC* II, p. 93-94).

5. La dédicace imprimée adressée à Cabanis que Destutt de Tracy a placée en tête du volume de sa *Logique* est sans ambiguïté sur ce point : « Le succès que j'ambitionne le plus, c'est que mon ouvrage puisse être regardé comme une conséquence du vôtre, et que vous-même n'y voyiez qu'un corollaire des principes que vous avez exposés. » (DdT, *Logique, OC* V, p. 38).

6. Par exemple, dans une lettre à Pierre Flourens du 13 juillet 1821, Destutt de Tracy écrit : « Vous savez à fond cette physiologie, science si précieuse, dont je n'ai que la teinture la plus légère et dont je suis parti malheureusement sans la connaître assez, en sorte que ce n'est qu'en l'air et pour ainsi dire au hasard que j'ai pu avancer formellement que penser c'est sentir et rien que sentir. » (DdT, *Correspondance, OC* VIII, p. 407).

ce qui le conduit à décrire nos idées sous l'angle de leur formation (*Idéologie proprement dite*), de leur expression (*Grammaire*) et de leurs combinaisons (*Logique*) [1]. Est ainsi instituée une distinction entre l'*Idéologie physiologique* de l'un et l'*Idéologie rationnelle* de l'autre, distinction que Destutt de Tracy explicite dans les mémoires qu'il lit en l'an IV et en l'an V (1796) devant la classe des sciences morales et politiques de l'Institut et qui forment le *Mémoire sur la faculté de penser* :

> L'idéologie me paraît se partager en physiologique et rationnelle : la première, très curieuse, exigeant de vastes connaissances, mais ne pouvant guère, dans l'état actuel des lumières, se promettre d'autres résultats de ses plus grands efforts que la destruction de beaucoup d'erreurs et l'établissement de quelques vérités précieuses, mais encore éparses et peu liées entre elles ; la seconde, l'idéologie rationnelle, exigeant moins de science, ayant peut-être moins de difficultés, mais possédant des faits suffisamment liés, et ne songeant qu'à leurs conséquences, a l'avantage d'être susceptible d'applications plus directes et de former déjà un système complet [2].

Si, pour ces deux Idéologues, *sentir* et *penser* sont des termes strictement synonymes, on pourrait dire que Cabanis a voulu décrire la pensée en tant que sensation tandis que Destutt de Tracy s'est penché sur la sensation en tant que pensée.

Cette différence d'approche n'est pas toutefois sans emporter une conséquence importante. Destutt de Tracy ne se cache pas, comme on vient de le lire, de *construire un système*. Bien entendu, ce système ne saurait présenter les vices dénoncés par Condillac dans le *Traité des systèmes* [3] : le système formé par les *Éléments d'Idéologie* [4] prend appui sur des *faits* et non sur des abstractions ou des principes incontrôlables ; il n'est pas fermé sur lui-même et est appelé à connaître des réaménagements réguliers en fonction de la mise au jour de nouveaux faits, par exemple dans le champ de la physiologie qui, comme toutes les sciences, est susceptible de progrès ; il ne prétend pas tout savoir ni tout expliquer et reconnaît sans difficulté que les causes premières sont définitivement hors d'accès de notre intelligence. Mais, dès lors que ces conditions sont respectées,

1. Dans une lettre du 2 octobre 1811 adressée à l'*American Philosophical Society*, Destutt de Tracy écrit « [Cabanis et moi] travaillions sur le même sujet sous deux aspects différents. Il observait nos opérations intellectuelles en physiologiste. J'essayais de les analyser en logicien » (DdT, *Correspondance*, *OC* VIII, p. 311).

2. DdT, *Mémoire sur la faculté de penser, OC* II, p. 108.

3. Condillac, *Traité des systèmes*, La Haye, Neaulme, 1749.

4. DdT, *OC* III à VI.

Destutt de Tracy est heureux de faire le constat de la cohérence de ce qu'il appelle son *petit cercle* :

> J'ai *parcouru tout mon petit cercle*. Il se referme complètement juste sans que j'y aie visé ; ce qui tendrait à prouver qu'il a été tracé régulièrement [1].

Tout autre est la démarche de Cabanis : il n'est pas dans la *construction* mais dans la *recherche* avec ce que cela comporte d'incertitudes et d'absence de garanties que tous les éléments dégagés s'emboîtent parfaitement les uns les autres. Destutt de Tracy le souligne lui-même quand il dit dans l'extrait cité plus haut que l'Idéologie physiologique délivre des vérités « encore éparses et peu liées entre elles ». Le lecteur du maître-livre de Cabanis, les *Rapports du physique et du moral de l'homme*, ne manque pas de s'en convaincre, étant toujours en tension pour opérer la juste synthèse des douze mémoires constituant l'ouvrage. Cabanis semble le reconnaître quand, dans la note placée en tête de la seconde édition des *Rapports*, il indique qu'il « ne [se] flatte pas d'avoir épargné tout travail au lecteur » [2].

À cette différence d'approche s'ajoute le fait que les deux amis n'entretiennent pas tout à fait le même rapport à l'environnement politique ou à l'actualité. Après être « entré en philosophie » en s'installant à Auteuil en juillet 1792, Destutt de Tracy s'emploie prioritairement à la construction de son système et rien ne vient le détourner de son chemin jusqu'en 1807, c'est-à-dire durant la quinzaine d'années où il est le plus productif sur le plan philosophique. À l'inverse, l'activité de Cabanis est beaucoup plus sensible aux événements : l'agitation révolutionnaire entre 1789 et 1792 le détourne des travaux de philosophie médicale qui constituaient jusqu'alors sa tâche principale. Alors que la période de la Terreur offre à Destutt de Tracy l'opportunité d'approfondir en prison sa réflexion et d'entrevoir l'économie générale de ce qui deviendra les *Éléments d'Idéologie*, Cabanis se met en retrait et s'attache à rendre à Madame Helvétius la vie plus supportable en traduisant pour elle des œuvres littéraires étrangères, notamment allemandes. Élu au Conseil des Cinq-cents en l'an VI (1798), Cabanis s'engage avant tout dans l'action politique et suspend quelque peu son travail philosophique qu'il ne reprend vraiment qu'en 1800. Il s'investit directement dans le Coup d'État du 18 brumaire, quand Destutt de Tracy se tient plus sagement (et sans doute plus lucidement) en retrait. De plus, aux aléas qui tiennent à

1. Lettre à Maine de Biran du 22 octobre 1804, dans DdT, *Correspondance, OC* VIII, p. 189. C'est Destutt de Tracy qui souligne.
2. *RPMH*, dans *OPC* I, p. 106.

l'actualité politique s'ajoute une santé souvent chancelante qui le conduit périodiquement à différer ses travaux.

Dans ce contexte, la pensée de Cabanis doit être interrogée à la fois dans sa dimension diachronique et dans sa dimension synchronique :

– diachronique, dans la mesure où il s'agit d'une pensée en devenir qui creuse successivement ou parallèlement plusieurs sillons. Chez ce médecin-philosophe qui se réclame de la tradition hippocratique visant à « transporter la philosophie dans la médecine et la médecine dans la philosophie » [1], on peut distinguer très grossièrement trois grandes périodes : après l'obtention de son doctorat en médecine et jusqu'à la fin de la Convention, il s'est surtout attaché à « transporter la philosophie dans la médecine », c'est-à-dire à mettre en évidence les profits que la médecine peut et doit tirer de l'application de la méthode analytique d'inspiration condillacienne. À la suite de la création de l'Institut national en l'an IV (1795) et notamment de sa classe des sciences morales et politiques avec sa section d'analyse des sensations et des idées où se côtoient philosophes et médecins, son objet principal consiste plutôt à « transporter la médecine dans la philosophie », c'est-à-dire à décrire ce que nos idées et nos penchants doivent à nos organes et à leurs fonctions. Les dernières années de sa vie ouvrent une troisième séquence : ce sont celles de la maladie mais aussi de la *Lettre à M. F***[Fauriel] sur les causes premières*. Cette lettre semble au premier abord un paradoxe : ces causes premières dont Cabanis a répété à maintes reprises qu'on ne pouvait rien dire, voilà qu'elles font l'objet d'un long discours.

– synchronique, dans la mesure où l'emboîtement des multiples éléments dégagés dans les douze mémoires composant les *Rapports* ne se donne pas à voir spontanément, appelant ainsi un travail de *construction* ou de *reconstruction* que Cabanis, tout à l'urgence de ses recherches et affaibli par une santé fragile, n'a pas entrepris. Si, comme l'a justement souligné Martin Staum [2], les *Rapports* forment un ensemble qui a indéniablement son unité et sa cohérence, encore faut-il aller les chercher.

1. « Je le mets [Hippocrate] de ce nombre [parmi les bienfaiteurs du genre humain], parce qu'il transporta, comme il le dit lui-même, *la philosophie dans la médecine et la médecine dans la philosophie* » (*RPMH*, M I, § 2, dans *OPC* I, p. 130). Sur l'interprétation de cette formule par Cabanis, voir Marie Gaille, « D'indispensables services rendus : l'alliance épistémologique de la philosophie et de la médecine selon Cabanis », dans *Médecins et philosophes, une histoire*, sous la dir. de Claire Crignon et David Lefebvre, Paris, CNRS éditions, 2019, p. 295-319.

2. Martin S. Staum, *Cabanis, Enlightenment and Medical Philosophy in the French Revolution*, Princeton, Princeton University Press, 1980, p. 174.

CHAPITRE PREMIER

LES ANNÉES DE FORMATION (1757-1784)

C'est en 1777 et en 1778 que la destinée de Pierre Jean Georges Cabanis, alors âgé de 20 ans, se joue : en 1777, sur les conseils du médecin Dubreuil, il décide de s'engager dans des études de médecine ; quelques mois plus tard, au printemps 1778, Turgot et le poète Roucher l'introduisent dans le salon de Madame Helvétius. Ces deux événements vont décider de sa vie.

Jusque-là, il s'est longtemps cherché sans véritablement se trouver. À 14 ans, rétif à toute autorité dont il ne perçoit pas la légitimité [1], il est exclu du collège des Doctrinaires de Brive pour indiscipline. Son père, homme au caractère ombrageux avec lequel il aura toujours des relations compliquées, en vient à considérer que la meilleure école qui puisse convenir à ce fils rebelle est celle de la liberté. Dans une notice autobiographique dans laquelle Cabanis parle de lui à la troisième personne et dont des extraits sont repris par Ginguené [2] et par Antoine Guillois [3], voici comment les choses sont présentées :

> [son père] le conduisit à Paris et, reconnaissant que sa surveillance ne pouvait avoir sur lui aucune influence utile, il le livra à lui-même au milieu de cette grande ville [4].

1. « Cabanis, dès sa plus tendre enfance, manifesta une sensibilité d'allure maladive, une imagination peut-être trop vive [...]. Il était volontaire, tenace dans ses idées, presque violent dans ses actes ; il ne reconnaissait aucune autorité » (François Labrousse, « Quelques notes sur un médecin philosophe, P.J.G. Cabanis », dans *Bulletin de la Société scientifique, historique et archéologique de la Corrèze*, 1903, p. 450).

2. Dans la notice *Cabanis* de la *Biographie universelle* de Michaud..

3. Antoine Guillois, *Le Salon de Madame Helvétius, Cabanis et les Idéologues*, Paris, Calmann Lévy, 1894.

4. *Ibid.*, p. 48-49.

S'il est « livré à lui-même » le jeune Cabanis n'est pas totalement abandonné pour autant. En relation professionnelle avec Turgot, qui est alors intendant de la généralité de Limoges, son père obtient de ce dernier une lettre de recommandation à l'attention du poète Roucher pour ce fils qui se pique d'avoir des ambitions littéraires. Cette méthode hétérodoxe d'éducation conjuguée au bon accueil réservé à l'adolescent par Roucher et son épouse est une réussite dont Cabanis rend compte dans sa notice autobiographique :

> Le goût de l'étude se réveilla chez lui avec une sorte de fureur. Peu assidu aux leçons de ses professeurs de logique et de physique, il lisait Locke et suivait les cours de Brisson [1]. En même temps, il reprenait en sous-œuvre toutes les différentes parties de son éducation première [2].

Deux ans plus tard, n'écoutant pas les conseils de ceux qui veulent l'en dissuader, il suit le prince-évêque de Wilna, Massalski, qui lui a proposé de l'accompagner en Pologne en qualité de secrétaire. L'enthousiasme cède bientôt au désenchantement : outre le fait que le prince-évêque ne tient pas les promesses qu'il lui a faites, Cabanis découvre une société si marquée par l'oppression et l'injustice qu'il en vient à regarder son pays d'un œil plus indulgent et n'a d'autre souci que de rentrer en France, d'autant que Turgot, devenu ministre, propose de l'engager dans son administration. Le 2 novembre 1774, alors que son retour est retardé par un mal de poitrine, Cabanis écrit à Roucher :

> Lors donc que le zéphir soufflera sur les plaines verdissantes, je dirai adieu aux ours et me rendrai à la voix de Dieu, de mon père, de mes amis et de M. Turgot, qui veut bien m'employer dans ses départements et me rendre à ma bonne patrie que j'ai abandonnée en étourdi [3].

Après deux ans passés en Pologne (au cours desquels il a l'opportunité de se familiariser avec la langue allemande), il rentre en France en 1775 et retrouve le foyer des Roucher qui habitent désormais à Montfort-L'Amaury. Au milieu de Roucher et de ses amis (Dupaty, D.-J. Garat, Lacépède et Chamfort), Cabanis renoue avec ses ambitions littéraires et décide de concourir à un prix ouvert par l'Académie française sur la traduction d'un fragment d'Homère en s'engageant dans la traduction de *L'Iliade* [4]. Son échec au concours introduit cependant dans son esprit un sérieux doute sur la solidité de sa vocation de poète. Quant à la perspective

1. Mathurin Jacques Brisson (1723-1806), ornithologue et physicien.
2. Antoine Guillois, *Le Salon de Madame Helvétius, op. cit.*, p. 49.
3. *Ibid.*, p. 51.
4. Voir la *Lettre à M. T**[Thurot], sur les poèmes d'Homère*, dans *OCC*, t. 5, p. 289.

de travailler auprès de Turgot, la disgrâce dont est victime le contrôleur général des finances sonne le glas de ses espérances. Enfin, un séjour de quelques mois à Brive achève de le convaincre que son avenir n'est décidément ni auprès de son père ni en province.

Tous ces éléments conjugués créent chez ce jeune homme de 19 ans un certain désarroi et alimentent un tempérament mélancolique qu'il a gardé toute sa vie. Roucher a beau avoir deviné chez son protégé de grandes capacités qui ne devraient pas manquer pas d'éclore tôt ou tard [1], ce dernier est déprimé et finit par tomber vraiment malade. Son état le conduit à consulter le docteur Dubreuil à Saint-Germain-en-Laye sur lequel on sait peu de choses sinon qu'il jouit d'une solide réputation dans la bonne société et que, ayant été formé sous l'autorité de Venel [2] à l'Université de Montpellier, il est acquis à la doctrine vitaliste. Dubreuil a tôt fait de diagnostiquer que le mal dont souffre Cabanis est « moral » avant d'être « physique » et d'en conclure que le meilleur remède consisterait à nourrir son esprit d'un savoir à la fois positif et pratique plutôt que de chimères poétiques. Ainsi l'engage-t-il à entreprendre des études de médecine qui sont ainsi, de façon assez inattendue, promues au rang de thérapeutique. C'est ce que souligne Destutt de Tracy dans son discours de réception à la seconde classe de l'Institut au fauteuil laissé vacant par la mort de Cabanis en 1808 :

> M. Dubreuil, médecin habile, observateur profond, philosophe très éclairé, homme passionné lui-même, vit bientôt que tout ce qui excitait trop vivement l'imagination ardente du jeune malade était pernicieux pour sa santé, mais il vit en même temps que l'activité de son esprit ne pouvait demeurer sans aliments. Il essaya de tourner son attention vers des objets plus graves ; il le fit médecin pour le guérir. Son malade devint son élève, et bientôt son ami ; et ce tendre attachement a été inaltérable, comme tous ceux qu'a inspirés et partagés M. Cabanis [3].

Dans sa notice autobiographique, Cabanis revendique son choix pour la médecine

> dont les études variées offraient une ample pâture à l'activité de son esprit, et dont les fonctions exigent un exercice continuel du corps, qui était devenu pour lui le plus puissant besoin. Sa mauvaise santé même

1. Le 9 novembre 1776, Roucher écrit au père de Cabanis : « Eh bien ! monsieur, j'ose vous dire que M. votre fils, quelque parti qu'il embrasse, peut aller très loin. » (Antoine Guillois, *op.cit.*, p. 55).

2. Gabriel François Venel (1723-1775), professeur à l'Université de Montpellier, auteur de nombreux articles sur la chimie et la médecine dans *L'Encyclopédie*.

3. DdT, *Correspondance, OC* VIII, p. 524.

> influa sur son choix, et il y fut encore plus particulièrement confirmé par le médecin Dubreuil, dont il avait réclamé les secours et qui s'offre à lui servir de guide dans cette nouvelle carrière [1].

Le docteur Léon Dubreuil, avant de décéder en 1783, va ainsi entretenir une amitié étroite avec Cabanis et lui servir de mentor tout au long de sa formation. L'engagement du jeune étudiant en médecine est alors absolu : « Je m'y livrai tout entier et sans relâche; et non seulement je renonçai à la poésie, mais je pris la détermination de ne rien lire qui fût étranger à l'objet de mes travaux » [2].

Peu après, Cabanis est présenté à Madame Helvétius. Alors âgée de 59 ans, celle-ci est charmée par l'esprit de ce jeune homme en qui elle croit reconnaître le fils qu'elle a autrefois perdu; de son côté, Cabanis trouve en elle une seconde mère, la sienne étant décédée quand il avait 7 ans. Ils ont l'un pour l'autre le plus vif attachement et Madame Helvétius invite bientôt le jeune étudiant à vivre sous son toit, tant pour se rapprocher de la faculté de médecine de Paris que pour profiter, à Auteuil, du bon air de la campagne.

Comme l'a écrit Antoine Guillois, « Madame Helvétius aimait la retraite, mais elle détestait la solitude » [3]. Aussi a-t-elle acquis en 1772, peu après la mort de son mari, la propriété d'Auteuil où elle reçoit les nombreux amis qui fréquentaient auparavant son salon de la rue Sainte-Anne. Ceux-ci ne sont autres que les esprits les plus éclairés du temps, parmi lesquels on compte Turgot, Diderot, d'Alembert, Condillac, d'Holbach ou Condorcet, de futurs Idéologues comme Garat, Volney [4] ou Ginguené, des littérateurs comme Thomas, Ducis, Chamfort et, bien entendu, Roucher. Charles Dupaty, président du parlement de Bordeaux et oncle par alliance de Sophie de Grouchy (dont il est l'un des premiers à être séduit par sa beauté et son intelligence avant qu'elle n'épouse Condorcet en 1786) ne manque jamais de s'y rendre à chaque fois qu'il vient à Paris. Représentant des États-Unis en France de 1776 à 1785, Benjamin Franklin est aussi un habitué du salon de celle qu'il appelle « Notre-Dame d'Auteuil ». Une mention particulière doit enfin être faite des « deux abbés », l'abbé Martin Lefebvre de La Roche, futur éditeur des

1. Dans la notice *Cabanis* de la *Biographie universelle* de Michaud.

2. *Lettre à M. T*** [Thurot] sur les poèmes d'Homère*, dans *OCC*, t. 5, p. 290.

3. Antoine Guillois, *Le Salon de Madame Helvétius, op. cit.*, p. 29.

4. C'est Cabanis qui a introduit Volney chez Madame Helvétius. Ils ont fait connaissance au cours des années où ce dernier entreprenait des études de médecine (Voir Jean Gaulmier, *L'Idéologue Volney, 1757-1820 : contribution à l'histoire de l'orientalisme en France*, Beyrouth, 1951, p. 34).

Œuvres complètes d'Helvétius, et l'abbé Morellet : tous deux sont logés par Madame Helvétius dans le pavillon situé au fond de son jardin et font partie de son quotidien. Avec l'arrivée de Cabanis, ils sont désormais trois à partager l'intimité de la propriétaire des lieux.

Les années 1777/1778 constituent ainsi un moment fondateur dans la vie de Cabanis. Lorsque, dans le quatrième mémoire des *Rapports du physique et du moral de l'homme* qui porte sur l'influence des âges sur les idées et affections morales, celui-ci observe que l'âge de 21 ans est l'âge du passage de l'adolescence à la jeunesse, l'adolescence étant « le moment où l'imagination exerce le plus d'empire, [...] l'âge de toutes les illusions » et la jeunesse celui « des idées hardies, animées par tous les sentiments de l'espérance » [1], sans doute a-t-il pensé que cela correspondait assez bien à sa propre expérience.

S'il n'abandonne pas complètement la poésie [2], il est clair que l'essentiel de ses intérêts et de son activité se porte désormais sur la médecine et la philosophie. Il bénéficie pour cela du meilleur environnement que l'on puisse imaginer : d'une part, la fréquentation assidue du salon de Madame Helvétius mais aussi de celui du baron d'Holbach lui permet de s'imprégner de la pensée de Locke et de Condillac et plus largement des Encyclopédistes ainsi que des penseurs matérialistes ; d'autre part, l'étude de la médecine, solidement encadrée par Dubreuil, va lui apporter le soubassement physiologique qui manque, à ses yeux, à la doctrine condillacienne de la sensation transformée. Assez vite en effet il fait le constat que

> [son] admiration pour l'esprit sage, étendu, profond d'Helvétius, pour la raison lumineuse et la méthode parfaite de Condillac, ne [l'empêche] pas de reconnaître qu'ils ont manqué l'un et l'autre de connaissances physiologiques, dont leurs ouvrages auraient pu profiter utilement [3].

LES ÉTUDES DE MÉDECINE

Sous l'impulsion de Dubreuil, la formation de Cabanis s'effectue dans le climat vitaliste et néo-hippocratique qui tend alors à dominer le milieu médical.

1. *RPMH*, M IV, § 7, dans *OPC* I, p. 257-258.
2. En 1778, il lit des extraits de sa traduction d'Homère devant Voltaire qui lui en fait compliment. Il poursuivra cette traduction à plusieurs reprises. En 1783, il compose son *Serment d'un médecin* sous la forme d'un poème (*OPC* II, p. 300-302).
3. *RPMH*, M I, § 2, dans *OPC* I, p. 141.

En effet, à compter du milieu du siècle, la doctrine vitaliste dans ses multiples versions s'est progressivement mais nettement imposée en lieu et place du mécanisme cartésien et post-cartésien (Boerhaave) et de l'animisme (Stahl). Il ne fait pas de doutes que Cabanis s'est nourri tout au long de sa formation des écrits de La Caze et de Bordeu, de Fouquet et de Ménuret de Chambaud ainsi que de Barthez, soit de la plupart des rédacteurs des notices physiologiques ou médicales de l'*Encyclopédie*. Sa réflexion s'inscrit clairement dans le prolongement de cette nouvelle approche qui fait de la *sensibilité* la propriété par excellence du vivant, propriété qui se caractérise à la fois par le sentiment et le mouvement [1] et qui emporte avec elle toute une série de conséquences :

– une nouvelle définition de l'organisation physiologique, illustrée par la célèbre métaphore de l'essaim d'abeilles qui met en évidence la conjugaison et la solidarité de la vie propre à chaque organe et de la vie de l'ensemble de l'organisme, ce dernier constituant une totalité supérieure à la somme des vies particulières ;

– l'identification de centres ou de foyers de sensibilité qui agissent et réagissent les uns sur les autres dans un jeu d'influences ou d'oppositions réciproques ;

– l'introduction d'un nouveau rapport entre la sensibilité et la conscience, nombre d'impressions restant au niveau d'un ou de plusieurs organes ou fibres sans parvenir jusqu'à l'organe cérébral ;

– le dépassement du dualisme de l'âme et du corps, de l'esprit et de la matière dans une source commune au physique (mouvement) et au moral (sentiment) [2].

Par ailleurs, le vitalisme s'accompagne de la reprise ou de la reformulation de nombreux thèmes ou thèses issus de la tradition

1. « La sensibilité est, dans le corps vivant, une propriété qu'ont certaines parties de percevoir les impressions de objets externes, et de produire en conséquence des mouvements proportionnés au degré d'intensité de cette perception. La première de ces actions est ce qu'on appelle le sentiment, *sensatio*, *sensus*, à l'égard duquel la sensibilité n'est qu'une faculté, une puissance réduite en acte [...]. Le sentiment se définit une fonction de l'animal, qui le constitue tel, et distinct, par là, des êtres inanimés ; il consiste essentiellement dans une intelligence purement animale, qui discerne l'utile et le nuisible des objets physiques. La seconde action ou la mobilité n'est que l'expression muette de ce même sentiment, c'est-à-dire l'impulsion qui nous porte vers ces objets ou nous en éloigne. » (Henri Fouquet, article *Sensibilité* de l'*Encyclopédie*, t. XV, 1765).

2. « Les opérations de l'âme ne tiennent pas moins à la sensibilité. Le plaisir, le chagrin, toutes les passions semblent se peindre dans le centre remarquable formé dans la région épigastrique par quantité de plexus nerveux ; et certes il n'est point de combinaison difficile, d'attention bien forte, point d'effort de mémoire, qu'au préalable l'estomac et tout le centre épigastrique ne soient comme pressés d'un sentiment de malaise qui dénote l'action de ces organes. » (*Ibid.*).

hippocratique qui influencent directement la formation de Cabanis et se retrouveront peu ou prou ultérieurement dans ses écrits :

– la souveraineté de la médecine qui ne saurait être subordonnée à d'autres disciplines, même si elle se réserve le droit d'y avoir recours ;

– la primauté de l'observation et de l'interprétation des signes cliniques (séméiologie) ;

– la santé et la maladie respectivement comprises comme un juste équilibre ou au contraire un déséquilibre observé dans le jeu et l'influence réciproque des organes ;

– l'importance pour la santé des facteurs endogènes (âge, sexe, …) et exogènes (air, climat, eaux, alimentation, habitudes, …), ces derniers débouchant sur des exigences en termes de diététique et d'hygiène ;

– la relation triangulaire médecin/malade/maladie, ayant pour fonction d'empêcher un face-à-face médecin/maladie qui oublierait les caractéristiques propres à l'individu souffrant ;

– une thérapeutique fondée sur la restauration de l'équilibre naturel.

Si le déroulement du cursus de formation qui mène Cabanis jusqu'à l'obtention du doctorat en médecine est connu dans ses grandes lignes [1], deux points n'ont pas manqué cependant d'intriguer. D'une part, pourquoi celui-ci, par ailleurs si soucieux, comme on le verra, de conférer à la médecine l'identité « scientifique » qui lui est alors si souvent contestée, a-t-il pu se fourvoyer – fût-ce pour un temps limité – dans le mesmérisme ? D'autre part, pourquoi, alors qu'il est étudiant à la faculté de médecine de Paris, va-t-il en 1784 passer ses derniers examens à la faculté de Reims ?

Le 5 novembre 1783 Cabanis et Mesmer signent en effet un contrat [2] dans lequel ce dernier, présenté comme le « propriétaire » de la doctrine du magnétisme animal, s'engage à instruire le premier dans des conditions strictement définies. En outre, Cabanis est membre de la Société de l'harmonie universelle [3], la société mesmériste fondée par Bergasse. Ces initiatives semblent effectivement peu opportunes quand on sait que dès 1784 une commission chargée par le roi de l'examen du magnétisme animal (commission présidée par Bailly et comptant parmi ses membres Lavoisier, Guillotin et Benjamin Franklin) ainsi qu'une commission de la Société royale de médecine (au sein de laquelle Vicq d'Azir joue le premier rôle) concluent toutes deux au charlatanisme de Mesmer, de sa doctrine

1. On en trouve un résumé dans Martin S. Staum, *op. cit.*, p. 94-98.

2. Ce contrat est publié dans Antoine Guillois, *Le Salon de Madame Helvétius, op. cit.*, p. 297-299.

3. Robert Darnton, *La Fin des Lumières, le mesmérisme et la Révolution*, Paris, Perrin, 1984, p. 168.

et plus encore de sa pratique qui n'a jamais guéri qu'en imagination. Il ne faut cependant pas accorder à l'engagement momentané de Cabanis dans le mesmérisme plus d'importance qu'il n'en a. Outre le fait que de nombreux bons esprits s'y sont alors laissé prendre, il n'est pas anormal dans un contexte où l'hypothèse d'un fluide vital est dans toutes les têtes d'être curieux de cette doctrine dont tout le monde parle et de vouloir en savoir davantage. Cabanis revient vite de son erreur et l'on peut noter que, dans les *Rapports*, il range clairement Mesmer parmi les charlatans.

Quant à la raison qui conduit Cabanis à un doctorat en médecine délivré le 22 septembre 1784 par la faculté de Reims, elle nous reste inconnue. Plusieurs hypothèses ont été suggérées : son récent passé mesmériste aurait pu le desservir face à un jury de la faculté de médecine de Paris qui interdisait dans son ressort toute pratique à un médecin se réclamant de la doctrine du magnétisme animal [1]; le montant important des droits à acquitter pour s'inscrire aux examens à Paris [2]; ou encore le fait que le niveau d'exigence était moins élevé dans les facultés de province que dans la capitale [3]. Si chacune de ces explications est plausible, toutes sont incertaines et interdisent de conclure.

LES SALONS DE MADAME HELVÉTIUS ET DU BARON D'HOLBACH

Le salon de Madame Helvétius à Auteuil et, dans une moindre mesure, celui du baron d'Holbach rue Saint-Roch à Paris vont jouer pour Cabanis le rôle d'une seconde université. Si tous les convives sont soudés par leur combat contre le despotisme et toutes les formes de superstition, on sait que ces lieux sont aussi marqués par une grande tolérance et qu'on peut librement y défendre des positions différentes, aussi bien matérialistes que sceptiques ou encore déistes. C'est dans ce milieu que Cabanis se nourrit de la pensée de Condillac, qui constitue incontestablement le premier de ses référents intellectuels, ainsi que de celles de la trinité matérialiste de la seconde moitié du XVIIIe siècle formée de Diderot, Helvétius et d'Holbach.

1. Serge Besançon, *La Philosophie de Cabanis, une réforme de la psychiatrie*, Le Plessis-Robinson, Institut Synthélabo, 1997, p. 190.

2. Martin S. Staum, *op. cit.*, p. 98. L'insistance avec laquelle Cabanis recommande, dans le *Travail sur l'éducation publique* (*OCC*, t. 2, p. 397), une modération en la matière donne un certain crédit à cette hypothèse.

3. Yves Pouliquen, *Cabanis, un Idéologue, de Mirabeau à Bonaparte*, Paris Odile Jacob, 2013, p. 31-32.

Ainsi que l'atteste une note des *Rapports* [1], Cabanis a connu personnellement Condillac, même si leurs rencontres ont été probablement assez rares [2]. C'est toutefois l'abbé qui lui fournit de toute évidence le cadre de pensée, notamment méthodologique, au sein duquel va se déployer sa réflexion. Sous le Directoire, présentant au Conseil des Cinq-Cents la publication des *Œuvres de Condillac* en 23 volumes, Cabanis célèbre la mémoire de celui-ci en ces termes :

> Sa gloire modeste n'a peut-être pas tout l'éclat de celle de quelques autres philosophes, [...] mais on peut dire, sans exagération, qu'aucun d'eux n'a plus contribué au véritable esprit philosophique du siècle, surtout depuis vingt-cinq ou trente années [3].

Comme Condillac, Cabanis part du constat que « c'est la nature, c'est-à-dire nos facultés déterminées par nos besoins, qui commence à nous instruire » [4] et qu'elle ne saurait nous tromper aussi longtemps que nous recourons à la méthode qu'elle nous a léguée (mais dont nous nous sommes malheureusement détournés à mesure que nos besoins se sont complexifiés et diversifiés), à savoir la méthode analytique. Cette méthode, qui consiste dans une double opération de décomposition/recomposition [5], se développe à proportion que son principal instrument, le langage, se perfectionne. De là dérivent un ensemble de conséquences que Cabanis fait siennes et tient pour des évidences :

– toutes nos idées trouvent leur source dans la sensation et ne se déploient qu'au moyen d'un système de signes ; avant d'être un instrument

1. *RPMH*, M X, DSP, § V, dans *OPC* I, p. 597.

2. Condillac a passé l'été 1776 chez Madame Helvétius, mais c'est avant que Cabanis ne s'y établisse. Par la suite et jusqu'à sa mort en 1780, l'abbé réside la plupart du temps au château de Flux près de Beaugency et ne vient plus dans la capitale que très épisodiquement (*Corpus Condillac*, sous la dir. de Jean Sgard, Genève, Slatkine, 1981, p. 95-102).

3. Conseil des Cinq-Cents. *Discours de Cabanis offrant au Conseil des Cinq-Cents l'édition des œuvres de Condillac*. Séance du 13 thermidor an VI [31 juillet 1798]. Paris, Imprimerie nationale, an VI, p. 4.

4. Condillac, *La Logique, ou les Premiers développements de l'art de penser*, Paris, L'Esprit et Debure l'aîné, 1780, première partie, chapitre Ier, p. 7.

5. En décomposant, elle observe successivement les différentes qualités d'un objet ; en recomposant, elle les présente simultanément à l'esprit dans l'ordre et selon les rapports qu'elles entretiennent : « Nous ne décomposons que pour recomposer ; et, lorsque les connaissances sont acquises, les choses, au lieu d'être successives, ont dans l'esprit le même ordre simultané qu'elles ont au dehors. C'est dans cet ordre simultané que consiste la connaissance que nous en avons ; car, si nous ne pouvions nous les retracer ensemble, nous ne pourrions jamais juger des rapports où elles sont entre elles, et nous les connaîtrions mal. Analyser n'est donc autre chose qu'observer, dans un ordre successif, les qualités d'un objet, afin de leur donner dans l'esprit l'ordre simultané dans lequel elles existent » (*Ibid.*, Ire partie, chap. II, p. 19).

de communication, le langage est indispensable au développement de la pensée ;

– il faut partir de l'observation des faits et non de généralités ou d'abstractions ; connaître consiste à aller du connu à l'inconnu et est incompatible avec l'esprit de système qui prétend tout expliquer à partir d'une abstraction ;

– la recherche des causes premières ou finales, la connaissance de l'essence des choses, c'est-à-dire les objets traditionnels de la métaphysique, sont hors de portée de notre intelligence.

Cette adhésion aux idées-forces du condillacisme n'interdira évidemment pas Cabanis, comme on le verra, de se différencier du maître sur de très nombreux points, que ce soit en élargissant le spectre de la sensation aux sensations internes, ou en prenant le contrepied de beaucoup de ses positions, par exemple sur l'instinct dans lequel l'abbé ne voyait qu'une habitude oublieuse du raisonnement qui se trouve à son origine.

L'influence des penseurs matérialistes n'est pas moins déterminante dans un salon où plane la mémoire du défunt époux de Madame Helvétius qui plaçait à la racine de sa pensée le fait que « la sensibilité physique est l'homme lui-même et le principe de tout ce qu'il est » [1]. Certes, nous verrons que Cabanis s'opposera à ce qu'on lui accole l'étiquette de « matérialiste » et il conviendra, le moment venu, de dire en quel sens il l'est et en quel sens il ne l'est pas. Il reste qu'il a entretenu toute sa vie une réelle familiarité avec les philosophies matérialistes de l'Antiquité, tant dans leur version stoïcienne qu'épicurienne, et que ses années de formation à Paris ont baigné dans cet environnement intellectuel qui substitue au dualisme de l'âme et du corps, de l'esprit et de la matière, l'approche moniste du physique et du moral. Comme l'écrit le baron d'Holbach,

> L'homme est un être purement physique ; l'homme moral n'est que cet être physique considéré sous un certain point de vue [2].

Pour d'Holbach, l'homme physique agit sous l'impulsion de causes physiques que nos sens nous font connaître, tandis que l'homme moral agit en vertu de causes tout aussi physiques mais qui nous restent cachées

1. Claude-Adrien Helvétius, *De l'homme, de ses facultés intellectuelles et de son éducation*, Paris, Fayard, 1989, t. II, p. 951.

2. Paul-Henry D'Holbach, *Système de la nature, ou Des lois du monde physique et du monde moral*, chap. Ier. La formule sera reprise quasiment à l'identique par Cabanis mais, comme on le verra, en lui donnant un contenu un peu différent et, à tout le moins, plus riche et plus complexe.

et dont nous ne soupçonnons l'existence que par leurs effets [1]. Ainsi toutes les questions corrélatives (qui sont par exemple agitées par Diderot dans *Le Rêve de d'Alembert*, dont Cabanis a pu prendre connaissance sous forme manuscrite dans la *Correspondance littéraire* de Grimm en 1782) accompagnent-elles la période de formation :

– la sensibilité est-elle une qualité générale et essentielle de la matière? Mieux, au-delà de l'interrogation de Locke (« Peut-être ne serons-nous jamais capable de connaître si un Être purement matériel pense ou non » [2]), ne doit-on pas reconnaître que la matière est susceptible de penser et qu'il n'y a pas rupture mais continuité entre les différents règnes de la nature?

– en outre, n'est-il pas plus raisonnable de donner un fondement naturel à la morale et à la politique que de recourir à quelque principe transcendant?

LA LOGE DES NEUF SŒURS

Nous savons également que la loge maçonnique des Neuf Sœurs, ainsi nommée en référence aux neuf filles de Zeus et de Mnémosyne, était étroitement liée au salon d'Auteuil. Créée en 1776 par l'astronome Lalande, à l'instigation Madame Helvétius qui réalise là un vœu de son mari, cette loge a vocation à réunir des hommes de science (Bailly, d'Alembert, peut-être Condorcet), des penseurs (Garat, Sieyès, Volney), des littérateurs (Voltaire, Chamfort, Florian, Ginguené, Roucher) et des artistes (Vernet, Dalayrac, Houdon), tous attachés à la diffusion des Lumières et à la cause de l'indépendance américaine. Benjamin Franklin, avec qui Cabanis souligne avoir entretenu « un commerce intime de plusieurs années » [3], et Charles Dupaty occupent tour à tour en son sein la charge de vénérable. Il est donc assez naturel que Cabanis y soit initié dès 1778 [4], même si l'engagement maçonnique ne semble pas avoir eu une grande importance dans sa vie.

1. *Ibid.*, chap. Ier, VI et XII.

2. Locke, *Essai philosophique concernant l'entendement humain*, trad. Coste, troisième édition, Amsterdam, P. Mortier, 1735, IV, 3, 6, p. 440.

3. *Notice sur Benjamin Franklin,* dans *OPC* II, p. 341-367. Le texte a vraisemblablement été rédigé entre 1798 et 1800.

4. « Cabanis était entré à la loge peu de temps après l'initiation de Voltaire, en même temps ou presqu'en même temps que Franklin et Élie de Beaumont, six mois avant son ami le poète Roucher. Il était alors âgé de vingt-et-un ans à peine » (Louis Amiable, *Une loge maçonnique d'avant 1789 : la Loge des Neuf Sœurs*, augm. d'un commentaire et de notes critiques de Charles Porset, Paris, Éditions maçonniques de France, 2014, p. 225).

La lecture de Charles Bonnet

À côté de ces figures tout à fait majeures dans la formation de Cabanis, on ne doit pas cependant omettre d'évoquer le nom du naturaliste et philosophe genevois Charles Bonnet. Sans doute ce dernier professe-t-il une foi chrétienne et une philosophie dualiste, que ne reprendra pas à son compte l'agnostique et moniste Idéologue. Pour autant, il ne fait pas de doutes que la lecture de Charles Bonnet a fortement influencé Cabanis qui le cite à plusieurs reprises comme l'un de ses tout premiers référents, au même titre que Bacon, Locke, Condillac ou Helvétius [1]. Le fait que Bonnet voie dans la physique « la mère de la métaphysique » [2] et s'attache à l'analyse du fonctionnement du cerveau et du système nerveux dans la production des idées et dans le raisonnement ne peut en effet manquer de les rapprocher. Dans la préface de son *Essai analytique sur les facultés de l'âme*, Bonnet écrit :

> J'ai mis dans mon livre beaucoup de physique et assez peu de métaphysique : mais en vérité, que pouvais-je dire de l'âme considérée en elle-même ? Nous la connaissons si peu. L'homme est un être *mixte* ; il n'a des idées que par l'intervention des sens, et les notions les plus abstraites dérivent encore des sens. C'est sur son corps et par son corps que l'âme agit. Il faut donc toujours en revenir au physique, comme à la première origine de tout ce que l'âme éprouve. Nous ne savons pas plus ce qu'est une idée dans l'âme, que nous ne savons ce qu'est l'âme elle-même : mais nous savons que les idées sont attachées au jeu de certaines fibres : nous pouvons donc raisonner sur ses fibres ; par ce que nous voyons des fibres. Nous pouvons étudier un peu leurs mouvements, les résultats de leurs mouvements, et les liaisons qu'elles ont entre elles [3].

On devine que Cabanis a été fortement marqué par la pertinence d'une telle approche : la parenté qui existe entre, d'une part, les écrits proprement philosophiques de Charles Bonnet, notamment l'*Essai de psychologie* et l'*Essai analytique sur les facultés de l'âme*, et d'autre part, les *Rapports*, a souvent été remarquée.

1. D'une façon générale, les thermidoriens font le plus grand cas de la pensée de Charles Bonnet, dont Garat dit dans son cours d'analyse de l'entendement à l'École normale de l'an III que « nul n'a connu mieux que lui le mécanisme de la pensée ». C'est lui que Lakanal et Garat avaient initialement pressenti pour assurer l'enseignement en question, avant de s'apercevoir que le philosophe était décédé en 1793.

2. Charles Bonnet, *Essai analytique sur les facultés de l'âme*, Copenhague, Les Frères Cl. et Ant. Philibert, 1760, p. II.

3. *Ibid.*, p. XIII.

Si l'on veut dresser le bilan de toutes ces années, la notice que Jacques-Louis Moreau de la Sarthe, jeune disciple de Cabanis, a consacrée à son maître mérite d'être citée :

> Le séjour de Cabanis à Auteuil, ses entretiens avec les hommes les plus distingués qui venaient continuellement visiter Madame Helvétius de tous les points du monde civilisé, donnèrent rapidement à son esprit un mouvement, une étendue qui manquent ordinairement aux gens de lettres et aux savants, quand ils n'ont pas vécu de bonne heure dans le grand monde, et qu'ils n'ont point habité, au moins pendant quelque temps, les régions supérieures de la société [1].

Notons enfin qu'en quelques années celui qui était un adolescent rebelle est devenu « le doux Cabanis », ce que confirme encore Moreau de la Sarthe :

> Une intimité aussi douce et aussi distinguée [que celle du salon d'Auteuil] servit en même temps à développer de plus en plus ses qualités les plus naturelles et les plus aimables : c'est-à-dire la vivacité de l'imagination, la simplicité et la grâce des manières, l'heureux mélange de la candeur et de la pénétration, le goût le plus exquis, le talent d'observer les nuances les plus légères ou les circonstances les plus délicates des objets ; enfin, une aptitude admirable à donner ou à recevoir des impressions, et une élégance facile et continue du langage, qui répandait un si grand charme dans sa conversation et que nul autre de ses contemporains n'a peut-être porté au même degré [2].

1. Jacques Louis Moreau de la Sarthe, « Notice sur la vie et les ouvrages de Cabanis », première partie de l'article *Moral* dans *Encyclopédie méthodique, Médecine*, t. X, Paris, Agasse, 1821, p. 252.

2. *Ibid.*

CHAPITRE II

LE CHEMIN DE LA MÉDECINE PHILOSOPHIQUE (1785-1788)

Désormais médecin, Cabanis s'attache à soigner, souvent bénévolement, les pauvres d'Auteuil et des environs. Il a en effet toujours cultivé une conception philanthropique et désintéressée de son métier comme l'annonce ces vers tirés de son *Serment d'un médecin* :

> Je jure [...]
> Que ma tendre pitié, que mes soins consolants,
> Appartiendront surtout au malheur solitaire,
> Et du pauvre d'abord trouveront la chaumière [1].

Sa réputation, nullement usurpée [2], de médecin des indigents se révélera d'ailleurs une utile protection au moment de la Terreur. À l'occasion, il soigne aussi les familiers du salon d'Auteuil : ainsi la correspondance de l'abbé Morellet fait-elle état des traitements qu'il administre à Lord Wycombe, fils de l'ancien premier ministre britannique William Petty, à l'occasion de son séjour en France [3].

1. *OPC* II, p. 301.

2. Dans l'éloge qu'il prononce à l'École de médecine de Paris après le décès de Cabanis, Richerand déclare :

« À Auteuil, il était la providence des malheureux. On le voyait, dès le point du jour, dans la saison la plus rigoureuse, parcourant les villages voisins et portant aux indigents malades des consolations, des conseils et des secours de toute espèce » (Cité dans Antoine Guillois, *Le Salon de Madame Helvétius, op. cit.*, p. 233).

3. *Lettres d'André Morellet*, publiées et annotées par Dorothy Medlin et Jean-Claude David, t. 2, 1786-1805, Oxford, The Voltaire Foundation, 1994.

Médecin et philosophe

Pour autant, même s'il aura bientôt un patient illustre en la personne de Mirabeau, ce n'est pas en tant que praticien que Cabanis a laissé une trace. Comme tous ses prédécesseurs vitalistes, mais sans doute de façon encore plus affirmée, il est d'abord médecin et philosophe, médecin parce que philosophe, philosophe parce que médecin. L'heure est en effet à la « médecine philosophique » [1]. Cela ne signifie pas que la philosophie et la médecine doivent être confondues mais qu'elles peuvent et doivent se féconder mutuellement. La médecine se veut alors philosophique par sa nature, par sa méthode et par ses objectifs :

– *Par sa nature* : dès lors que l'on tient la médecine pour la discipline reine ayant vocation à connaître l'homme sain et malade sur le plan physique comme sur le plan moral, elle est par là même au fondement de la science de l'homme. C'est ce que précise Cabanis dans un *post-scriptum* qu'il ajoute en l'an VI (1797) à la préface *Du degré de certitude de la médecine* :

> [La médecine] seule [...] peut nous faire connaître les lois de la machine vivante, la marche régulière de la sensibilité dans l'état sain, les modifications que cette faculté peut éprouver dans l'état de maladie ; elle nous montre à nu tout l'homme physique, dont l'homme moral n'est lui-même qu'une partie, ou, si l'on veut, une autre face. [...] On peut considérer la médecine comme fournissant des bases également solides pour cette philosophie qui remonte à la source des idées, et pour cette autre philosophie qui remonte à la source des passions. [...] Elle éclaire l'étude de l'entendement, et trace l'art de le conduire, de le perfectionner, en reconnaissant dans les impressions et dans les besoins propres à chaque nature sensible les véritables causes ou les véritables lois des rapports de tous les êtres qui lui appartiennent, ou qu'elle renferme dans son domaine ; et du même principe découlent, à ses yeux, les règles de leur conduite réciproque, et l'art raisonné de leur bonheur ; c'est-à-dire la morale [2].

Cette conception est largement partagée au fur et à mesure de l'avancement du siècle. Jean-Louis Alibert, secrétaire général de la Société médicale d'émulation créée en l'an IV (1796), présente ainsi dans son *Discours sur les rapports de la médecine avec les sciences physiques*

1. Voir Sergio Moravia, « Philosophie et médecine en France à la fin du XVIIIe siècle », dans *Studies on Voltaire and the eighteenth Century*, 89, Oxford, The Voltaire Foundation, 1972, p. 1089-1151.

2. *DCM*, dans *OPC* I, p. 36-37.

et morales, sorte de manifeste épistémologique de la Société, les relations qui doivent s'instaurer entre la médecine et la philosophie :

> Les rapports [qui unissent la médecine à la théorie des sensations et des idées] me paraissent si importants que je pense que les métaphysiciens doivent baser toutes leurs recherches sur des notions approfondies de notre art [la médecine]. Comment connaîtront-ils les lois ordonnatrices de la pensée, s'ils en méconnaissent les instruments. [...] Si, jusqu'à ce jour, ceux qui se sont occupés de la science de l'entendement et des perceptions, s'étaient livrés à un examen plus suivi du système nerveux et de la sensibilité animale, il n'est pas douteux qu'ils n'eussent évité une multitude d'obstacles, qui ont nécessairement retardé la raison dans sa marche et dans ses progrès [1].

– *Par sa méthode* : pour être en mesure de formuler un diagnostic et de soigner, le médecin a dû au préalable collecter un grand nombre de faits observés chez l'homme sain comme chez l'homme malade et essayer d'en tirer des règles ou des lois. Cependant, « on finit bientôt par se perdre dans la multitude des faits recueillis, si *l'esprit philosophique* ne vient les ranger dans un ordre convenable, d'où sortent, comme d'eux-mêmes, les principes généraux propres à chaque science » [2]. Or *l'esprit philosophique* évoqué ici par Cabanis en l'an III n'est, bien entendu, rien d'autre que l'emploi de la méthode analytique héritée de Condillac.

– *Par ses objectifs* : au-delà de sa fonction thérapeutique, la médecine a pour mission de contribuer à l'amélioration de l'homme tant sur le plan physique, par exemple par la diététique ou l'hygiène, que sur le plan moral, dans la perspective de la « perfectibilité indéfinie de notre espèce » [3].

Benjamin Franklin est sans doute l'un des premiers à avoir pressenti l'apport que Cabanis pourrait apporter à la philosophie à partir de la médecine. Quittant la France en 1785, il ne lui donne pas seulement l'épée qu'il portait pendant la guerre d'indépendance américaine ainsi que la canne dont il s'était servi dans ses expériences pour calmer les eaux agitées [4], il le fait aussi élire dès 1786 au sein de la Société philosophique de Philadelphie (qui deviendra l'*American Philosophical Society*) alors que le jeune médecin n'a encore rien publié. Parallèlement, Cabanis renforce ses liens avec Condorcet et sa jeune épouse Sophie

1. *Mémoires de la Société médicale d'émulation pour l'an VI*, 2 e année, Paris, Richard, Caille et Ravier, an VII, p. LXXIX-LXXX.
2. *RRM*, dans *OPC* II, p. 69. Nous soulignons.
3. *DCM*, dans *OPC* I, p. 41.
4. *Notice sur Benjamin Franklin*, dans *OPC* II, p. 357.

de Grouchy dont il fréquente le salon à l'Hôtel de la Monnaie à partir de 1786. De façon informelle, une forme de complicité intellectuelle le rapproche des hommes de sa génération qui se reconnaîtront plus tard comme Idéologues, en particulier D.-J. Garat, qui assurera bientôt le cours d'analyse de l'entendement au sein de l'École normale de l'an III, et Volney, qui s'installe à l'automne 1785 chez Madame Helvétius pour y rédiger son *Voyage en Syrie et en Égypte*.

Par ailleurs, même si dans ses écrits Cabanis n'évoque jamais Paul-Victor de Sèze [1] ni le livre de celui-ci, achevé en 1778 mais paru en 1786, *Recherches phisiologiques et philosophiques sur la sensibilité ou la vie animale* [2], il est probable qu'il ait alors fait grand cas et de l'auteur et de l'ouvrage. En effet, formé à l'Université de Montpellier et vitaliste, médecin-chef à l'hôpital Saint-André de Bordeaux de 1785 à 1789, P.-V. de Sèze a fréquenté le salon de Madame Helvétius quand il vivait à Paris de 1774-1778, a été initié à la loge des Neuf Sœurs en 1778 et était un protégé du président Dupaty. Animés de préoccupations théoriques très voisines et membres des mêmes « réseaux », ces deux médecins philosophes, en dépit de l'éloignement géographique, ne pouvaient guère s'ignorer. Ils seront d'ailleurs les deux seuls médecins membres de la section d'analyse des sensations et des idées au sein de la classe des sciences morales et politiques de l'Institut national en l'an IV (1795).

Du degré de certitude de la médecine

La place éminente que Cabanis confère à la médecine dans l'arbre des savoirs est cependant contrariée par deux réalités qui contribuent à dévaloriser sérieusement l'image de la discipline :

1. Comme tous les vitalistes, il considère que les mathématiques, la physique et la chimie sont sans doute impériales dans leurs champs respectifs mais sont en revanche incapables de saisir le vivant dans sa spécificité. Sans doute peuvent-elles être pour la médecine ce que

1. Sur P.-V. de Sèze, qui a été aussi député à la Constituante, professeur à l'École centrale de la Gironde, professeur de philosophie et doyen de la faculté des lettres de Bordeaux, recteur de l'académie de Bordeaux, avant de se rallier aux Bourbons, voir François Cadilhon, « Révolutions, culture et société en Gironde, Paul-Victor de Sèze, 1754-1830 », dans *Mélanges à la mémoire de Michel Peronnet, 3, La Révolution française*, Montpellier, 2005, p. 305-317, et Aude Labrit, *Bordeaux-Trieste : médecine et cosmopolitisme au* XVIIIe *siècle : portraits croisés de Paul-Victor Desèze et Benedetto Frizzi*, thèse d'histoire, Université Bordeaux IV, 2017. Le mutisme de Cabanis au sujet de P.-V. de Sèze tient peut-être à des divergences d'ordre politique.

2. Paris, Prault, 1786.

Jean-Louis Alibert appelle des « sciences accessoires »[1], mais elles ne sauraient y régner en maîtres. Or, on ne peut nier que ces disciplines ont fait au cours du siècle des progrès considérables qui leur ont conféré un véritable statut scientifique auprès duquel la médecine fait alors, il faut bien le reconnaître, pâle figure.

2. La médecine continue de faire l'objet de fortes critiques au sein de la société, voire même parfois d'être tournée en ridicule, dès lors que son efficacité thérapeutique ne semble guère beaucoup plus élevée que celle des charlatans, rebouteux et guérisseurs de toute espèce.

C'est dans ce contexte que Cabanis entend donner à sa discipline sa pleine légitimité. Pour ce faire, il est conduit à soulever la question cruciale du rapport de la médecine à la vérité : c'est l'objet de son écrit *Du Degré de certitude de la médecine*, dont la rédaction est achevée à la fin de l'année 1788 mais qui ne paraîtra qu'en l'an VI (1798) pour cause de Révolution. Il examine ainsi les sept griefs qui sont les plus fréquemment adressés à la discipline et qui lui interdiraient de tenir ses promesses :

1. Le principe ou l'essence de la vie nous étant inconnu, il est vain de prétendre être en mesure d'agir sur elle.
2. Notre même incapacité à connaître la nature ou les causes premières des maladies doit nous conduire à une conclusion identique.
3. L'extrême variété des maladies, renforcée par la diversité des facteurs qui sont susceptibles de les transformer (âge, sexe, tempérament, climat, régime, activités, passions, …), font de chacune un cas singulier qui ne permet pas de faire émerger des vérités générales.
4. La nature des remèdes et leur façon d'agir nous étant tout aussi inconnues que l'essence de la vie et des maladies, on ne saurait avoir aucune certitude quant à leur efficacité.
5. Les causes de la guérison, quand elle intervient, sont sujettes à caution : est-ce réellement l'effet du traitement ou plus simplement l'effet du travail de la nature ou encore l'effet d'un changement intervenu dans la situation ou dans l'environnement du malade ?
6. La diversité des opinions des médecins depuis que la médecine existe tout comme les conflits qui éclatent si souvent entre eux au

1. « Ce ne sont pas les sciences accessoires qui ont conquis la médecine, c'est la médecine qui a conquis les sciences accessoires. Entourée de leur appui, elle commande en reine à leurs efforts et dirige à son gré l'utile emploi de leurs découvertes » (Jean-Louis Alibert, « Discours sur les rapports de la médecine avec les sciences physiques et morales », art. cit., p. IV).

pied du lit du malade ne constituent-ils pas la manifestation la plus évidente de la faiblesse de leur art ?

7. À supposer que les objections ci-dessus puissent être levées, les qualités attendues du médecin ne sont-elles pas tellement élevées que « très peu d'hommes » [1] (voire aucun) sauraient être à la hauteur de la tâche ?

Pour un héritier de Condillac comme Cabanis, les objections 1, 2 et 4 sont faciles à lever. L'essence des êtres ou les causes premières, cela même qui constituait l'objet de l'ancienne métaphysique, sont sans doute définitivement hors de portée de notre sensibilité et donc de notre intelligence, mais cela n'entrave en aucune façon notre capacité à connaître leurs effets et à observer les phénomènes. De même qu'il n'est pas nécessaire de connaître la cause première des courants marins ou des vents pour maîtriser l'art de la navigation, il n'est pas nécessaire de connaître la cause première de la digestion ou l'essence du phénomène de « l'animalisation » pour en observer les processus et en tirer des enseignements en matière de soins ou de diététique. Pas plus qu'il n'est nécessaire de connaître l'essence d'un remède pour constater la réalité de son effet sur le corps malade. Au demeurant, si ces griefs étaient recevables, ce n'est pas seulement la médecine qui serait menacée mais tous les arts et toutes les sciences.

Plus sérieuse, l'objection 3 ne peut non plus être retenue. Reconnaître que chaque maladie est susceptible de variations infinies en fonction de la diversité et de l'intensité des facteurs qui peuvent agir sur elle et en faire, à juste titre, autant de cas particuliers n'interdit ni l'observation ni la possibilité de dégager des règles ou des lois générales :

> L'observation peut […] apprécier l'influence de toutes les circonstances qui en ont une véritable : elle peut réduire cette connaissance en règles fixes, la rendre plus exacte par la méthode [2].

Cela n'interdit pas non plus d'élaborer des classifications des maladies (nosologies), à la condition toutefois de les considérer non comme des absolus mais des constructions périodiquement révisables. En fin de compte, il faut trouver un juste milieu entre « le classificateur et l'empirique philosophe » : tous les deux,

> quand ils ont également du talent, ne suivent pas des routes si différentes qu'on pourrait le croire. La nature les guide l'un et l'autre, comme par la main. Elle leur montre les objets sous leurs véritables couleurs, les grave

1. *DCM,* dans *OPC* I, p. 47.
2. *Ibid.*, p. 66.

> dans leurs souvenirs par des traits frappants, les y classe par des analogies, ou par des dissemblances réelles. Elle résume enfin pour eux, et souvent presque à leur insu, les généralités fondamentales qui doivent leur servir de guide [1].

L'objection 5 qui met en question le fait que la guérison puisse être réellement attribuée au traitement est également battue en brèche. Tout d'abord, Cabanis fait valoir qu'on ne peut mettre en doute le fait que de nombreuses substances prescrites ont un effet immédiat et constatable sur l'état du patient. Mais l'essentiel de son argumentation est ailleurs : dans le fait qu'il faut accepter de reconnaître que le traitement médical de la maladie n'est pas de l'ordre de la certitude mathématique ou d'un déterminisme absolu et qu'une multitude de circonstances indépendantes du traitement viennent interférer dans le processus de guérison. Un parallèle est établi entre le bon agriculteur et le bon médecin : le premier peut bien cultiver son champ selon toutes les règles de son art, le résultat de son travail, en positif comme en négatif, reste soumis à de nombreux aléas, par exemple climatiques, sur lesquels il n'a que très partiellement prise. Il en va de même pour le médecin :

> Il connaît la maladie ; il fait naître, ou saisit l'occasion convenable : il donne le remède. Dès ce moment, on doit regarder la curation comme livrée, sous quelques rapports, à la merci de la fortune : c'est-à-dire comme dépendante d'une foule de nouvelles circonstances, dont les effets éventuels se dérobent à tout calcul précis [2].

Pour autant, aux yeux de Cabanis, le fait que le traitement ne soit pas tout puissant et que d'autres éléments puissent intervenir dans le déroulement de la maladie ne suffit pas à disqualifier la médecine.

L'objection suivante mettant en avant les nombreuses oppositions doctrinales qui se sont succédé tout au long de l'histoire de la médecine paraît plus difficile à lever. On notera qu'elle transpose dans le champ médical un argument couramment utilisé en cette fin du XVIIIe siècle contre les religions : parce qu'elles se contredisent mutuellement, ne manifestent-elles pas de la façon la plus évidente la fausseté intrinsèque de chacune d'elles ? Mais Cabanis fait remarquer que s'il est vrai, s'agissant de la médecine, que les différentes écoles n'ont cessé de se contredire, « la pratique de tous les siècles est au fond la même » [3]. À cela, il y a une explication simple : alors que les différentes théories médicales

1. *Ibid.*, p. 70.
2. *Ibid.*, p. 77.
3. *Ibid.*, p. 82.

ont jusqu'ici été fondées sur des principes abstraits qui « interprètent » voire corrigent ensuite les faits de manière à ce qu'ils se conforment à la doctrine, la pratique médicale, elle, a été bien obligée d'être plus fidèle aux faits et donc de partir de la réalité de ceux-ci plutôt que d'une représentation reconstruite. Quant aux disputes au pied du lit du malade, il ne faut pas en conclure que l'un ou l'autre des médecins qui s'opposent est nécessairement dans l'erreur : en effet, de même que la nature peut guérir par différentes voies, par exemple en provoquant une crise pour évacuer promptement le mal ou au contraire en choisissant de ne rétablir que progressivement l'équilibre des fonctions, deux médecins peuvent choisir des thérapeutiques différentes pour parvenir au même résultat.

Il ne reste plus que la dernière objection, mais elle n'en est pas vraiment une. Que la médecine, en tant que savoir et en tant que pratique, soit à la portée d'un petit nombre d'hommes signifie sans doute qu'elle est une discipline particulièrement exigeante et difficile (le médecin qui se double d'un sage n'était-il pas « l'égal des Dieux » selon la tradition hippocratique ?), non pas qu'elle est par nature impossible.

La médecine selon Cabanis

Sorte d'examen de conscience de la discipline, *Du Degré de certitude de la médecine* s'organise en définitive autour d'un petit nombre d'idées-forces.

En premier lieu, la médecine doit tout à sa méthode qui tient à deux opérations étroitement complémentaires : l'observation et l'analyse. Elles sont même si complémentaires qu'elles ne sont que les deux faces d'un même processus : l'analyse n'est au fond qu'une observation bien conduite. Ainsi le médecin observe-t-il des faits, les vérifie, les compare, met en évidence leurs rapports, les lie entre eux et les met en ordre. Il observe ensuite des enchaînements réguliers d'où il tire des règles ou des lois qui pourront, dans certains cas, lui permettre d'agir, par exemple en accélérant la marche d'un processus naturel, en le déviant de sa route ou en le faisant cesser. Cette conception a deux corollaires importants :

1. La « bonne » médecine a toujours procédé selon cette méthode ; elle n'a progressé et ne pourra progresser qu'ainsi, c'est-à-dire de façon linéaire et continue, sans sauts ni ruptures. De ce point de vue, tout était déjà « en germe » dans Hippocrate :

> Les écrits qui portent le nom de cet homme extraordinaire, nous offrent tantôt des modèles de l'art d'*observer* et de décrire les maladies, tantôt des *résultats généraux* sur leur connaissance ou leur diagnostic, et sur

> les indications des remèdes; résultats qui renferment presque toutes les grandes vérités, presque toutes les grandes vues, et même, on peut le dire sans prévention, le germe de plusieurs des découvertes modernes les plus importantes [1].

Cabanis est évidemment bien conscient des multiples découvertes médicales apparues depuis l'Antiquité mais c'est en observant et en analysant toujours plus et mieux qu'elles ont été effectuées :

> Le temps et l'observation l'ont agrandie et cultivée [la médecine] ; ils ont déjà porté la lumière dans une foule d'objets qui n'en paraissaient pas susceptibles; ils ont soumis à l'analyse ce qui semblait s'y refuser [2].

Quant à l'avenir, la route est toute tracée; il suffit de poursuivre dans la même voie :

> Oui, j'ose le prédire : avec le véritable esprit d'observation, l'esprit philosophique qui doit y présider, va renaître dans la médecine; la science va prendre une face nouvelle. On réunira des fragments épars, pour en former un système simple et fécond comme les lois de la nature. Après avoir parcouru tous les faits; après les avoir revus, vérifiés, comparés, on les enchaînera, on les rapportera tous à un petit nombre de points fixes ou peu variables. On perfectionnera l'art de les étudier, de les lier entre eux par leurs analogies ou par leurs différences, d'en tirer des règles générales, qui ne seront que leur énoncé même, mais plus précis [3].

2. Le second corollaire, implicite celui-ci, c'est le refus de l'approche expérimentale. Conformément à la tradition vitaliste dans laquelle Cabanis s'inscrit, l'expérimentation, en intervenant sur son objet, le modifie et fausse par là même l'observation. Méthode appropriée à l'étude de la nature inerte ou morte, elle est incapable de rendre compte de la nature vivante : la vérité du laboratoire ne saurait être la vérité du vivant. Certes, il arrive à Cabanis d'associer *observation* et *expérience*, mais dans ce cas il entend par ce dernier terme l'observation éclairée, approfondie, maîtrisée par l'analyse ou la raison : il n'y a rien là qui annonce ou préfigure Claude Bernard et la médecine expérimentale.

En second lieu, la médecine est définie comme un art et non comme une science présentant une certitude mathématique :

> Je suis très éloigné de penser que la connaissance particulière des maladies, ou celle de l'effet des remèdes, puisse être portée jusqu'au degré de précision qui caractérise les certitudes du calcul : je prétends

1. *DCM,* dans *OPC* I, p. 57. Nous soulignons.
2. *Ibid.*, p. 96.
3. *Ibid.*, p. 97.

> encore moins que le pronostic soit susceptible de la même précision, en quelque sorte purement intellectuelle [1].

Cela tient à la nature elle-même qui, nous dit Cabanis,

> ne porte dans rien l'exacte précision : elle semble avoir voulu se conserver partout une certaine latitude, afin de laisser aux mouvements qu'elle imprime, cette liberté régulière, qui ne leur permet jamais de sortir de l'ordre, mais qui les rend plus variés, et leur donne plus de grâce [2].

Ainsi, à la relative indétermination de la nature, c'est-à-dire aux petites libertés que, dans le domaine du vivant, elle prendrait par rapport à ses propres lois, correspond la latitude que l'art médical peut se donner à lui-même dans son exercice [3]. La médecine doit donc « se contenter d'approximations plus ou moins exactes » : elle ne saurait prétendre aux certitudes rigoureuses mais seulement aux « certitudes pratiques ». D'où l'importance du « coup d'œil » de l'homme de l'art et de l'« heureux instinct » qui le guide [4].

Connaissance tout entière enfermée dans l'observation et l'analyse, progression indéfinie du savoir et de la pratique médicale par un approfondissement continu de la même méthode, refus de l'expérimentation, indétermination relative de la nature vivante qui autorise les « certitudes pratiques » et le « coup d'œil » : on ne saurait nier la cohérence du dispositif présenté dans de cette sorte de traité épistémologique de la discipline que constitue *Du degré de certitude de la médecine*. Mais cette cohérence est aussi ce qui en fait les limites ou la faiblesse : chacune de

1. *DCM,* dans *OPC* I, p. 75-76.

2. *Ibid.*, p. 91. On ne peut manquer de rapprocher cette conception de celle de Volney qui, dans ses leçons à l'École normale de l'an III, dresse un parallèle entre l'histoire (objet de son enseignement) et la médecine (qu'il a étudié pendant trois ans, sans toutefois achever son cursus) : « Aussi persisté-je à regarder l'histoire, non point comme une science, parce que ce nom ne me paraît applicable qu'à des connaissances démontrables, telles que celles des mathématiques, de la physique, de la géographie, mais comme un art systématique de calculs qui ne sont que probables, tel qu'est l'art de la médecine : or, quoiqu'il soit vrai que dans le corps humain les éléments aient des propriétés fixes, et que leurs combinaisons aient un jeu déterminé et constant, cependant, parce que ces combinaisons sont nombreuses et variables, qu'elles ne se manifestent aux sens que par leurs effets, il en résulte pour l'art de guérir un état vague et conjonctural, qui forme sa difficulté » (*Leçons d'histoire à l'École normale de l'an III*, dans *Œuvres*, tome premier, Paris, Fayard, 1989, p. 572).

3. « Cette latitude correspond exactement à celle que l'art peut se donner dans la pratique, ou plutôt elle en fournit la mesure » (*DCM,* dans *OPC* I, p. 91).

4. *Ibid.*

ces affirmations est appelée à être contredite au siècle suivant, à chaque fois que la médecine progressera par rupture et consolidera son statut scientifique. Comme l'a écrit Georges Canguilhem, nous trouvons chez Cabanis « la somme de toutes les positions que la médecine expérimentale [de Claude Bernard] se propose d'attaquer » [1].

1. Georges Canguilhem, « L'idée de médecine expérimentale selon Claude Bernard », dans *Œuvres complètes*, t. III, Paris, Vrin, 2019, p. 415.

CHAPITRE III

POUR LA RÉVOLUTION : SOIGNER, SECOURIR, ÉDUQUER, INSTRUIRE (1789-JUILLET 1794)

La fièvre qui agite la nation au moment où Cabanis met un point final au manuscrit de *Du Degré de certitude de la médecine* relègue les questions d'épistémologie médicale au second plan et la publication de l'ouvrage est remise à plus tard, sans que l'on sache si la décision vient du libraire ou de l'auteur.

Quel est alors l'état d'esprit de Cabanis ? La réponse à la question nous est notamment donnée par l'abbé Morellet. Depuis qu'ils partageaient le même toit, Madame Helvétius et ses trois pensionnaires (Morellet, La Roche et Cabanis) vivaient dans la plus parfaite harmonie. Dans ses *Mémoires*, Morellet souligne leur bonne entente intellectuelle :

> La liberté, la tolérance, l'horreur du despotisme et de la superstition, le désir de voir réformer les abus étaient nos sentiments communs [1].

C'est à partir du mois de juin 1789, marqué par l'agitation qui débouche sur la transformation des États généraux en Assemblée nationale, que des dissensions apparaissent. Il y a d'un côté l'abbé Morellet qui approuve sans doute les nouveaux principes mais voudrait que les changements s'opèrent de façon raisonnable et tranquille, sans les excès d'une populace incontrôlable : ne redoutant rien tant que la guerre des pauvres contre les riches, il s'accommode mal du climat passionné qui règne désormais dans la maison d'Auteuil. Dans une lettre à William Petty datée du 22 juin, soit deux jours après le Serment du Jeu de paume, il s'inquiète :

1. André Morellet, *Mémoires sur le dix-huitième siècle et sur la Révolution*, Paris, Mercure de France, 1988, p. 303.

> Madame Helvétius est toujours enfoncée dans les affaires publiques avec une ardeur de conjurée. Elle a 5 ou 6 députés du tiers de ses amis qui ne la laisse pas se refroidir [1].

De l'autre côté, on trouve l'abbé de La Roche et Cabanis, soutenus par Madame Helvétius, qui voient dans le mouvement populaire à la fois la réaction inévitable d'un peuple trop longtemps opprimé et le coup de butoir nécessaire à l'inversion du rapport de forces. Selon Morellet,

> Les agitations des clubs, les motions incendiaires du Palais-Royal, les résistances ouvertes à l'autorité, les prisons de l'Abbaye Saint-Germain forcées, pour délivrer quelques soldats aux gardes justement punis, tout cela ne leur déplaisait point [2].

Cabanis vit les événements avec l'intensité, voire l'excitation, que l'on devine. À la suite du renvoi de Necker et de l'installation de la troupe autour de la capitale, il se rend à Paris où il est le témoin de l'insurrection qui aboutit à la prise de la Bastille. Le lendemain, 15 juillet, il est à Versailles : c'est à ce moment qu'il fait la connaissance de Mirabeau, qui est déjà l'un des personnages les plus en vue de la Révolution. Il en donne le récit dans le *Journal de la maladie et de la mort de Mirabeau* :

> Quand [le roi] fut sorti, j'entrai dans l'enceinte des députés. La plupart d'entre eux ignoraient ou ne savaient qu'imparfaitement ce qui s'était passé la veille à Paris : j'avais plusieurs nouvelles importantes à leur apprendre. Mirabeau me suivait des yeux, tandis que je parlais à cinq ou six de ses collègues : il demanda mon nom à Garat le jeune [3] et à Volney, tous deux mes amis intimes : et comme il avait vu ce nom au bas de quelques morceaux de littérature, échappés à ma première jeunesse, il m'aborda avec l'intérêt qu'il ne manquait jamais de témoigner à toutes les personnes auxquelles il supposait des talents, ou même seulement de l'instruction. Je date de ce moment ma connaissance avec lui : quoique j'aie depuis été fort longtemps sans presque le rencontrer, je ne l'ai jamais perdu de vue. Les avances amicales qu'il m'avaient faites se sont retracées souvent dans ma mémoire ; et, de son côté, il m'a dit plusieurs fois lui-même que cette entrevue lui avait laissé des traces, et qu'il faisait remonter jusque-là l'époque de notre amitié [4].

1. *Lettres d'André Morellet*, *op. cit.*, t. 2, lettre 307, p. 138. Les 5 ou 6 députés sont vraisemblablement Bergasse, Frochot, D.-J. Garat, Sieyès et Volney.

2. André Morellet, *Mémoires sur le dix-huitième siècle et sur la Révolution*, *op. cit.*, p. 303-304.

3. Dominique-Joseph Garat, frère cadet de Dominique Garat, tous deux députés du tiers.

4. *Journal de la maladie et de la mort d'Honoré-Gabriel-Victor Riquetti Mirabeau*, dans *OCC*, t. 2, p. 5-6.

Sans mandat politique mais placé au cœur d'un réseau d'amis et de relations qui ne vivent plus que par et pour les événements, Cabanis ne peut pas ne pas s'impliquer dans la Révolution. Comme il le souligne lui-même, les circonstances font que « les meilleurs esprits tournèrent leurs méditations vers les sujets qui touchent le plus immédiatement à l'organisation sociale » [1]. Ses compétences de médecin philosophe le conduisent tout naturellement à se pencher sur ce qu'on appellerait aujourd'hui les questions sociales entendues au sens large : de fait, durant les quatre années de la Révolution qui courent entre juin 1789 et juin 1793, c'est-à-dire avant que sa sécurité et celle de ses amis ne soient menacées par la Terreur, ses contributions porteront sur la santé publique et sur les « secours publics » c'est-à-dire les secours aux indigents, aux vieillards, aux enfants trouvés, aux malades, aux aliénés et aux prisonniers, ainsi que sur l'éducation et l'instruction.

LES *OBSERVATIONS SUR LES HÔPITAUX*

Son attention se porte d'abord sur la situation des hôpitaux, qui à cette époque, rappelons-le, ne sont pas seulement des lieux de soins aux malades mais aussi des institutions d'accueil de tous les laissés pour compte de la société. Cet intérêt ne doit rien au hasard : outre qu'il s'agit d'un sujet qu'il a appris à connaître en soignant les pauvres à Auteuil et aux alentours, le problème est devenu de pleine actualité depuis la publication de plusieurs rapports rédigés par J.-S. Bailly au nom de l'Académie des sciences entre 1786 et 1788 et la parution des *Mémoires sur les hôpitaux de Paris* par J. Tenon. C'est en partie pour prendre le contrepied de ces écrits que Cabanis prend la plume et rédige une brochure de 40 pages, intitulée *Observations sur les hôpitaux*, parue au cours du premier trimestre de l'année 1790 [2]. Ce texte, écrit dans la seconde partie de l'année 1789 [3] et à l'élaboration duquel son confrère et ami François-Pierre Lachèze a été associé [4], conteste le projet généralement préconisé

1. *DCM,* dans *OPC* I, p. 36.

2. *Observations sur les hôpitaux*, Paris, Imprimerie nationale, 1790, dans *OPC* I, p. 3-31.

3. « Dans ce moment où la nation réunie s'occupe avec ardeur de tout ce qui peut assurer le bonheur public… », *ibid.*, p. 4.

4. Médecin à Brive, François-Pierre Lachèze fréquente le salon de Mme Helvétius quand il vient à Paris. Né en 1756, il est élu à la municipalité de Brive en 1789 et envoyé dans la capitale au début de l'année 1790 pour obtenir la suspension des poursuites contre les auteurs des troubles dans le Bas-Limousin. Il assiste ensuite Cabanis en tant que médecin de Mirabeau. Il est élu député de Corrèze à l'Assemblée législative en septembre 1791.

de remplacer l'Hôtel-Dieu par plusieurs grands hôpitaux de plus de mille lits chacun, aux motifs que la concentration d'un nombre important de malades favoriserait la compétence des personnels soignants tout en permettant de faire des économies. À l'inverse, Cabanis milite en faveur de la mise en service de petits hôpitaux de 100 à 150 lits, implantés de préférence à la périphérie des villes ou à la campagne :

> Je ne saurais trop le répéter, on exécuterait en vain les changements les plus utiles dans les hôpitaux, si l'on ne commençait par en diminuer la grandeur. Ce premier pas fait, tout le reste devient possible et même facile [1].

À l'appui de sa position, il oppose la saleté, l'air putride, les risques de contagion et même la corruption du personnel, autant de phénomènes couramment observés dans de grands hôpitaux ingouvernables, à la propreté et à l'air sain de petites structures bien dirigées parce que d'une taille maîtrisable. Mais son argument principal tient à l'idiosyncrasie de chaque malade : les grands hôpitaux, avec des praticiens surchargés qui ne peuvent pas consacrer suffisamment d'attention aux patients, avec des repas distribués à heures fixes et un régime alimentaire identique pour tous, vont à l'encontre des bonnes pratiques. Il faut au contraire que le médecin puisse visiter ses malades plusieurs fois par jour et adapter les traitements à chaque cas particulier. Dans ces petites structures, le médecin pourra en outre tenir un journal d'hôpital décrivant chaque maladie avec la plus grande exactitude :

> Non seulement on peindra son invasion, son accroissement, son état, son déclin, la convalescence ; non seulement le médecin dira par quelles indications il s'est laissé guider dans l'administration des remèdes, et quels ont été leurs effets ; mais, de plus, il rendra compte de l'âge du malade, de son tempérament, du pays qu'il habite, de sa profession, des maladies auxquelles il a été sujet, de ses goûts, de ses mœurs [2].

On retrouve ici les thèses déjà défendues dans *Du Degré de certitude de la médecine* : avant de s'apprendre dans les livres, la médecine s'apprend au pied du lit du malade. C'est aussi pourquoi, ajoute-t-il, les médecins doivent être formés dans des écoles-pratiques, car « c'est dans les salles mêmes d'un hôpital que [doivent se donner] les leçons ; ce sont les différentes maladies qui leur servent de textes » [3]. Mais il ne

1. *Observations sur les hôpitaux,* dans *OPC* I, p. 17.
2. *Ibid.*, p. 21-22.
3. *Ibid.*, p. 23.

développe guère ce point pour lequel il renvoie à un mémoire que doit rédiger Lachèze.

Au texte initial, Cabanis ajoute un *post-scriptum* probablement rédigé à la fin de l'année 1789 ou au début de 1790. Il est intéressant à deux titres :

1. Tout d'abord, il met en évidence l'enjeu *politique* présidant à la question des hôpitaux qui est tout sauf technique. Les institutions sociales sont faites, nous dit-il en se référant à Sieyès, « pour corriger ce que [la nature] peut laisser de vicieux dans la situation des hommes » [1]. Or, et plus encore dans une société encore marquée par « la mauvaise distribution des forces politiques » et par « la disproportion choquante des fortunes » [2], l'hôpital est une institution sociale indispensable pour soulager la douleur, mais aussi l'enfance abandonnée, la vieillesse isolée et la pauvreté.

2. En outre, il témoigne de *l'optimisme* assez naïf qui l'anime, comme nombre de ses compatriotes, à ce moment de la Révolution. En effet, dès lors que « la volonté publique fait la loi »,

> les préjugés se taisent ; les passions malfaisantes se cachent ; le bien se fait sans peine […] et la morale règne nécessairement partout [3].

La suite des événements lui montrera que les choses ne sont pas aussi simples.

Cette publication vaut sans doute à Cabanis une certaine notoriété. Elle fait l'objet d'un rapport de Thouret le 9 juin 1790 devant le Comité de mendicité de l'Assemblée [4]. En juillet, *Le Mercure de France* rend compte des *Observations sur les hôpitaux* sous la signature de C. (probablement son ami Chamfort, familier d'Auteuil et proche de Mirabeau) [5]. L'attention portée à cette brochure n'est évidemment pas étrangère à la nomination de Cabanis l'année suivante au sein de la commission des hôpitaux.

Ami, médecin et collaborateur de Mirabeau

En cette année 1790, parfois qualifiée d'« année heureuse » de la Révolution, l'enthousiasme de Cabanis pour les événements ne se dément pas. Le 25 avril, il fait don de 1.200 livres au titre des contributions

1. *Ibid.*, p. 29.
2. *Ibid.*, p. 28.
3. *Ibid.*, p. 27.
4. Camille Bloch et Alexandre Tuetey, *Procès-verbaux et rapports du Comité de mendicité de la Constituante*, Paris, 1911, p. 65.
5. *Mercure de France*, 17 juillet 1790, p. 121-126.

patriotiques [1]. À peu près au même moment, le conflit latent qui existait depuis près d'un an entre Morellet et les autres habitants de la maison d'Auteuil trouve sa conclusion. Régulièrement informé par Lachèze de la situation politique dans son département d'origine, la Corrèze, Cabanis a pris fait et cause en faveur de la lutte, souvent violente, menée par les paysans du Limousin contre les aristocrates et leurs châteaux. Or, voilà que Morellet, à la demande de l'évêque de Chartres, entreprend, sans en parler à Cabanis et à La Roche alors même que le sujet a fait l'objet de fréquentes conversations entre eux, la rédaction d'un petit volume intitulé *Mémoire des députés de la ville de Tulle, relatif aux troubles du bas-Limousin*, dans lequel il dénonce les exactions populaires et se fait le porte-parole des nobles et des grands propriétaires. La suite est racontée par Morellet dans ses *Mémoires* :

> Deux jours après la publication, je vais à Auteuil, selon ma coutume. C'était le soir. Ces messieurs [La Roche et Cabanis] étaient dans le salon : ils ne me rendent pas le salut, ne répondent point quand je leur adresse la parole, et, se retirant bientôt, me laissent seul avec Madame Helvétius. […] Elle me dit […] que la publication de ce mémoire, et le mystère que j'en avais fait à l'abbé de La Roche et à Cabanis, étaient le motif de cet accueil; qu'ils avaient lieu d'être blessés; que j'aurais dû surtout le communiquer à Cabanis, qui savaient les faits; qu'on m'avait trompé en tout; qu'au reste, il n'y avait point d'explication à demander à ses deux amis, qui ne me pardonneraient jamais, et ne me feraient jamais d'autre accueil [2].

La rupture est consommée : Morellet quitte Auteuil le lendemain, soit fin avril ou début mai 1790 pour ne plus jamais y revenir.

Mais le fait le plus important de cette période est sans conteste le début de la collaboration entre Cabanis et Mirabeau. En raison de ses excès en tout genre pratiqués depuis toujours et du travail harassant qu'exigent ses multiples interventions à l'Assemblée, le grand orateur de la Révolution est dans un état de santé préoccupant. Dans le *Journal de la maladie et de la mort de Mirabeau*, Cabanis s'en fait l'écho :

> La santé de Mirabeau parut alors se dégrader au point d'inquiéter ses amis. Volney m'en parla plusieurs fois avec un vif intérêt. Je lui communiquais les réflexions et les conjectures que ses récits me faisaient naître. Il en fit

1. Antoine Guillois, *Le Salon de Madame Helvétius, op. cit.*, p. 75.

2. André Morellet, *Mémoires sur le dix-huitième siècle et sur la Révolution, op. cit.*, p. 307.

> part au malade, qui désira de me voir, et qui me demanda sur-le-champ un rendez-vous [1].

C'est ainsi que du printemps 1790 à la mort du tribun le 2 avril 1791, Cabanis devient pour Mirabeau à la fois un ami très proche, un médecin bénéficiant de la confiance totale de son patient, et un collaborateur.

En tant que médecin, Cabanis, toujours assisté de Lachèze, se soucie de la santé de Mirabeau quasiment au jour le jour. Assurant la présidence tournante de l'Assemblée constituante du 29 janvier au 16 février 1791, ce dernier en sort épuisé et Cabanis note :

> Les travaux de sa présidence s'étaient joints à toutes les autres causes de destruction qui le menaçaient. [...] Je fus obligé d'employer des moyens très actifs et très prompts pour le mettre en état de terminer sa quinzaine [2].

Lorsque la crise ultime se produit le 27 mars, il ne quitte pratiquement plus le malade qu'il accompagne jusqu'à la mort. L'émotion qui accompagne le décès de Mirabeau (dont ce qui subsiste de popularité s'effondrera après la découverte du contenu de l'armoire de fer et n'empêchera pas sa « dépanthéonisation ») conduit certains de ses partisans à instruire le procès de son médecin : celui-ci se serait trompé dans son diagnostic et son traitement ; il aurait refusé par orgueil que les avis d'autres médecins plus compétents soient sollicités ; certains osent même avancer qu'il aurait été jusqu'à empoisonner son patient. C'est pour répondre à ces calomnies que Cabanis publie dans les jours qui suivent le décès du grand homme le *Journal de la maladie et de la mort d'Honoré-Gabriel-Victor Riquetti Mirabeau* [3]. Après l'autopsie du cadavre, il maintient que Lachèze et lui ont vu juste sur les causes de la maladie. Il fait valoir qu'il a dû batailler auprès de Mirabeau pour que celui-ci finisse par consentir à se faire examiner par Antoine Petit et que ce célèbre médecin n'a à aucun moment critiqué les soins portés au malade, dont la situation était de toute façon désespérée.

Il est important de remarquer que, dans deux notes ajoutées à la réédition du *Journal* en 1803, Cabanis indique qu'il partageait alors la volonté de Mirabeau de chercher à concilier la démocratie représentative et la monarchie et qu'à ce titre la révélation de la correspondance entretenue entre le tribun et la Cour ne lui paraît pas condamnable. Il

1. *Journal...*, dans *OCC*, t. 2, p. 8.
2. *Ibid.*, p. 18-19.
3. La rapidité avec laquelle cette brochure a pu être publiée prouve que Cabanis a bien tenu ce journal au fur et à mesure de l'avancement de la maladie, conformément à sa conception de l'exercice de la médecine.

souligne en revanche que c'est la fuite à Varennes, intervenue deux mois après la mort de Mirabeau, qui a tout changé ; à la suite de cet épisode,

> tous les amis un peu clairvoyants de la liberté ne se flattèrent plus de pouvoir la trouver ailleurs que dans la République [1].

Ce faisant, il considère qu'il reste fidèle à l'esprit de son ami. Alors qu'ils avaient évoqué ensemble l'hypothèse d'une fuite du roi, Mirabeau lui avait dit : « S'il part, je monte à la tribune, je fais déclarer le trône vacant, et proclamer la République » [2].

Cabanis ne reniera jamais les liens qu'il avait noués avec Mirabeau. Devenu en l'an VI (1798) député au Conseil des Cinq-Cents, il prend à nouveau « la défense d'un homme dont l'amitié [lui] fut si chère » [3].

LE *TRAVAIL SUR L'ÉDUCATION PUBLIQUE, TROUVÉ DANS LES PAPIERS DE MIRABEAU*

En août 1791, soit quatre mois après la mort du tribun, paraît un volume intitulé *Travail sur l'éducation publique, trouvé dans les papiers de Mirabeau, publié par P.-J.-G. Cabanis*. Il contient quatre projets de discours :

– *De l'instruction publique, ou de l'organisation du corps enseignant.*
– *Sur les fêtes publiques, civiles et militaires.*
– *Sur l'établissement d'un Lycée national.*
– *Sur l'éducation de l'héritier présomptif de la couronne, et sur la nécessité d'organiser le pouvoir exécutif.*

La première question qui se pose à leur propos est celle du statut de ces textes et en particulier de la nature de la contribution de Cabanis à leur rédaction. On sait que Mirabeau qui est intervenu à l'Assemblée sur un nombre impressionnant de sujets, faisait travailler à la préparation de ses discours de nombreux collaborateurs : ceux-ci formaient ce qu'on a appelé son « atelier » [4] et à plusieurs reprises l'orateur a davantage été un porte-voix que véritablement l'inspirateur des propos qu'il a tenus. Pour lui, comme pour la plupart des acteurs de la Révolution, la liberté

1. *Journal*..., dans *OCC*, t. 2, p. 70.
2. *Ibid.*
3. *Discours de Cabanis en offrant au Conseil des Cinq-Cents la gravure du portrait de Mirabeau.* Séance du 13 thermidor an VI [31 juillet 1798]. Paris, Imprimerie nationale, thermidor an VI.
4. Joseph Bénétruy, *L'Atelier de Mirabeau : quatre proscrits genevois dans la tourmente révolutionnaire*, Genève, 1962.

est un mot vide si elle n'est pas associée à la production et à la diffusion des Lumières et il lui est donc indispensable de prendre la parole sur un sujet aussi crucial que celui de l'éducation et de l'instruction. Le 5 octobre 1790, il écrit ainsi à Étienne Salomon Reybaz pour solliciter son concours :

> Comment, avouant que vous avez été appelé dès l'aurore de votre raison à réfléchir sur l'éducation particulière et publique, sur les meilleurs procédés que la législation pourrait employer pour changer l'esprit, la morale, les rites mêmes d'une grande nation, vous refusez-vous à traiter un sujet si important et si neuf? […] Venez à notre aide; faites-le pour moi; faites-le pour la Révolution [1].

Toutefois, contrairement à ce qu'affirme J. Bénétruy, pour qui les quatre discours seraient l'œuvre conjointe de Reybaz (principal rédacteur selon lui du premier discours), de l'abbé Lamourette (rédacteur du quatrième) et, dans une mesure indéterminée, de Cabanis, de solides arguments permettent de désigner Cabanis comme l'auteur au moins des trois premiers. En effet, outre qu'il n'existe aucune trace d'une éventuelle contribution de Reybaz, comme en convient J. Bénétruy lui-même, cinq éléments probants peuvent être mis en avant :

– Dans l'édition des *Œuvres complètes de Cabanis* en 1823, le *Travail…* est présenté comme *fait et publié par Cabanis* (et non comme seulement *publié* ainsi qu'il est mentionné sur la page de titre de l'édition de 1791). Or, jamais la veuve de Cabanis n'aurait permis cette adjonction si elle n'avait pas été certaine que son mari fut bien l'auteur des discours. Sur son propre exemplaire du *Travail…*, elle a d'ailleurs porté une note manuscrite attribuant explicitement l'ouvrage à celui-ci : « ainsi que M. Cabanis l'a mentionné dans la notice sur lui-même qu'il a écrite » [2].

– Dans son discours de réception au sein de la classe de langue et littérature françaises de l'Institut en 1808, Destutt de Tracy se fait certainement l'écho des confidences de Cabanis quand il évoque « le travail sur l'instruction publique qu'il [Cabanis] publia sous le nom de cet homme célèbre [Mirabeau], mais dont les principales idées et l'exécution lui appartenaient presque entièrement » [3].

– Ginguené, dans la notice de la *Biographie universelle* de Michaud qu'il a consacrée à son ami écrit : « C'est à lui [Cabanis] que Mirabeau dut le *Travail sur l'éducation publique* ».

1. *Ibid.*, p. 316-317.
2. Voir *OPC* II, p. 547.
3. DdT, *OC* VIII, p. 526.

– Le témoignage de J.M.N. Lucas de Montigny, le fils adoptif de Mirabeau, est lui aussi sans ambiguïté : « Personne n'a jamais douté que ce fût l'ouvrage de l'éditeur lui-même, qui est partout reconnaissable par ses idées républicaines, par sa métaphysique un peu subtile parfois, et qui n'a pris nulle part la moindre peine pour déguiser les formes de son propre style [...]. Cette considération, le témoignage unanime des amis et collaborateurs de Mirabeau, et notre conviction, d'accord avec celle du public, nous déterminent à ne rien ajouter à cette simple mention de l'ouvrage, composé de quatre discours et d'autant de projets de lois » [1].

– Au demeurant, le texte lui-même ne laisse guère de doutes quant à l'identité de l'auteur. On y retrouve des idées et formulations strictement identiques à celles qui figuraient dans les écrits antérieurs de Cabanis, notamment dans les longs développements consacrés à la médecine et à la philosophie.

S'agissant du quatrième discours, il est vraisemblable que Lamourette y a collaboré : outre le fait qu'on y reconnait moins l'écriture de Cabanis, il y a le témoignage d'Étienne Dumont qui écrit à Romilly le 25 janvier 1791 : « Il [Lamourette] a fait pour lui [Mirabeau] un discours de provision sur l'éducation de l'héritier présomptif » [2].

S'il est par conséquent probable que Cabanis a eu des échanges avec Reybaz et Lamourette, ainsi qu'avec Mirabeau lui-même, sur ces quatre projets, il apparaît en revanche à peu près certain que c'est bien à lui qu'il faut en attribuer l'essentiel de la responsabilité. Certes, il ne faut pas se dissimuler que ces textes, sur lesquels Cabanis nous dit que Mirabeau n'a pas eu le temps de se pencher avant sa mort, constituent à certains égards un travail inabouti qui aurait mérité d'être retravaillé et enrichi. C'est notamment le cas du premier discours dont Cabanis souligne qu'il « est formé de notes écrites d'abord presque au hasard, et seulement pour servir de matériaux. Il se ressent de cette première composition » [3]. Pour autant, même si le volume ne présente pas la densité et la richesse des *Cinq Mémoires sur l'instruction publique* [4] que Condorcet a écrits à peu près au même moment, il ne forme pas moins un ensemble assez cohérent,

1. *Mémoires biographiques, littéraires et politiques de Mirabeau, écrits par lui-même, par son père, son oncle et son fils adoptif*, Paris, Auffray, Guyot et Delaunay, 1834-1835, t. VIII, p. 357-358.

2. Joseph Bénétruy, *op. cit.*, p. 330.

3. *Travail sur l'éducation publique,* dans *OCC*, t. 2, p. 367.

4. Publiés en 1791 dans *Bibliothèque de l'homme publique*, Paris, Buisson, 2ᵉ année, t. 1, 2, 3 et 9.

proposant un programme global pour l'éducation publique entendue au sens large [1].

Si l'on se penche sur le contenu du *Travail*..., la première chose à remarquer c'est l'importance des considérants d'ordre philosophique qui président au dispositif préconisé. Cela tient, nous dit Cabanis, au fait que l'éducation

> touche par tous les points aux vues métaphysiques les plus profondes et aux considérations morales les plus étendues [2].

Le point de départ de sa réflexion est directement issu de Condillac : la nature nous a enseigné la bonne façon de raisonner; cette bonne méthode que l'homme des origines employait sans en avoir véritablement conscience, l'homme civilisé l'a, dans une large mesure, négligée à la fois par précipitation et sous l'effet des passions, et ce n'est que récemment (Cabanis cite ici Locke, Helvétius, Bonnet et Condillac) qu'il a été remis sur la voie qu'il n'aurait jamais dû abandonner. Émanation de la philosophie [3], la Révolution permet désormais de repenser l'éducation : celle-ci a pour but de « rendre à l'homme l'usage de toutes ses facultés » [4], de lui faire connaître les objets « avec lesquels il peut avoir quelque relation » et en premier lieu de lui faire connaître l'homme, qui est l'objet « avec lequel ses rapports sont le plus étendus » [5]. Ce faisant, l'éducation permettra une augmentation indéfinie du bonheur, des besoins de l'homme comme de

1. Sous le mot *éducation publique*, Cabanis comprend ce qu'on entend généralement à la fois par *éducation* et *instruction publiques*. On sait que la Révolution a longuement débattu de la distinction entre ces deux termes. On doit à Rabaut Saint-Étienne, dans son *Projet d'éducation nationale présenté à la Convention nationale le 21 décembre 1792*, la clarification la plus souvent retenue : « Il faut distinguer l'instruction publique de l'éducation nationale; l'instruction publique éclaire et exerce l'esprit, l'éducation doit former le cœur; la première doit donner des lumières, et la seconde des vertus; la première fera le lustre de la société, la seconde en fera la consistance et la force. L'instruction publique demande des lycées, des collèges, des académies, des livres, des instruments, des calculs, des méthodes, elle s'enferme dans des murs; l'éducation nationale demande des cirques, des gymnases, des armes, des jeux publics, des fêtes nationales, le concours fraternel de tous les âges et de tous les sexes, et le spectacle imposant et doux de la société humaine rassemblée; elle veut un grand espace, le spectacle des champs et de la nature. L'éducation nationale est nécessaire à tous, l'instruction publique est le partage de quelques-uns. Elles sont sœurs, mais l'éducation nationale est l'aînée ». Pour autant, les usages de l'époque sont loin d'être homogènes et il n'est pas rare de trouver un auteur qui emploie un terme pour l'autre.

2. *Travail sur l'éducation publique,* dans *OCC*, t. 2, p. 487.

3. « La Révolution actuelle est l'ouvrage des lettres et de la philosophie » (*Ibid.*, p. 383).

4. *Ibid.*, p. 373.

5. *Ibid.*, p. 483-484.

ses moyens. Bref, il s'agit de mettre sur pied un bon système d'éducation pour « élever promptement les âmes au niveau de [la] Constitution » [1].

Compte tenu de la perspective ainsi dessinée, on ne sera pas surpris de voir que l'enseignement de la méthode analytique est au cœur du système d'enseignement. Celle-ci en constitue « la base », la condition du développement des connaissances :

> L'art de diriger l'entendement dans la recherche de la vérité, ou de l'appliquer aux différents objets de nos études, doit être regardé comme la partie fondamentale des vues que je me propose [2].

On voit tout de suite dans quel camp se situent Cabanis/Mirabeau. Nous savons en effet qu'un net clivage sépare en deux familles les auteurs des différents projets d'éducation et d'instruction qui ont fleuri pendant la décennie révolutionnaire :

– D'un côté, on trouve ceux qui considèrent que l'homme est avant tout un être de raison. Celle-ci ayant été occultée par des siècles d'obscurantisme et de superstition, le but de l'éducation est de lui permettre de se la réapproprier et, par là, de devenir citoyen. Dans cette perspective, le rapport à la connaissance et à la vérité est premier et l'adhésion au corps politique en est la conséquence. Par ailleurs, l'inégalité des talents étant un fait de nature, l'éducation doit permettre à chacun de développer ses facultés aussi loin que possible. À ce titre, si l'organisation sociale ne doit jamais permettre aux inégalités de talents d'être converties en situations de dépendance, il n'est pas en revanche illégitime d'instituer une hiérarchie des degrés d'enseignement en fonction des capacités de chacun. Dans cette perspective, la liberté est première par rapport à l'égalité. Condorcet est sans conteste le chef de file de ce camp qui place au premier rang la double exigence de la vérité et de la liberté.

– De l'autre côté, il y a le camp dont les Montagnards Le Peletier de Saint-Fargeau (à la suite de son assassinat, son *Plan* est présenté à la Convention par Robespierre) et Bouquier sont les plus représentatifs. Pour eux, l'appartenance au corps politique est première et le rapport à la vérité second. De plus, l'exigence d'égalité prime sur celle de liberté : la première mission de l'éducation est d'égaliser les conditions et la priorité doit en conséquence être accordée à l'instruction primaire.

Cabanis est évidemment dans le camp de Condorcet dont il est proche et avec qui les liens ne cessent de se renforcer : c'est l'instruction qui

1. *Travail sur l'éducation publique,* dans *OCC*, t. 2, p. 370.
2. *Ibid.*, p. 496-497.

rend véritablement possible l'exercice de la citoyenneté et les niveaux supérieurs de l'enseignement ont une fonction stratégique car ils éclairent la société et garantissent la qualité des niveaux inférieurs d'instruction.

Au-delà de ces options philosophiques fondatrices, l'élaboration d'un plan et d'une organisation d'éducation publique est confrontée à plusieurs questions préalables sur lesquelles Cabanis doit prendre position :

1. Comme tous les Idéologues, Cabanis est un libéral. Entendons par là que

> tout ce que les individus peuvent faire par eux-mêmes ne doit être fait que par eux, et que le gouvernement ne doit prendre sur lui que les entreprises dont l'exécution leur serait entièrement impossible;

et que

> l'ordre social le plus parfait serait [...] celui où le pouvoir public ne se ferait sentir aux individus que pour les maintenir réciproquement dans les limites de la justice [1].

Aussi doit-on s'interroger sur la nécessité pour l'État de se mêler d'éducation. Dans une société où toutes les promesses de la Révolution auraient été effectivement réalisées, sans doute devrait-on répondre par la négative à la question [2]. Mais il n'en va pas ainsi dans un pays où l'ignorance et l'indigence sont aussi largement répandues :

> Dans les *circonstances actuelles*, si l'éducation n'était pas dirigée d'après des vues nationales, il pourrait en résulter plusieurs inconvénients graves et menaçants pour la liberté [3].

Dès lors, il est indispensable et même urgent que les représentants du peuple s'emparent du sujet :

> Ce que l'Assemblée ne peut se dispenser de régler elle-même, c'est donc l'organisation de l'enseignement public en général; c'est à elle de constituer les écoles qui seront entretenues ou encouragées aux frais de la nation; de déterminer le genre d'instruction que les élèves doivent y recevoir, d'indiquer l'esprit dans lequel on doit y enseigner [4].

1. *Ibid.*, p. 493 et 491

2. « Dans une société bien ordonnée, [...] tout invite les hommes à cultiver leurs moyens naturels : sans qu'on s'en mêle, l'éducation sera bonne; elle sera même d'autant meilleure, qu'on aura plus laissé à faire à l'industrie des maîtres et à l'émulation des élèves » (*Ibid.*, p. 374).

3. *Ibid.*, p. 376. Nous soulignons.

4. *Ibid.*, p. 386-387.

Pour les mêmes raisons, les académies et les collèges devront être soumis « aux magistrats qui représentent véritablement le peuple, c'est-à-dire qui sont élus et fréquemment renouvelés par lui » [1].

Dans le même ordre d'idées, alors que les dépenses relatives à l'enseignement devraient en principe être à la charge exclusive des familles dans la mesure où cela constitue le moyen le plus efficace d'assurer la motivation des élèves et la qualité des maîtres, la situation présente exige une position plus souple. Si la gratuité ne saurait être la règle, il importe de maintenir les moyens financiers que l'État consacre à l'enseignement, en veillant cependant à ce que ceux-ci aient prioritairement vocation à récompenser et encourager les meilleurs.

Enfin, et cela tient évidemment au sujet de prédilection de Cabanis, un sort particulier doit être fait à l'enseignement de la médecine, de la chirurgie et de la pharmacie, au motif qu'il s'agit de matières « sur lesquelles les méprises mettent souvent en péril la vie d'un grand nombre d'individus » [2]. À ce titre, la puissance publique a une responsabilité qui justifie son intervention :

> Quant à […] tout ce qui tient à l'art de guérir, c'est la partie la plus considérable des études que la loi doit surveiller, et des travaux dont le magistrat ne peut abandonner l'exercice au hasard [3].

2. Si l'homme est un être de raison et s'il appartient au système d'enseignement de la cultiver, le « moral de l'homme » ne se réduit pas à cela :

> Jusqu'ici, messieurs, vos institutions portent l'empreinte de la froide sagesse, de la justice, de la vérité. […] Vous avez assuré [les premiers besoins de l'homme] en lui rendant l'usage libre de toutes ses facultés. [Mais l'homme] obéit plutôt à ses impressions qu'au raisonnement. Ce n'est pas assez de lui montrer la vérité : le point capital est de le passionner pour elle […]. Il s'agit donc moins de le convaincre que de l'émouvoir [4].

Aussi, à côté de l'organisation du système d'enseignement, est-il nécessaire de prévoir un ensemble de fêtes publiques, civiles et militaires, propres à réactiver régulièrement l'adhésion des citoyens à la nouvelle organisation sociale. Il faut cependant noter ici que les Idéologues prendront bientôt leurs distances à l'égard de cet argument qui doit

1. *Travail sur l'éducation publique,* dans *OCC*, t. 2, p. 377.
2. *Ibid.*, p. 390.
3. *Ibid.*, p. 393.
4. *Ibid.*, p. 450-451.

peut-être plus à Mirabeau qu'à Cabanis : Destutt de Tracy soulignera notamment que la législation et son application sont autrement efficaces que les fêtes publiques, sauf à vouloir confondre l'artillerie d'une armée avec sa musique [1].

3. Enfin, même si cette question n'aura bientôt plus guère de sens, il est naturel en cette fin 1790/début 1791, alors que Mirabeau veut trouver un juste équilibre entre représentation politique et monarchie, de se pencher sur l'éducation de l'héritier de la couronne, afin de « nourrir en lui tous les sentiments et toutes les idées de l'égalité, [...] de le pénétrer d'un respect religieux pour les lois, et lui rendre [...] familiers les principes qui leur servent de base » [2].

C'est dans ce cadre que sont rédigés quatre projets de décrets.

Au cœur du dispositif prendrait place l'*Académie nationale*, comportant trois sections (*philosophique ; littéraire ; des sciences*) de quarante membres chacune. Elle se substituerait aux trois académies de l'Ancien Régime (*française ; des sciences ; des inscriptions et belles-lettres*). À ses côtés, serait constituée une *Académie des arts*, divisée en cinq sections (*peinture ; sculpture ; architecture ; musique ; art dramatique*).

À Paris, il serait créé un *Lycée national*. Celui-ci aurait un double objet : d'une part, « procurer à l'élite de la jeunesse française les moyens de terminer une éducation dont le complément exige, dans l'état actuel, le concours des circonstances les plus rares et des secours les plus étendus » [3] ; d'autre part, fournir un emploi aux meilleurs savants. Chaque année, cent jeunes gens de 20 à 30 ans, sélectionnés par les départements, y seraient accueillis aux frais de la nation pour une durée de trois ans et pourraient choisir librement leurs études. Une trentaine de chaires seraient créées, couvrant tous les domaines du savoir : philosophie, économie publique et morale, histoire, sciences, langues, littérature, arts. La première d'entre elles « sera celle de méthode ou de l'art de diriger l'esprit » ; elle enseignera « les procédés du raisonnement et le mécanisme du langage, ou la grammaire universelle » [4]. On ne manquera pas de noter que l'héritier de la couronne a vocation à achever ses études au *Lycée*, dès lors que ses progrès l'auront rendu « digne de figurer parmi l'élite de la jeunesse française » [5].

1. DdT, *Quels sont les moyens de fonder la morale d'un peuple ?, OC* I, p. 139 et 143.
2. *Travail sur l'éducation publique,* dans *OCC*, t. 2, p. 580.
3. *Ibid.*, p. 496.
4. *Ibid.*, p. 530. Cet enseignement sera au cœur de la pédagogie des futures écoles centrales des départements.
5. *Ibid.*, p. 580.

Chaque département devra ouvrir au moins un collège et même, si c'est possible, un par district. On pourra y être admis à partir de l'âge de 10 ans, après avoir vérifié que les candidats savent « bien lire, bien écrire, bien compter et qu'ils [peuvent] répondre sur les principes de morale enseignés dans les écoles primaires » [1]. Les dépenses seront partagées entre le département et les familles. L'enseignement comportera trois cycles d'au moins deux années : grec et latin, pour le premier ; éloquence et poésie pour le deuxième ; philosophie et physique pour le troisième. Le professeur de philosophie fera connaître « les méthodes par lesquelles on marche d'une manière sûre à la vérité ; [...] les rapports des hommes entre eux, le système social, les droits des citoyens et les devoirs de l'individu ; en un mot, tous les principes généraux de la morale publique et privée » [2].

Le niveau inférieur, celui des écoles primaires, est évoqué mais négligé : l'ouverture de celles-ci est aléatoire et abandonnée aux circonstances. Seules quelques lignes y sont consacrées :

> Dans chaque endroit où l'organisation nouvelle du clergé [i.e. le clergé constitutionnel] conservera un curé où un vicaire, il y aura une école d'écriture et de lecture, pour l'entretien de laquelle il sera affecté une somme depuis cent jusqu'à deux cents livres, payables, chaque année, sur les fonds du département. Le maître d'école sera autorisé à recevoir une rétribution de ses élèves. Il enseignera à lire, à écrire, à calculer, et même, s'il est possible, à lever des plans et arpenter [3].

Cette discrétion sur le niveau élémentaire, alors même que l'ignorance du peuple est par ailleurs dénoncée comme un fléau, ne doit pas surprendre. Outre le problème financier et le manque d'instituteurs qualifiés qui constituent à l'époque deux obstacles dirimants, Cabanis et Mirabeau, tout comme la plus grande partie du personnel révolutionnaire de la Constituante, accordent la priorité à la classe « mitoyenne », c'est-à-dire aux enfants de ceux qui, instruits et propriétaires, sont en mesure de cultiver leur raison, sans être avilis par l'indigence ni corrompus par le luxe et l'excès de fortune.

Les discours sont quasiment muets sur les études spécialisées. Seules sont citées, sans autres précisions, les écoles de marine, du génie et des ponts et chaussées. Une exception : la médecine, qui « occupe une place considérable dans mon plan d'instruction publique » [4]. On y retrouve,

1. *Travail sur l'éducation publique,* dans *OCC*, t. 2, p. 416.
2. *Ibid.*, p. 417.
3. *Ibid.*, p. 414-415.
4. *Ibid.*, p. 393.

présentées de façon systématique, toutes les idées de Cabanis : conjugaison des études théoriques (2 ans) et pratiques (3 ans), enseignement fondé sur l'observation et assuré au pied du lit du malade, tenue de journaux des maladies et des traitements par les professeurs des écoles-pratiques.

Du fait de la mort de Mirabeau, le travail de Cabanis est condamné à rester dans un tiroir. C'est à Talleyrand qu'il reviendra de soumettre à l'Assemblée constituante en septembre 1791 un *Rapport sur l'instruction publique*, présenté au nom du comité de Constitution [1]. Pour l'élaboration de ce rapport, qui est, disons-le, plus élaboré et mieux structuré que les projets de discours de Mirabeau, son auteur a sollicité de nombreux conseils [2], dont ceux de Cabanis cité en note. S'ils présentent un certain nombre de différences, les plans respectifs de Mirabeau/Cabanis et de Talleyrand partagent un même esprit. Talleyrand recommande

> par dessus tout l'usage de l'analyse qui réduit un objet quelconque à ses véritables éléments et de la synthèse qui le recompose ensuite avec eux. Par cette double opération qui recèle peut-être tout le secret de l'esprit humain, à qui nous devons les plus savantes combinaisons de la métaphysique, et par là les principes de toutes les sciences, on parvient à voir tout ce qui est dans un objet, et à ne voir que ce qui y est. […] Que faut-il encore? L'application fréquente et presque habituelle de la méthode rigide des mathématiciens […]. Cette méthode est applicable à plus d'objets qu'on ne pense, et c'est un grand service à rendre à l'esprit humain que de l'étendre à tous ceux qui en sont susceptibles.

En outre,

> au don de penser succède rapidement le don de communiquer rapidement ce qu'on pense ; ou plutôt l'un est tellement enchaîné à l'autre qu'on ne peut les concevoir séparés que par abstraction. […] Tout ce qui augmente les produits de la pensée agit simultanément sur le signe qui l'accompagne, comme aussi […] le signe perfectionné accroît, enrichit et féconde à son tour la pensée [3].

Méthode analytique, mathématisation, indissociabilité de l'idée et du signe : on trouve ici la confirmation, s'il en était besoin, que la vulgate condillacienne préside à tous ces débats.

1. Ajourné par la Constituante, non débattu par la Législative, ce plan n'a pas eu de suites mais il a constitué un document de référence fréquemment cité.

2. Emmanuel de Waresquiel, *Talleyrand, le prince immobile*, Paris, Fayard, 2003, p. 154.

3. Talleyrand, *Rapport sur l'instruction publique*, dans Bronislaw Baczko, *Une éducation pour la démocratie : textes et projets de l'époque révolutionnaire*, Genève, Droz, 2000, p. 150-151.

Quelques principes et quelques vues sur les secours publics

Après la mort de Mirabeau, Cabanis se rapproche encore davantage de Condorcet [1]. Comme ce dernier, il s'est radicalisé et considère que la fuite à Varennes a ruiné le reste de confiance qui pouvait encore subsister entre le monarque et la nation et que la question de la République est désormais à l'ordre du jour. Le ministre des États-Unis à Paris, Gouverneur Morris, dont les sentiments monarchistes sont connus, se fait à sa façon l'écho de cette radicalisation. À la date du 6 août 1791, il écrit dans son *Journal* : « Je vais à Auteuil voir Madame Helvétius. Ses invités sont des démocrates fous à lier » [2].

Au cours de cette même année 1791, Cabanis s'implique personnellement dans les affaires publiques. Alors que son acolyte, l'abbé de La Roche, est élu maire d'Auteuil, il devient le premier officier municipal de la commune [3]. Par ailleurs, le 13 avril, Pastoret, procureur-syndic du département, le nomme parmi les cinq membres de la commission des hôpitaux, qui doit exercer pour le compte du département l'autorité sur l'ensemble des hôpitaux de la capitale et des environs [4]. Entre 1791 et 1793, Cabanis présente de nombreux rapports devant cette commission : c'est à partir d'extraits de ces rapports qu'il forme son ouvrage intitulé *Quelques principes et quelques vues sur les secours publics* qui ne sera publié qu'en 1803 [5].

Comme dans ses écrits précédents, il commence par dégager les fondements philosophiques – les *principes* – sur lesquels doit reposer la politique de secours publics – les *vues* – dont il propose la mise en œuvre. Son point de départ, c'est la *sensibilité*, ce premier fait au-delà duquel il nous est impossible de remonter et qui sera au cœur de son grand ouvrage sur les *Rapports du physique et du moral de l'homme*. Or, ce qui caractérise

1. C'est à peu près au même moment que Cabanis se lie avec Charlotte de Grouchy, la sœur cadette de Sophie de Condorcet. Dans une lettre à sa sœur Françoise datée du 7 prairial an IV (25 mai 1796), Cabanis indique à propos de Charlotte : « depuis cinq ans que je la vois chaque jour…. » (voir Vermeil de Conchard, *Trois études sur Cabanis*, Brive, 1914, p. 15). Il se marient plus tard, le 25 floréal an IV (14 mai 1796) avec pour témoins D.-J. Garat, Mailla-Garat et le médecin Boyer. Ils ont eu deux filles : Geneviève Aminthe née en 1793 et Annette Paméla en 1800.

2. *Journal de Gouverneur Morris, 1789-1792*, Paris, Mercure de France, 2002, p. 290.

3. Antoine Guillois, *Le Salon de Madame Helvétius, op. cit.*, p. 73-74.

4. Alexandre Tuetey, *L'Assistance publique à Paris pendant la Révolution*, Paris, Imprimerie nationale, 1895, t. 1, p. XXVII.

5. Publié en complément de la deuxième édition de *DCM*, Paris, Crapart, Caille et Ravier, an XI-1803, p. 393-537. Repris dans *OPC* II, p. 1-63.

la sensibilité proprement humaine, c'est qu'elle est constituée, à un degré qu'on ne rencontre pas dans les autres espèces animales et qui lui confère sa supériorité, de deux dimensions indissociables ou « confondues » [1] :

– par l'une de ces faces, la sensibilité humaine s'exprime par notre faculté à recevoir des impressions ; à partir de celles-ci, nous formons nos idées ainsi que nos jugements, c'est-à-dire nos raisonnements, nous ressentons des besoins et nous nous donnons les moyens de les satisfaire ; on trouve ici la racine de l'homme en tant qu'*individu*, soucieux de ses *intérêts*, animé par une exigence de *conservation* et par des passions *égoïstes* ;

– par l'autre face, la sensibilité humaine s'exprime par notre capacité à « partager les affections des autres êtres sensibles, particulièrement celles des êtres [nos] semblables » [2] ; on trouve ici la racine de l'homme en tant qu'*être sociable*, porté à la *sympathie*, animé par une exigence de *relation* et par des passions *bienfaisantes* [3].

Voilà pourquoi le spectacle de l'indigence nous est insupportable et appelle notre compassion. Mais de même que la raison s'est égarée pendant des siècles et qu'il nous faut la recouvrer par l'éducation et l'instruction, de même nous n'avons pas spontanément une vue saine et réfléchie de ce que doivent être les secours publics. Dans ce domaine comme dans d'autres, les élans du cœur, s'ils ne sont pas éclairés par la raison, peuvent se révéler funestes et aboutir au résultat inverse au but recherché :

> La charité, soit particulière, soit publique, est une vertu qu'il faut raisonner ; c'est un art qu'il faut étudier. En secourant le pauvre, on n'est pas toujours bienfaisant. L'aumône mal dispensée devient une nouvelle cause de désordre [4].

En effet, s'il convient de tarir l'indigence à sa source et, dans l'immédiat, de la soulager dans ses effets, encore faut-il ne pas se tromper sur sa nature ni sur les moyens d'y faire face.

Or, quelles sont les causes profondes de la misère ? Elles tiennent à une organisation sociale défectueuse : depuis des siècles, des mauvaises lois ont, par l'institution de privilèges, par une funeste répartition de

1. *PVSP*, dans *OPC* II, p. 3.
2. *Ibid.*
3. Cette distinction sera développée par Destutt de Tracy dans la deuxième partie de son *Traité de la volonté et de ses effets* (DdT, *OC* VI, p. 33). Une distinction non pas identique mais, par certains aspects, analogue entre vie organique et vie animale sera aussi opérée par Bichat.
4. *PVSP*, dans *OPC* II, p. 6.

l'impôt, par la multiplication des dépenses improductives au détriment des productions utiles, concentré la richesse dans un tout petit nombre de mains et généré des inégalités « factices, injustes, monstrueuses »; la misère du pauvre n'est ainsi que l'envers de « l'opulence insultante » [1] du riche. Y remédier est la mission de l'organisation sociale ouverte par la Révolution : l'objet de la nouvelle législation est de rendre

> très difficile l'accumulation durable des grandes richesses : les moyens par lesquelles elles s'accumulent devraient diminuer chaque jour : les causes qui les dispersent devraient acquérir tous les jours, et dans le même rapport, plus d'influence; et généralement parlant, il deviendrait à peu près impossible que les mêmes familles restassent longtemps, ou très riches, ou très pauvres [2].

Le propos, surtout dans les années où il a été tenu, est tout sauf original. Mais il est moins simpliste qu'on pourrait croire en ce qu'il nous dit surtout où il ne faut pas chercher la source de l'indigence. Celle-ci ne se trouve en effet ni dans les inégalités naturelles ni dans les inégalités des richesses issues du travail :

– Les inégalités naturelles, c'est-à-dire le fait que tous les hommes ne sont ni aussi forts, ni aussi adroits, ni aussi talentueux, ni aussi intelligents, ne sauraient constituer, précisément parce qu'elles sont des faits de nature, un mal en elles-mêmes. Il appartient seulement à la loi de veiller, notamment par l'éducation et l'instruction et par des dispositions empêchant l'accumulation de fortunes inconsidérées, à ce que ces inégalités ne créent pas des rapports de *dépendance*. Cabanis se fait ici l'écho d'un argument développé par Condorcet dans le premier de ses *Mémoires sur l'instruction publique* :

> Il suffit au maintien de l'égalité des droits que [la supériorité de ceux que la nature a favorisés] n'entraîne pas de dépendance réelle [3].

Dans ces conditions, il est non seulement vain et chimérique de revendiquer « l'égalité parfaite des fortunes » [4], mais il est même *juste* et *utile* que chacun cherche à mettre en valeur ses talents et à jouir des biens que ceux-ci peuvent lui procurer.

1. *PVSP*, dans *OPC* II, p. 19-20.
2. *Ibid.*, p. 20.
3. Condorcet, *Cinq Mémoires sur l'instruction publique*, présentation, notes, bibliographie et chronologie par Charles Coutel et Catherine Kintzler, Paris, Flammarion, 1994, p. 62.
4. *PVSP*, dans *OPC* II, p. 18.

– Quant aux inégalités des richesses issues du travail, elles n'ont rien de commun avec celles qui proviennent des confiscations abusivement opérées par une caste de privilégiés. Bien au contraire, les fortunes acquises par l'industrie, c'est-à-dire par la production de biens utiles, sont non seulement légitimes mais encore bénéfiques aux pauvres :

> Les richesses accumulées par le moyen des grandes entreprises industrielles et commerciales, bien loin d'augmenter, en se formant, la misère du pauvre, la soulage au contraire de la manière la plus convenable et la plus efficace [1].

Il ne fait pas de doutes que la mise en place de la nouvelle organisation sociale mettra beaucoup de temps à venir à bout de l'indigence dans un pays où Cabanis compte 18 millions d'habitants (sur une population totale de 25 millions) connaissant une vie « incertaine et précaire » [2]. En attendant la date très éloignée où la misère ne sera plus qu'un mauvais souvenir, la mise en œuvre de secours publics est par conséquent une nécessité absolue, mais à la condition cependant que ces secours ne dégradent ni n'abrutissent ceux qu'ils sont censés aider, ce qui n'est que trop souvent le cas dans ces hôpitaux gigantesques où l'on entasse toute sorte de nécessiteux dans des conditions de promiscuité et d'insalubrité insupportables. Au contraire, les secours publics doivent, dans leur finalité comme dans leurs moyens, permettre à l'indigent de recouvrer sa dignité : or, cette dignité est incompatible avec « le caractère avilissant de l'aumône » [3] et ne s'acquiert que par le *travail* :

> Le travail n'est pas moins nécessaire à l'individu pour son propre bonheur, que pour la conservation de tous les sentiments qui le lui font goûter. En n'offrant à l'indigent des secours qu'à ce prix, on lui conserve toute sa dignité d'homme, toute son indépendance. [...] Il faut faire sentir toujours à l'homme ses propres forces ; l'exciter à se créer lui-même son existence ; le pénétrer peu à peu des douceurs de la propriété conquise sans secours étrangers ; le ramener enfin, par ceux même qu'on lui fournit, au désir de s'en passer, et à des habitudes qui les lui rendent superflus [4].

Le travail constitue ainsi l'élément central autour duquel s'organisent tous les secours envisagés. Bien entendu, il doit toujours être en proportion des capacités et de la santé des intéressés et ceux d'entre eux qui sont

1. *Ibid.*
2. *Ibid.*, p. 21.
3. *Ibid.*, p. 23.
4. *Ibid.*

réellement hors d'état de travailler doivent être secourus sans qu'il faille exiger d'eux quelque contrepartie [1].

S'agissant de la mendicité et des ateliers de charité, Cabanis distingue trois cas parmi les hommes en état de travailler :

– celui qui a un travail ne doit pas obtenir de secours;

– celui qui demande du travail doit s'en voir proposer un;

– celui qui refuse de travailler, « non seulement ne mérite aucun secours public, mais il doit encore être sévèrement surveillé par les magistrats » [2].

Dans le même ordre d'idées il est légitime d'imposer aux prisonniers de travailler. En revanche, rien ne justifie de les enfermer dans des locaux infects, favorables à la propagation des maladies.

Il n'est pas jusqu'aux fous qui ne puissent attendre des effets bénéfiques du travail, dès lors qu'ils en ont la capacité et qu'ils ne sont dangereux ni pour les autres ni pour eux-mêmes :

> À l'égard des fous, le travail offre même des avantages particuliers : il fera partie de leur traitement. Pour les guérir de leur maladie, il faut souvent commencer par les guérir de leur oisiveté. [...] Une occupation soutenue, en fournissant une pâture à l'activité de tous les organes, de ceux de l'esprit, autant que de tous les autres, maintient les facultés dans un état d'équilibre : or, cet état constitue la santé du cerveau, comme celle des autres parties du système vivant. Ainsi donc, on occupera les fous dans tous les lieux publics destinés à les traiter ou à les garder; on emploiera même, s'il est nécessaire, un certain degré de terreur pour forcer au travail ceux qui s'y refuseraient, et qu'on en jugerait capables [3].

On peut trouver un écho des rapports présentés devant la commission des hôpitaux dans la *Déclaration des droits de l'homme et du citoyen* placée en tête de la *Constitution* de 1793 ou de l'an I, la première qui ait consacré l'existence de droits sociaux et qui dispose, en son article 21, que

> Les secours publics sont une dette sacrée. La société doit la subsistance aux citoyens malheureux, soit en leur procurant du travail, soit en assurant les moyens d'exister à ceux qui sont hors d'état de travailler.

1. On « ne doit des secours gratuits qu'à celui qui est absolument hors d'état de gagner sa vie par le travail » (*PVSP*, dans *OPC* II, p. 21).

2. *Ibid.*, p. 24. Ce disant, Cabanis s'inscrit dans la lignée des philosophes du siècle. Dans l'article *Hôpital* de *L'Encyclopédie*, Diderot écrit : « Je ne puis mettre au nombre des pauvres, ces paresseux jeunes et vigoureux, qui trouvent dans notre charité mal entendue des secours plus faciles et plus considérables que ceux qu'il se procureraient par le travail ».

3. *Ibid.*, p. 57-58.

Mais, pour Cabanis, la finalité ultime de ce qu'il appelle son « plan » de secours publics (comme d'ailleurs de son projet d'éducation), c'est bien de « fondre par degrés la classe indigente dans celle des propriétaires » [1], c'est-à-dire de ceux qui, par leur éducation et leur activité, produisent des richesses pour eux-mêmes et pour la société et ont la capacité d'exercer pleinement leurs droits de citoyens.

Entre Garat, Condorcet et Destutt de Tracy

De septembre 1791 à juin 1793, c'est-à-dire sous la Législative et pendant la période girondine de la Convention, Cabanis poursuit son activité de médecin, remplit ses fonctions au sein de la commission des hôpitaux et exerce son mandat de premier officier municipal d'Auteuil, mais il est plus encore mobilisé par la politique. Converti à l'idée républicaine depuis l'épisode de Varennes, il participe régulièrement en 1791-1792, aux côtés de Condorcet, Brissot et Garran-Coulon, « aux comités secrets où se discutaient les moyens d'exécution [devant mener à l'instauration de la République] » [2]. Par ailleurs, le salon de Madame Helvétius, où il joue le premier rôle, reste un cénacle animé où se rencontrent nombre d'acteurs de la vie politique. Ainsi le 16 janvier 1792, l'abbé de Salomon écrit au cardinal de Zelada :

> La veuve Helvétius, démagogue par folie après avoir été aristocrate par vanité, [...] s'enorgueillit de rassembler chez elle tous les bourreaux de la monarchie ; c'est dans sa petite maison d'Auteuil, près Paris, que s'enfantent toutes les motions contre le trône et l'autel ; elle tient boutique ouverte à tous les révoltés [3].

Bientôt le salon s'enrichit de l'installation à Auteuil, au début de l'été 1792, de Destutt de Tracy et de sa famille puis du couple Condorcet, accompagné de Charlotte de Grouchy. Ancien membre de la Constituante, proche de Narbonne et de La Fayette, Destutt de Tracy est un maréchal de camp qui vient juste de se mettre en congé de l'armée : à la tête de la cavalerie de l'armée du Centre placée sous l'autorité de La Fayette, il a constaté qu'il était impossible à un ci-devant aristocrate, fût-il acquis aux conquêtes de la Révolution, d'exercer un commandement dès lors qu'il se revendique du strict respect de la Constitution de 1791 (qu'il a

1. *Ibid.*, p. 43.

2. *Opinion de Cabanis sur des réunions s'occupant d'objets politiques*, Paris, Baudouin, [thermidor an V], p. 4.

3. Cité dans *Madame Helvétius et la Société d'Auteuil*, textes réunis et présentés par Jean-Paul de Lagrave, Oxford, Voltaire Foundation, 1999, p. XVII.

votée) et n'accepte pas que la rue veuille imposer sa loi aux législateurs. Réciproquement, son légalisme l'empêche tout autant de s'associer à la mise en demeure que La Fayette adresse à l'Assemblée à la suite des événements du 20 juin puis de suivre ce dernier au-delà de la frontière pour se livrer aux Autrichiens. En faisant le choix de se retirer à Auteuil, il se met à l'écart de l'agitation politique parisienne et ne revendique rien d'autre que d'être désormais un citoyen ordinaire se consacrant à l'étude. Très vite, Cabanis et Destutt de Tracy, qui ont de nombreux amis en commun, partagent une affinité intellectuelle qui les rend inséparables. Pour Condorcet et son épouse, qui conservent par ailleurs leur domicile parisien de la rue de Lille, l'établissement à Auteuil ne traduit aucune volonté de se mettre en retrait (Condorcet est membre de la Législative puis de la Convention) mais seulement le besoin de se ménager des temps de repos dans une activité politique intense et de profiter de l'air de la campagne. Cette nouvelle proximité, conjuguée à la liaison récemment formée entre Cabanis et Charlotte de Grouchy, ne peut que rapprocher encore davantage Condorcet et son épouse de la société de Madame Helvétius.

Durant cette période tumultueuse, agitée par les luttes de factions, Cabanis se situe sur une ligne politique voisine de celle de Garat et de Condorcet.

Au sortir de la Constituante, Garat a cédé à Condorcet la chronique des séances de l'Assemblée qu'il tenait dans le *Journal de Paris*. Après avoir pris un peu de champ par rapport à l'agitation quotidienne en accompagnant Talleyrand à Londres entre avril et juin 1792 en vue d'un improbable rapprochement de la France révolutionnaire avec l'Angleterre, il revient à Paris au milieu de l'effervescence consécutive à la journée du 20 juin et en vient à la conclusion que la République est désormais la seule issue. Sous la Convention, c'est sur la recommandation de Condorcet et de Brissot qu'il devient ministre de la Justice en octobre 1792 puis de l'Intérieur jusqu'en août 1793. Durant cette phase marquée par des affrontements incessants entre la Gironde et les Jacobins, Garat essaie de se situer au-dessus des querelles qui opposent les deux camps. Dans les *Mémoires* qu'il a publiés en l'an III (1795) pour se justifier, il définit ainsi sa position :

> [Les deux côtés], dans des genres et des degrés différents, devaient me paraître capables de rendre de grands services à la République : le côté droit pour organiser l'intérieur avec sagesse et avec grandeur ; le côté gauche pour faire passer de leurs âmes dans l'âme de tous les Français ces passions républicaines et populaires si nécessaires à une nation assaillie

> de toutes parts par la meute des rois et par la soldatesque de l'Europe. Dans le côté droit, je voyais plus le génie de la République ; dans le côté gauche, j'en voyais plus la passion [1].

Condorcet connaît un positionnement analogue. Intellectuellement proche des Girondins dont il partage clairement les valeurs, il prend cependant peu à peu ses distances vis-à-vis d'eux. Il leur reproche notamment de multiplier les attaques inutiles contre la Montagne qui n'ont d'autre effet que de tendre la situation et d'attiser les haines. S'il juge que certains Jacobins comme Marat sont infréquentables, que d'autres comme Robespierre et ses proches sont des esprits faux et dangereux, il existe à ses yeux toute une partie d'entre eux (Danton, Barère, etc.) avec lesquels il est possible de s'entendre. Au-dessus du côté droit et du côté gauche, il y a la République et c'est à l'union des républicains qu'il faut s'attacher.

C'est là aussi la ligne dans laquelle s'inscrit Cabanis (ainsi d'ailleurs que son ami Volney qui, après s'être établi en Corse, est revenu à Paris en février 1793 et travaille auprès de Garat au ministère de l'Intérieur). La valse-hésitation qui saisit Cabanis quand il est nommé juré au Tribunal révolutionnaire le 21 mars 1793 témoigne à sa façon du fait qu'il veut se placer au-dessus ou au-delà de la Gironde et des Jacobins : le 22, il accepte de siéger ; le 26, il proteste contre le fait qu'on puisse le qualifier de Girondin ; le 30, il demande à être remplacé pour raisons de santé ; le 2 avril, après la trahison de Dumouriez, il accepte à nouveau de siéger ; le 23, il se retire en invoquant à nouveau des raisons de santé [2].

L'Épreuve de la terreur

Menacée par les canons d'Hanriot, prisonnière de l'insurrection, la Convention est contrainte de voter le 2 juin 1793 l'arrestation de vingt-neuf députés Girondins et de deux ministres. N'étant pas étiquetés Girondins, Condorcet et ses amis, parmi lesquels on compte bien sûr Cabanis, ne sont pas directement menacés. Mais ils ne peuvent ni accepter cet attentat contre le système représentatif, ni oublier les liens d'amitiés qu'ils ont longtemps entretenus avec les proscrits. Parallèlement à l'adresse signée de soixante-quinze députés Girondins pour protester contre le coup de force, huit députés de l'Aisne, parmi lesquels Condorcet et Jean Debry,

1. Dominique-Joseph Garat, *Mémoires sur la Révolution, ou Exposé de ma conduite dans les affaires et dans les fonctions publiques*, Paris, J.J. Smits et Cie, an III [1795], p. 71-72.

2. Voir l'introduction aux *OPC*, p. XI.

tous deux amis et voisins de Cabanis à Auteuil, condamnent solennellement les événements du 31 mai et du 2 juin. Condorcet va encore plus loin, puisque dans un texte où il dénonce les insuffisances et les défauts de la Constitution rédigée à la hâte et adoptée le 24 juin (la Constitution dite de l'an I qui ne sera jamais mise en application), il qualifie la période présente de « moment où la liberté des représentants du peuple [a] été ouvertement outragée; [...] où il n'exist[e] de liberté ni au-dedans ni au-dehors de l'Assemblée » [1]. En s'exposant ainsi, Condorcet et ses amis savent qu'ils se mettent en danger. C'est à ce moment que Cabanis donne à plusieurs d'entre eux le poison qui leur permettra de se suicider en cas de nécessité. Jean Debry a laissé ce témoignage :

> À Auteuil, ce jourd'huy, 30 juin 1793, à minuit, Condorcet proscrit par l'exécrable faction du 31 mai dernier, avant de se dérober au poignard des assassins, a partagé avec moi, comme don de l'amitié qui nous unit, le poison qu'il conserve pour demeurer en tout événement seul maître de sa personne [2].

Le 8 juillet, Condorcet est décrété d'arrestation. On le cherche rue de Lille puis à Auteuil, où La Roche et Cabanis font preuve de tout le zèle possible pour lui permettre de s'échapper. Les commissaires chargés de l'arrestation rédigent un procès-verbal dans lequel ils dénoncent le comportement de Cabanis « intrigant si connu, médecin de son métier et pourtant officier municipal d'Auteuil ». Ils ajoutent :

> Je dis à Cabanis qu'en sa qualité de membre de la commune d'Auteuil, il serait plus dans l'ordre, étant revêtu de son écharpe, qu'il nous aidât à retrouver les coupables que de s'évertuer à les soustraire à la loi [3].

Garat, encore ministre de l'Intérieur, propose de cacher Condorcet dans des locaux dépendant de son administration [4]. Mais la solution

1. « Aux Citoyens français, sur la nouvelle Constitution », dans *Œuvres de Condorcet*, publ. par A. Condorcet O'Connor et François Arago, Paris, Firmin Didot, 1847, t. XII, p. 654.

2. Cité dans Antoine Guillois, *Le Salon de Madame Helvétius, op. cit.*, p. 83. Ce fait est confirmé par une lettre de Fayolle à Arago du 28 février 1842 : « C'est de Garat que j'ai appris que Cabanis avait remis à plusieurs de ses amis, en 1793, ce poison, l'opium combiné avec le stramonium, qu'il appelait *le pain des frères* » (*ibid.*, p. 98).

3. Cité dans Elisabeth et Robert Badinter, *Condorcet, un intellectuel en politique*, Paris, Fayard, 1988, p. 651.

4. « À l'instant où Condorcet avait été obligé de chercher un asile, je lui en avais fait offrir un à côté de moi, à l'hôtel même de l'Intérieur, et jamais je n'aurais cru employer à un plus digne usage, ni une maison, ni un ministre de la République » (Dominique-Joseph Garat, *op. cit.*, p. 202).

trouvée par Cabanis et deux de ses confrères médecins, Pinel et Boyer, à savoir la pension de Mme Vernet rue des Fossoyeurs à proximité du jardin du Luxembourg, est préférée.

Le 10 juillet, la municipalité d'Auteuil reçoit l'ordre de surveiller Cabanis [1]. Ses amis craignent pour sa liberté et veulent, Garat en tête, faire jouer les relais dont ils disposent encore au sein de l'administration afin qu'il soit nommé ministre de France aux États-Unis [2], où il retrouverait Franklin. Refusant d'abandonner Mme Helvétius, n'envisageant pas non plus d'imposer un tel voyage à Charlotte de Grouchy qui doit bientôt accoucher, Cabanis ne donne pas suite à cette proposition. Autour de lui, c'est-à-dire parmi les familiers du salon d'Auteuil, les arrestations se multiplient : Chamfort le 2 septembre 1793 ; Garat le 16 septembre (il avait déjà dû démissionner de ses fonctions de ministre de l'Intérieur le 15 août) ; Daunou le 3 octobre ; Destutt de Tracy et La Roche le 2 novembre ; Roucher le 3 novembre ; Volney le 16 novembre [3] ; Ginguené le 3 mai 1794. Lui-même est directement menacé : pour preuve, la lettre qu'il adressera le 15 ventôse an IX (6 mars 1801) au préfet de police de Paris, L.N. Dubois, sollicitant qu'un certain Marcellin soit rayé de liste des déportations au motif que celui-ci lui a sauvé la vie pendant la Terreur [4]. On peut cependant se demander pourquoi, à la différence de la plupart de ses amis, Cabanis a été épargné de la prison. L'hypothèse la plus souvent avancée paraît vraisemblable : médecin des pauvres, faisant preuve d'une grande générosité en dépit de moyens personnels tout à fait limités, il était particulièrement aimé de la population d'Auteuil et des environs et c'est à cette reconnaissance qu'il aurait dû sa protection. Le 9 novembre 1793, le comité de surveillance d'Auteuil lui délivre même un passeport l'autorisant à circuler librement en qualité de médecin [5]. En revanche, sa charge municipale lui a été retirée deux jours plus tôt, le 7 novembre.

Que fait Cabanis durant cette période de près de quatorze mois qui court de la chute de la Gironde à celle de Robespierre le 9 thermidor ? Outre son activité de médecin, il se soucie du sort de ses amis et de leur famille, au premier chef de Condorcet (auquel il rend visite rue des

1. Antoine Guillois, *Le Salon de Madame Helvétius, op. cit.*, p. 102-103.

2. *Ibid.*

3. Si l'arrestation de Volney est liée aux dettes qu'il a contractées pour l'achat du domaine de la Confina en Corse, sa correspondance de l'époque témoigne aussi du fait qu'il était également visé en tant que « suspect ».

4. *OPC* II, p. 530.

5. Voir l'Introduction aux *OPC*, p. XI.

Fossoyeurs aussi discrètement que possible) et de Sophie. Lorsque celle-ci doit, pour sa propre sûreté et celle de sa fille, se résoudre à demander le divorce « pour cause de séparation de fait », c'est Cabanis qui signe l'acte en tant que témoin [1]. Par ailleurs, il cherche à se changer les idées ainsi que celles de Mme Helvétius en traduisant des textes littéraires de l'allemand (Meissner, Goethe), de l'anglais (Gray) ou du grec et en les lisant à la maîtresse des lieux. Il publiera ces traductions en l'an V (1797), sous le titre *Mélanges de littérature allemande, ou Choix de traductions de l'allemand, etc.* Les textes sont précédés d'une dédicace imprimée à Mme Helvétius, qui exprime son état d'esprit du moment :

> [Ces traductions] ont été faites pour vous, dans ces temps affreux qui n'ont pas seulement vu ravager la France et couler, sous la main des bourreaux, le sang des meilleurs citoyens, mais qui par des souvenirs douloureux, qu'enveniment encore tous les jours de perfides déclamateurs, nous font encore un mal plus profond et plus durable peut-être, celui d'obscurcir le bon sens de la nation, et de glacer presque le génie de la liberté. Pour supporter la vie, il ne restait alors d'autre ressource que d'émousser dans de fortes occupations et dans une attention soutenue sur des objets étrangers aux affaires, les impressions funestes renouvelées à chaque moment [2].

Cette période où se conjuguent une résistance discrète au gouvernement, la solidarité avec les amis menacés et la volonté d'échapper, en se plongeant dans des travaux littéraires, à un climat angoissant, constitue une césure dans la vie de Cabanis. Au début du mois de thermidor an II, à quelques jours de la chute de Robespierre, le bilan est lourd : Condorcet est mort (sa famille et ses amis en ont le pressentiment mais n'en auront la preuve que quelques mois plus tard) ; Chamfort s'est suicidé ; Roucher, à qui il doit tant, a été guillotiné ; Destutt de Tracy est promis au Tribunal révolutionnaire le 11 thermidor et l'issue du jugement ne fait alors guère de doute. La plupart de ses autres amis demeurent en prison, à l'exception de Garat, qui est libre de ses mouvements depuis la fin de l'année 1793 et essaie de se faire oublier dans sa maison de campagne à dix lieues de Paris.

1. Antoine Guillois, *Le Salon de Madame Helvétius, op. cit.*, p. 97.
2. Paris, J.J. Smits et Cie, an V-1797.

CHAPITRE IV

THERMIDOR OU LA PRISE DU POUVOIR INTELLECTUEL (JUILLET 1794-1795)

La Terreur s'est, comme nous le savons, prolongée au-delà du 9 thermidor. C'est néanmoins à compter de la chute de Robespierre et de ses proches que la Révolution prend un nouveau cours. Cabanis, dans une lettre à Jean Debry du 24 thermidor an II (11 août 1794), salue l'événement :

> Que de bénédictions pour la Convention nationale ! Et que de jouissances pour ceux de ses membres qui contribuent plus directement à ces actes humains et justes ! Oui, c'est maintenant que la République est impérissable ! [1]

Il assiste avec bonheur au retour de ses amis : La Roche et Ginguené sortent de prison le 10 août 1794, Volney le 16 septembre, Destutt de Tracy le 2 ou le 5 novembre, Daunou le 8 décembre. À la fin de l'année 1794 (frimaire an III), les députés Girondins survivants sont réintégrés au sein de la Convention.

Les Thermidoriens construisent alors leur légitimité en dénonçant dans le parti Jacobin non seulement le parti du despotisme mais encore celui de l'ignorance, de l'obscurantisme et du vandalisme, ce qui politiquement habile à défaut d'être tout à fait exact, et en se réclamant *a contrario* de la raison, de la science et de la diffusion des Lumières. Leur projet est ainsi indissociablement politique et scientifique : si la Révolution a dévié de sa route, c'est parce qu'elle s'est laissée à leurs yeux emporter par les passions; elle ne retrouvera le chemin qu'elle n'aurait jamais dû quitter qu'à la condition d'être guidée par les leçons tranquilles et sûres d'une

1. Cité dans Antoine Guillois, *La Marquise de Condorcet, sa famille, son salon, ses amis, 1764-1822*, Paris, P. Ollendorf, 1897.

connaissance renouvelée de l'homme dans toute ses dimensions. C'est donc dans un même mouvement que la Convention thermidorienne pose les bases d'une politique scientifique ainsi que d'une nouvelle organisation de l'enseignement, d'une part, et fait adopter une Constitution qui se veut « raisonnable », soucieuse de l'équilibre des pouvoirs, d'autre part, le tout au service d'une bourgeoisie éclairée et modérée, propriétaire et libérale, qui refuse autant les excès et les revendications égalitaristes des sans-culottes que le retour de la monarchie. Dans ces différentes entreprises, les Idéologues sont en première ligne.

La réorganisation de l'enseignement

Dans le domaine de l'enseignement, les initiatives se multiplient entre octobre 1794 (brumaire an III) et mars 1795 (germinal an III) : création de l'École centrale des travaux publics (future École polytechnique); création de l'École normale destinée à faire former les meilleurs esprits par les plus grands savants pour répandre ensuite les Lumières sur l'ensemble du territoire [1] ; plan d'organisation des écoles primaires ; organisation des trois Écoles de santé (Paris, Montpellier, Strasbourg) ; création des écoles centrales des départements ; création de l'École des langues orientales vivantes. Le comité d'instruction publique est alors animé par Lakanal qui est intellectuellement proche des Idéologues et la commission exécutive de l'instruction publique (on dirait aujourd'hui le ministère) est dirigée par Garat, avec Ginguené pour adjoint [2]. Dans cette effervescence qui couvre tous les niveaux de l'enseignement, l'*analyse* héritée de Condillac est clairement au cœur du dispositif, comme en témoigne, exemple parmi bien d'autres, le rapport présenté le 24 octobre 1794 (3 brumaire an III) devant la Convention par Lakanal (mais rédigé en réalité par Garat) en faveur de l'établissement des Écoles normales :

> L'esprit humain […] a trouvé, après tant de siècles d'égarement, la route qu'il devait suivre […]. Bacon, Locke et leurs disciples, en approfondissant sa nature, ont trouvé tous ses moyens de direction : un nouveau jour s'est répandu sur les sciences qui ont adopté cette méthode si sage et si féconde en miracles, cette *analyse* qui compte tous les pas qu'elle fait, mais

1. L'École fonctionne du 1 er pluviôse au 30 prairial an III (21 janvier au 19 juin 1795). Voir Paul Dupuy, *L'École normale de l'an III*, dans *Le Centenaire de l'École normale, 1795-1895*, Paris, Hachette, 1895, et Dominique Julia, *Une institution révolutionnaire et ses élèves*, Paris, Éditions Rue d'Ulm, 2016.

2. Ginguené succède à Garat dans la fonction de commissaire à l'instruction publique lorsque celui-ci démissionne en août 1795 (thermidor an III).

> qui n'en fait jamais ni en arrière, ni de côté; [...]. Tandis que la liberté politique et la liberté illimitée de l'industrie et du commerce détruiront les inégalités monstrueuses des richesses, l'analyse appliquée à tous les genres d'idées, dans toutes les écoles, détruira l'inégalité des lumières, plus fatale encore et plus humiliante. L'analyse est donc essentiellement un instrument indispensable dans une grande démocratie [1].

On retrouve dans de tels propos l'alliance indissociable qui soude la science, la politique et l'économie. S'agissant plus particulièrement de la médecine, le décret du 14 frimaire an III (4 décembre 1794) organisant les écoles de santé s'inscrit évidemment dans la lignée de l'école de Montpellier et des idées de Cabanis : on y lit que les étudiants apprendront « les signes et les caractères des maladies d'après l'*observation* » et qu'ils « observeront la nature des maladies *au lit des malades* » [2]. Dans cette perspective, Garat ne manque pas de mobiliser son ami Cabanis comme il l'écrit dans une lettre à Lakanal du 15 nivôse an III (3 janvier 1795) :

> J'ai livré une nouvelle attaque à Cabanis. Il est très vrai que sa santé est faible, mais c'est surtout sa timidité qui est extrême. J'attends sa dernière réponse [3].

Ce passage mérite attention en ce qu'il soulève une question et livre deux informations. La question est celle de savoir si Garat a proposé à Cabanis de prendre en charge un cours d'analyse appliquée à la médecine au sein de l'École normale de l'an III qui doit alors ouvrir d'ici quelques décades (hypothèse retenue par J. Guillaume [4]), d'assurer un cours au sein de l'École de santé de Paris récemment réorganisée, comme peut le laisser penser l'avertissement placé en tête de *Coup d'œil sur les révolutions et sur la réforme de la médecine*, ou plus simplement d'apporter sa contribution à la réflexion sur la réforme des études médicales. On ne dispose pas d'éléments permettant de trancher ce point de façon définitive. Les deux informations concernent Cabanis lui-même : si celui-ci a toujours été de santé fragile, on voit qu'elle semble se dégrader alors qu'il n'a que 37 ans; par ailleurs, il est identifié comme un homme plus à l'aise à l'écrit qu'à l'oral, réticent à s'exprimer devant un vaste public et par conséquent peu fait pour enseigner.

1. James Guillaume, *Procès-verbaux du comité d'instruction publique de la Convention nationale*, Paris, Impr. nationale, 1891-1958, t. V, p. 155-156.
2. *Ibid.*, p. 282.
3. *Exposé sommaire des travaux de Joseph Lakanal [...] pour sauver, durant la Révolution, les sciences, les lettres et ceux qui les honoraient par leurs travaux*, Paris, F. Didot, 1838, p. 217.
4. James Guillaume, *Procès-verbaux du comité d'instruction publique, op. cit.*, p. 684.

Quoi qu'il en soit, on sait qu'il est nommé le 13 avril 1795 (23 germinal an III) professeur d'hygiène dans les écoles centrales de Paris. Cette fonction est toutefois sans avenir puisque la loi Daunou du 3 brumaire an IV (25 octobre 1795) sur l'organisation de l'instruction publique supprime l'enseignement des professeurs d'hygiène dans les écoles centrales. En revanche, il répond au moins partiellement à la proposition de Garat en acceptant d'apporter sa contribution à la réforme des études de médecine.

COUP D'ŒIL SUR LES RÉVOLUTIONS ET SUR LA RÉFORME DE LA MÉDECINE

Cabanis se trouve alors à un moment charnière de son existence : il est riche de dix années de pratique médicale et d'écrits sur la médecine; la fréquentation assidue de Condorcet, de Garat, de Ginguené, de Volney, ainsi que les discussions philosophiques avec son nouveau voisin, Destutt de Tracy, lui font également entrevoir tout ce que sa génération peut apporter aux développement des sciences morales; et si l'an II a été une période difficile à vivre, il lui a aussi permis de prendre un recul propice à la réflexion. C'est dans ce contexte qu'il s'interroge sur la possibilité d'entreprendre un travail qui s'apparenterait à rien moins qu'un traité général de médecine philosophique :

> J'avais osé concevoir le plan d'une classification nouvelle des différentes parties de la médecine. J'avais cru devoir adopter un nouvel ordre d'exposition des faits sur lesquels elle repose, et des idées ou des notions particulières que fournit leur examen réfléchi [1].

Si cette ambition lui parait en définitive à la fois prématurée et au-dessus de ses forces, il n'est en revanche pas insensible aux sollicitations de Garat. À défaut d'assurer lui-même un enseignement à l'École normale ou au sein de l'École de santé de Paris, il accepte de livrer ses préconisations en faveur de la réforme des études médicales. C'est à cette fin qu'il rédige un rapport qui deviendra plus tard *Coup d'œil sur les révolutions et sur la réforme de la médecine* publié seulement en l'an XII-1804. Il le présente ainsi dans l'avertissement qu'il rédige le 25 ventôse an XII (15 mars 1804) :

> L'ouvrage suivant a été écrit dans l'hiver de l'an III. Garat, aujourd'hui sénateur, était alors commissaire de l'instruction publique. Lié avec lui d'une amitié dont le temps, nos goûts, nos travaux, nos vœux communs pour le progrès des lumières et pour l'accroissement du bonheur des

1. *RRM*, dans *OPC* II, p. 70.

> hommes avaient de plus en plus resserré les nœuds, je mettais un intérêt particulier à l'exécution du plan vaste qu'il avait formé pour l'organisation de toutes les parties de l'enseignement. Il jugea que je pouvais y concourir. Quelques vues que je lui avais communiquées sur l'application des méthodes analytiques à l'étude de la médecine lui avaient paru justes et utiles. Ses pressantes invitations m'encouragèrent à les mettre en ordre ; et mon intention étaient alors de les publier sans retard [1].

Le manuscrit correspondant est remis par Cabanis à Garat dès le printemps de l'an III (1795). Celui-ci le soumet au comité d'instruction publique le 18 messidor an III (6 juillet 1795) qui le transmet pour examen à Fourcroy. Au cours de sa séance du 18 vendémiaire an IV (10 octobre 1795),

> le comité, après avoir entendu le rapport du citoyen Fourcroy sur l'ouvrage du citoyen Cabanis, médecin, intitulé : *Considérations générales sur les révolutions dans l'art de guérir, etc.*, arrête que son président écrira à ce citoyen pour lui adresser des remerciements de sa part, et l'inviter à publier cet ouvrage, dans lequel les commissaires chargés de l'examen ont trouvé la plus saine doctrine, les vues les plus sages et les plus utiles pour l'amélioration de l'enseignement médical [2].

L'ouvrage ne consiste pas en un programme d'enseignement de la médecine mais définit les principes théoriques et pratiques qui doivent présider à la formation des médecins. Ce faisant, Cabanis reprend et développe plusieurs idées déjà exprimées dans ses écrits antérieurs :

1. Il existe une *spécificité irréductible du vivant* dont il faut tirer les justes conclusions :

> Les phénomènes de la vie dépendent d'une cause, ou pour parler plus exactement, sont la suite et la conséquence d'un autre fait antérieur que nous ne connaissons que par les faits subséquents qui lui sont liés ; c'est-à-dire par ces phénomènes eux-mêmes. Cette cause a reçu différents noms, aux différentes époques de la médecine et de la philosophie. Hippocrate l'appelait *nature impulsive*. Elle a depuis été nommée successivement *âme*, *sensibilité*, *solide vivant*, *force nerveuse*, *principe vital*, etc. [3].

De cette irréductibilité, la tradition médicale a tiré selon Cabanis une vérité et une erreur. La vérité, c'est que la médecine ne saurait être placée sous la tutelle d'autres disciplines, même si elle peut y avoir recours et en

1. *Ibid.*, p. 66.

2. James Guillaume, *Procès-verbaux du comité d'instruction publique, op. cit.*, t. VI, p. 389-390, 708 et 757. Le manuscrit sera publié sous son nouvel intitulé, mais il s'agit bien du même ouvrage.

3. *RRM*, dans *OPC* II, p. 132.

tirer des leçons. L'erreur a consisté à essentialiser cette cause ou ce « fait antérieur » et, en règle générale, à faire de l'âme un principe spirituel ou un principe de la pensée distinct du corps. Or, le physique et le moral « reposent sur une base commune », « se touchent et se confondent » [1] ou ne sont que les deux faces d'une même réalité. Ce point crucial n'est ici guère développé mais sera l'année suivante au cœur des mémoires lus devant la classe des sciences morales et politiques de l'Institut national. Cabanis annonce déjà les thèses qui formeront l'armature des *Rapports du physique et du moral de l'homme* : a. C'est de notre organisation physique que découlent nos idées, nos sentiments ou nos passions ; b. ces idées, sentiments ou passions exercent réciproquement une influence sur l'état de nos organes ; c. il n'y a nul dualisme dans ce jeu à double entrée : en effet, l'empire que le moral exerce sur le physique

> ne paraît incompréhensible que lorsqu'on cherche hors des organes mis en jeu par les impressions et susceptibles d'agir et de réagir les uns sur les autres, le lien de ces intimes rapports [2].

Ce qui, traduit en termes positifs, signifie que l'influence du moral sur le physique doit être cherchée dans nos organes physiques.

2. La *méthode analytique* est seule susceptible de faire progresser la théorie médicale. Comme toutes les sciences, la médecine repose sur l'observation et le raisonnement. Si dans l'histoire de la discipline, les faits ont été en général de mieux en mieux observés, les erreurs sont venues de leur inscription dans des raisonnements gouvernés par des principes imaginaires ou abstraits, auxquels même Hippocrate n'a pas échappé. Après un long cheminement,

> s'est formée une nouvelle doctrine à laquelle Bordeu, Venel, Lamurre, l'on peut même dire l'École de Montpellier presque entière, a donné beaucoup d'éclat et de partisans. Agrandie depuis ces maîtres célèbres par les vastes travaux de Barthez ; fortifiée par ses élèves et successeurs, de ce que les découvertes modernes et les progrès des sciences collatérales pouvaient lui fournir de preuves nouvelles ; perfectionnée par l'application des méthodes philosophiques, que de bons esprits commencent à porter enfin dans tous les objets de nos études, elle se rapproche de plus en plus de la vérité [3].

1. *RRM*, dans *OPC* II, p. 77 et 210.
2. *Ibid.*, p. 224.
3. *Ibid.*, p. 143-144.

La tâche consiste donc désormais à appliquer à la médecine, les quatre procédés de l'analyse philosophique : analyse de description, analyse de décomposition et de recomposition, analyse historique, analyse de déduction opérée sur les signes, de façon à observer les faits avec toute la rigueur et l'exhaustivité nécessaires, à les classer dans le bon ordre, à montrer leurs rapports et leur enchaînement [1]. C'est à cette condition que la médecine pourra être portée au niveau des autres sciences.

3. Mais la médecine ne se réduit pas à une connaissance de pure théorie qui garantirait une certitude absolue sans doute hors d'atteinte, elle est aussi *activité clinique* qui ne peut s'exercer qu'au pied du lit du malade. L'extrême diversité des facteurs qui interagissent dans la santé comme dans la maladie, « le caractère fugitif et versatile des objets soumis à l'observation » [2], l'influence réciproque du physique sur le moral et du moral sur le physique sont autant d'éléments qui exigent de traiter chaque patient dans sa singularité.

Quelles conséquences tirer de ces principes pour ce qui concerne l'enseignement ? Après avoir fait le constat que dans le passé la formation des médecins est toujours restée « en arrière des lumières de chaque siècle » [3], Cabanis met en avant trois exigences pour le temps présent : a. Il n'insiste pas sur le fait que la formation doit être à la fois théorique et pratique, avec un contact direct et prolongé avec le malade ; il considère que ce point, sur lequel il a insisté dans ses écrits antérieurs, est désormais acquis. b. Il dresse le tableau des disciplines proprement médicales qui doivent constituer le cœur de l'enseignement. c. Il souligne enfin la nécessité de former les futurs médecins à plusieurs disciplines auxiliaires ou accessoires qui, si elles ne doivent pas prétendre à quelque hégémonie, sont cependant indispensables : l'histoire naturelle, la physique, les mathématiques (utiles par exemples en optique ou, plus simplement, pour l'apprentissage de la rigueur dans le raisonnement), la philosophie (c'est-à-dire la méthode analytique), la philosophie morale (car « malheur [...] au médecin qui n'a point appris à lire dans le cœur de l'homme » [4]), les belles-lettres et les arts ainsi que les langues anciennes et modernes.

1. « Rendre compte de cet ordre et de cet enchaînement ; en exposer, en développer les motifs ; montrer tous les rapports des objets ou des faits rangés dans le tableau ; tirer de ces rapports toutes les conséquences qui peuvent s'en déduire immédiatement : voilà ce que les meilleurs esprits ont fait dans quelques parties des connaissances humaines, et voilà ce qu'il reste à faire pour la médecine » (*Ibid.*, p. 184).

2. *Ibid.*, p. 246.

3. *Ibid.*, p. 144.

4. *Ibid.*, p. 247.

Doit-on s'étonner de voir les belles-lettres faire partie de la formation des médecins ? Non, car s'il est exact que les « ornements poétiques » n'ont pas leur place dans les sciences, il faut considérer que « les diverses langues de passions doivent être familières à celui dont les études embrassent l'homme tout entier » [1].

LA *NOTE SUR LE SUPPLICE DE LA GUILLOTINE*

Dans le courant de l'année, *Le Magasin encyclopédique*, la revue de vulgarisation scientifique fondée par Millin, publie plusieurs contributions contre l'usage de la guillotine. Dans le volume 3 (an III-1795), deux savants allemands, K.-E. Œlsner et T. von Sömmering, en dénoncent le caractère cruel : pour eux, la tête ainsi séparée du corps ressent des douleurs aiguës dont témoignent, après la décapitation, les mouvements convulsifs des muscles de la face. Le cerveau étant le siège du sentiment, la sensibilité y reste active aussi longtemps que le flux de la circulation sanguine n'est pas totalement tari. À l'appui de cette thèse est mise en avant l'exécution de Charlotte Corday : selon certains témoins, celle-ci aurait rougi d'indignation quand le bourreau, encore sous l'émotion de l'assassinat de Marat, gifla la tête de la condamnée avant de la présenter au peuple. Dans le volume 4 (an IV-1795), Jean-Joseph Sue, professeur de médecine et de botanique, défend une position analogue mais avec des arguments différents : qu'il s'agisse de la tête ou d'un autre membre, toute partie du corps peut ressentir des douleurs après en avoir été séparée. Pour lui en effet, la sensibilité est disséminée dans tout le corps et peut s'exercer même quand elle n'est plus en communication avec les grands centres nerveux. La persistance de mouvements observée dans des membres séparés du corps manifeste leur sensibilité.

Cabanis n'est pas non plus un défenseur de la guillotine. Il lui reproche d'habituer le peuple au spectacle du sang et préférerait que l'on recoure à d'autres pratiques, comme l'utilisation du poison. Mieux, il est partisan de l'abolition de la peine de mort, « peine que j'ai toujours considérée comme un grand crime social et qui, suivant moi, n'en prévient jamais aucun » [2]. En revanche, il réfute la thèse selon laquelle la tête séparée du corps (ou tout autre membre amputé) puisse ressentir une douleur et conteste totalement les arguments scientifiques présentés. C'est pourquoi

1. *RRM*, *OPC* II, p. 249-250.
2. *Note sur l'opinion de MM. Œlsner et Soemmering, et du citoyen Sue, touchant le supplice de la guillotine*, dans *OPC* II, p. 504.

il adresse en brumaire an IV (novembre 1795) une longue note au *Magasin encyclopédique* publiée dans le volume 5 (an IV-1795).

L'intérêt de cette *Note* réside dans le fait que Cabanis y explicite sa conception de la sensibilité, ce premier (ou dernier) phénomène en-deçà duquel on ne saurait remonter, et de ses liens avec le système nerveux. Cabanis ne nie en aucune façon des faits souvent observés, à savoir que des membres amputés (ou dont les nerfs ont été ligaturés) puissent connaître des mouvements, tel le coq qui continue de courir après qu'on lui a coupé le cou. En revanche, ces mouvements n'expriment pas la sensibilité ni, par conséquent, la douleur :

> ils dépendent seulement d'un reste de faculté vitale, que la mort de l'individu, la destruction du *moi*, n'anéantit pas sur-le-champ dans ces muscles et dans leurs nerfs [1].

Pour qu'il y ait sensibilité, il faut en effet que la communication avec le système nerveux (cerveau, moelle allongée ou tronc cérébral, cervelet, moelle épinière) soit sauvegardée. Lorsque cette communication est rompue, que ce soit par décapitation, amputation, paralysie ou ligature des nerfs, le sujet ne perçoit plus aucune sensation. Il a été

> prouvé, sans réplique, que [les sympathies nerveuses] n'ont lieu que par l'intermède [*sic*] du cerveau, de la moelle épinière, ou de quelque autre rendez-vous des nerfs [2].

C'est pour la même raison qu'un individu amputé a parfois l'illusion de souffrir du membre qui lui manque : la douleur a en réalité son siège dans un centre nerveux.

Dans son développement, Cabanis se montre plus précis qu'il ne l'a jamais été au sujet de la moelle allongée et du cerveau. De la première (ou tronc cérébral), il dit qu'elle est

> le centre de réunion de tous les grands nerfs ; ce qui prouve qu'elle est, non le siège du principe vital, qui n'a pas de siège particulier exclusif, mais du moins le rendez-vous de la plupart des sensations vives : et la pratique nous apprend d'ailleurs que les plus faibles lésions, soit de cette partie même, soit de la moelle cervicale qui lui tient de si près, sont toujours mortelles, et le sont sans douleur [3].

1. *Ibid.*, p. 502.
2. *Ibid.*, p. 499.
3. *Ibid.*, p. 501.

Quant au cerveau, organe ayant pour fonction la formation de la pensée, c'est-à-dire la transformation des impressions en idées, il indique que son activité est directement tributaire des principaux organes :

> Il éprouve, par le mouvement alternatif du poumon, des oscillations, alternatives comme ce mouvement, desquelles dépendent, en grande partie, et la circulation des humeurs et la transformation que ces dernières subissent dans l'organe cérébral ; oscillations par conséquent nécessaires au besoin de son énergie, et qui cessent au même moment que la respiration. Enfin, je ne mets point en ligne de compte l'influence de l'estomac, du diaphragme, et sans doute aussi de plusieurs viscères du bas-ventre, sur la perception des sensations et la production de la pensée, qui ne peuvent avoir lieu l'une et l'autre sans leur concours [1].

À lire cette *Note* rédigée au début de l'automne de l'an IV (1795), on devine que le travail appelé à déboucher sur les *Rapports du physique et du moral de l'homme* est déjà engagé sans que Cabanis sache peut-être à cette date la forme qu'il lui donnera. La création de l'Institut national avec, en son sein, la classe des sciences morales et politiques va bientôt lui fournir l'opportunité de formaliser sa pensée et de partager avec Destutt de Tracy, à la charnière des XVIIIe et XIXe siècles, le magistère de la philosophie.

La création de l'Institut national et de la classe des sciences morales et politiques

C'est en effet à l'extrême fin de la Convention et au tout début du Directoire qu'intervient cet événement décisif pour la vie scientifique qu'est la création de l'Institut national. On sait que les académies d'Ancien Régime ont été supprimées par un décret de la Convention du 8 août 1793. En dépit du fait que l'esprit de L'*Encyclopédie* les eussent largement pénétrées, il leur était notamment fait grief d'être l'un des derniers refuges des préjugés aristocratiques. À la vérité, c'est l'Académie des inscriptions et belles-lettres et plus encore l'Académie française qui étaient visées, car on peut observer que, même supprimée, l'Académie des sciences a non seulement continué de fonctionner mais qu'elle a fait l'objet de multiples sollicitations de la part du gouvernement. Pour autant la question de l'organisation du travail scientifique ne pouvait pas être passée sous silence par un pouvoir soucieux du développement des Lumières et c'est pourquoi, en son article 3, le même décret chargeait le

1. *Note* […] *touchant le supplice de la guillotine*, dans *OPC* II, p. 501.

comité d'instruction publique « de lui présenter un plan d'organisation d'une société destinée à l'avancement des sciences et des arts ». Ce faisant, il s'inscrivait dans la lignée des rapports sur l'instruction publique élaborés sous la Constituante et la Législative qui préconisaient la création d'une *Académie nationale* (Mirabeau/Cabanis), d'un *Institut* (Talleyrand) ou d'une *Société nationale des sciences et des arts* (Condorcet). La crainte des Jacobins de voir une aristocratie du savoir se transformer en aristocratie tout court avait gelé cette perspective et il faut donc attendre la fin de la Convention thermidorienne pour voir le projet reprendre forme : ainsi la Constitution de l'an III adoptée le 5 fructidor (22 août 1795) dispose qu'« il y a pour toute la République un Institut national chargé de recueillir les découvertes, de perfectionner les arts et les sciences » (art. 298). Quelques semaines plus tard, Daunou présente le projet à la Convention :

> Ce sera, en quelque sorte, l'abrégé du monde savant, le corps représentatif de la république des lettres, l'honorable but de toutes les ambitions de la science et du talent. […] Cet Institut raccordera toutes les branches de l'instruction ; il leur imprimera la seule unité qui ne contriste pas le génie et qui n'en ralentisse pas l'essor ; il manifestera toutes les découvertes, pour que celle qui aura le plus approché de la perfection exerce le libre ascendant de l'estime, et devienne universelle, parce qu'elle sera sentie la meilleure. Vous verrez se diriger à ce centre commun, et s'y porter par une pente naturelle et nécessaire, tout ce que chaque année doit faire éclore de grand, d'utile et de beau sur le sol fertile de la France [1].

On peut supposer que Daunou n'a pas qualifié l'Institut national de « centre commun » tout à fait par hasard. Quand on sait que c'est souvent sous cette appellation que les physiologistes désignent alors le cerveau, c'est une manière de dire que l'Institut a vocation à être le cerveau de la République.

Le 3 brumaire an IV (25 octobre 1795), la loi sur l'organisation de l'instruction publique, dite loi Daunou, crée l'Institut national des sciences et des arts :

> Il est destiné, 1. à perfectionner les sciences et les arts par des recherches non interrompues, par la publication des découvertes, par la correspondance avec les sociétés savantes et étrangères ; 2. à suivre

1. *Rapport sur l'instruction publique*, par Daunou le 23 vendémiaire an IV (15 octobre 1795), dans James Guillaume, *Procès-verbaux du comité d'instruction publique, op. cit.*, t. VI, p. 791.

> [...] les travaux scientifiques et littéraires qui auront pour objet l'utilité générale et la gloire de la République [1].

Outre qu'il se veut un lieu de production scientifique plutôt que de consécration d'une carrière, le nouvel Institut se distingue des académies d'Ancien Régime par trois traits majeurs :

1. Il est fondé sur l'idée d'une profonde unité des sciences, elle-même fondée sur l'unicité de la méthode (l'analyse). En effet, comme le dit Cabanis :

> C'est [...] une belle et grande idée que celle qui considère toutes les sciences et tous les arts comme formant un ensemble, un tout indivisible, ou comme les rameaux d'un même tronc, unis par une origine commune [2].

Aussi n'y a-t-il qu'*un* Institut avec plusieurs classes et sections et non pas *plusieurs* académies. Selon la même logique, les membres de chacune des classes sont élus *in fine* par tous les membres de l'Institut et non par les seuls membres de la classe.

2. Il comporte une innovation radicale, à savoir la création d'une seconde classe, dite des sciences morales et politiques qui est, comme l'a écrit Jules Simon, « par excellence, l'Académie de la Révolution » [3]. En revendiquant pour les champs du moral et du politique une scientificité non pas identique mais analogue à celle qui a fait ses preuves dans les champs des sciences physiques et mathématiques (qui font l'objet de la première classe), les Thermidoriens installent la science au poste de commande, en font le phare propre à éclairer la conduite des affaires [4]. En plaçant la section d'*analyse des sensations et des idées* en première position au sein de la classe des sciences morales et politiques, Daunou, Lakanal, Garat et leurs amis indiquent en outre très clairement, avec seulement trois mots, quel est le parti philosophique qui se trouve à la base de l'édifice : à la source de toutes nos *idées* (et donc de nos connaissances), il n'y a que la *sensation*; et pour démêler les mécanismes de notre intelligence qui est l'opérateur de toute science, il n'y a qu'une méthode, l'*analyse*.

1. Titre IV, art. premier.
2. *RPMH*, M I, introduction, dans *OPC* I, p. 124.
3. Jules Simon, *Une Académie sous le Directoire*, Paris, Calmann Lévy, 1885, p. 76.
4. S'adressant aux membres de la seconde classe de l'Institut le 2 floréal an IV (20 avril 1796), Destutt de Tracy déclare : « C'est donc principalement en affermissant les sciences morales sur une base stable et certaine que vous répondrez aux espérances que l'Europe éclairée conçoit du premier corps savant qui s'occupe de ces matières avec quelque liberté » (DdT, *Mémoire sur la faculté de penser, OC* II, p. 69.)

3. La nouvelle organisation fait à l'évidence une « victime » : la défunte Académie française. En effet, la nouvelle troisième classe (littérature et beaux-arts) avec ses huit sections très disparates (grammaire, langues anciennes, poésie, antiquités et monuments, peinture, sculpture, architecture, musique et déclamation) est un fourre-tout où l'on retrouve davantage l'héritage de l'ancienne académie des inscriptions et belles-lettres et des anciennes académies couvrant les arts que celui de l'académie fondée par Richelieu. Une preuve supplémentaire de cet effacement délibéré de l'Académie française est apportée par le fait que la plupart des membres de celle-ci ne sont appelés ni dans la classe des sciences morales et politiques, ni même dans celle de littérature et beaux-arts (à l'exception de Delille et Ducis, des « gloires » académiques comme Suard, La Harpe ou Morellet ne sont pas accueillies par la troisième classe).

Dans la nouvelle classe des sciences morales et politiques, les Idéologues se trouvent dans une position dominante. Non que l'Idéologie y confisque toutes les places : ainsi la section de morale (au demeurant peu active) est-elle marquée par une grande diversité avec parmi ses six membres résidents un compagnon de route des Idéologues (Lakanal), un athée notoire (Naigeon), un théophilanthrope (La Révellière-Lépeaux), un déiste (Bernardin de Saint-Pierre), un janséniste (Grégoire) et un inclassable (Mercier [1]). En revanche, les Idéologues occupent les postes stratégiques, au premier chef en investissant massivement la section d'analyse des sensations et des idées qui va constituer le creuset de la nouvelle philosophie. Ceux qui forment le tiers-électeur, c'est-à-dire ceux qui doivent préparer l'élection des autres membres de la section, sont deux figures que nous avons déjà souvent rencontrées : Volney [2] et Garat. À leur suite, en frimaire an IV (décembre 1795), sont désignés comme membres résidents à Paris Ginguené [3], Le Breton [4], Cabanis

1. Louis-Sébastien Mercier défend des idées diamétralement opposées à celle des Idéologues. Dans le tome III des *Mémoires de l'Institut national, Sciences morales et politiques*, publié en prairial an IX (mai-juin 1801), on peut lire : « Le citoyen Mercier [...] s'élève contre une doctrine qui met l'âme dans une sorte de dépendance des sens ; il s'indigne de voir notre intelligence liée à la matière dans ses plus sublimes opérations » (p. 27-28).

2. Voyageant alors aux États-Unis, celui-ci n'a toutefois joué aucun rôle dans la désignation des membres de la section.

3. Associé fondateur de *La Décade*, successeur de Garat en thermidor an III (août 1795) en tant que commissaire de l'instruction publique, Ginguené vient d'être nommé directeur général de l'instruction publique au ministère de l'intérieur.

4. Le Breton est l'auteur d'un ouvrage pédagogique, *La Logique adaptée à la rhétorique* (1788).

et Deleyre [1]. Puis, en tant que membres associés et supposés (de façon largement fictive) représenter la province, Destutt de Tracy [2], de Sèze [3], Laromiguière [4], Jacquemont [5], Caffarelli du Falga [6], et Sicard [7].

À peine plus d'un mois après son élection à l'Institut le 24 frimaire an IV (15 décembre 1795), Cabanis souligne devant ses collègues le 27 pluviôse an IV (15 févier 1796) l'enjeu à la fois scientifique et politique porté par la nouvelle institution : la recherche de la vérité et la lutte contre la tyrannie et le fanatisme sont les deux faces d'une même médaille; l'Institut parce qu'il est constitué « par la réunion de tous les talents et de tous les travaux », d'une part, parce qu'il est « secondé par l'influence du gouvernement républicain », d'autre part, « peut être considéré comme une véritable encyclopédie vivante » (référence évidente à l'*Encyclopédie* de Diderot et d'Alembert) et « peut devenir facilement un foyer immortel de lumière et de liberté » [8].

1. Auteur d'une *Analyse de la philosophie du chancelier François Bacon* (1755), Deleyre a participé sous l'autorité de Condillac à l'instruction du prince de Parme. Député à la Convention, il a représenté celle-ci auprès de l'École normale de l'an III. Décédé quelques mois après son élection à l'Institut, il est remplacé par Toulongeon.

2. Parce qu'il réside à Auteuil !

3. Voir chapitre II, p. 32.

4. Auteur de *Projet d'éléments de métaphysique* (1793). L'ouvrage, rédigé dans la lignée de Condillac, a été remarqué par Sieyès et par Garat.

5. Ami de Destutt de Tracy, Venceslas Jacquemont est alors reconnu pour ses qualités intellectuelles mais s'il a, semble-t-il, beaucoup écrit, il n'a en revanche jamais rien publié.

6. Caffarelli du Falga est avant tout un soldat qui s'est illustré sous le commandement de Kléber et de Marceau. À peu près au même moment, il est nommé général de brigade, en raison de son héroïsme au combat, et à l'Institut, en raison de son intérêt pour la philosophie. C'est lui qui proposera à Destutt de Tracy de participer, en tant que général, à l'expédition d'Égypte, proposition que le chef de file des Idéologues refusera pour continuer de se consacrer à plein temps à la philosophie. En Égypte et en Syrie, Caffarelli conjuguera la participation aux combats et son investissement au sein de l'Institut d'Égypte. Tué devant Saint-Jean d'Acre en l'an VII (1799), il est remplacé à l'Institut par Degérando.

7. On sait peu de choses de Sicard [de Marseille], sinon qu'il ne doit pas être confondu avec l'abbé Sicard, qui dirige l'Institut des sourds-muets, a enseigné l'art de la parole à l'École normale de l'an III et est membre de la section de grammaire de la classe de littérature et beaux-arts de l'Institut. Décédé en l'an IX (1800-1801), Sicard [de Marseille] est remplacé dans la section d'analyse des sensations et des idées par Pierre Prévost [de Genève].

8. *RPMH*, M I, introduction, dans *OPC* I, p. 125.

CHAPITRE V

LE PHYSIQUE ET LE MORAL DE L'HOMME : 1. LE MORAL N'EST QUE LE PHYSIQUE (1796-1800)

L'Institut national et plus particulièrement la classe des sciences morales et politiques est par excellence le lieu de formalisation du nouveau savoir et c'est donc en son sein que sont véritablement posées, dès l'an IV, c'est-à-dire essentiellement au cours de l'année 1796, les bases de l'Idéologie. Le fait que Cabanis soit nommé dans la section d'analyse des sensations et des idées dans la seconde classe et non dans la section de médecine et de chirurgie dans la classe des sciences physiques et mathématiques est à cet égard significatif : sans doute est-il un médecin reconnu [1] mais il n'est pas pour autant considéré comme un praticien de premier plan ayant fait faire à sa discipline des progrès éminents sur le plan clinique; en revanche, sa position de théoricien et d'historien de la médecine tout comme ses connaissances physiologiques le désignent à ses contemporains comme l'un de ceux qui pourra contribuer de façon décisive à l'établissement des nouvelles sciences morales et politiques en montrant que « l'étude des facultés intellectuelles et des passions de l'homme peut tirer de grandes lumières de la médecine » [2]. C'est à ce titre que le médecin philosophe y lit ses premiers mémoires sur les rapports du physique et du moral de l'homme [3], tandis que Destutt de

1. Il compte parmi les 60 membres résidents de la Société médicale d'émulation dont la première réunion se tient en juin 1796 (messidor an IV). Il y participe aux côtés d'Alibert, Bichat, Desgenettes, Duméril, Fourcroy, Larrey, Pinel, Richerand et Thouret.

2. *Discours de clôture pour le cours sur Hippocrate*, dans *OPC* II, p. 332.

3. Ainsi que C. Lehec et J. Cazeneuve l'ont montré (*OPC* II, p. 548), il y a quelques difficultés pour établir les dates exactes de ces lectures, celles mentionnées dans les *Mémoires de l'Institut national, Sciences morales et politiques* et celles figurant sur les registres des procès-verbaux de la classe des sciences morales et politiques ne coïncidant pas toujours, mais ces petites incertitudes sont sans conséquences.

Tracy présente en parallèle ses premiers mémoires sur la faculté de penser. Si leur approche est, comme on l'a dit, différente, ils traitent tous les deux du même sujet : il s'agit de décrire [1] les processus à l'œuvre dans l'exercice de la pensée entendue au sens le plus large, ce qui les conduit à reprendre à leur racine les entreprises philosophiques conduites en leur temps par un Condillac ou un Helvétius sans tomber dans les erreurs de ceux-ci, dues notamment, selon Cabanis, aux insuffisances de leurs connaissances physiologiques [2] ou, selon Destutt de Tracy, à l'ignorance du rôle de la faculté de se mouvoir dans la connaissance, c'est-à-dire dans un cas comme dans l'autre au fait que les mouvements organiques ont été négligés.

Pour ce qui regarde Cabanis, le champ d'investigation est le plus étendu : il s'agit plus précisément de décrire comment se forme ce qu'il appelle le *moral*, c'est-à-dire non seulement nos idées, nos jugements et les volontés qui les accompagnent mais plus largement nos penchants, nos sentiments, nos affections et même nos habitudes. Cela revient pour lui à constituer les bases de *la science de l'homme* ou de *l'anthropologie* (terme qu'il emprunte au médecin, professeur de physiologie et philosophe allemand Ernst Platner [3]), c'est-à-dire de la science qui envisage l'homme à la fois sous l'angle du physique et du moral et réunit en une seule trois disciplines jusqu'ici séparées : la physiologie, l'analyse des idées et la morale [4]. Il existe en effet un *continuum* entre la connaissance de nos fonctions organiques, celle de nos facultés intellectuelles et celle des principes qui doivent régler la conduite de l'individu comme de l'homme social. Pour Cabanis comme pour tous les Idéologues, il est clair que les fondements de la morale ne sauraient être cherchés ailleurs que dans la nature elle-même. En 1791, dans *Les Ruines*, Volney soulignait que « la morale est une science physique, composée, il est vrai, d'éléments

1. Pour Cabanis comme pour Destutt de Tracy *décrire* un phénomène ou en *faire l'histoire* sont une seule et même chose : ainsi le premier parle-t-il « d'histoire physiologique des sensations » et le second « d'histoire de nos moyens de connaître ».

2. Pour lui, les philosophes du XVIIIe siècle, n'avaient encore « aucune notion précise [...] de la série d'opérations par lesquelles les organes des sens et le cerveau reçoivent les impressions des objets, les transforment en sensations ou impressions perçues, et de ces dernières, composent tout le système intellectuel et moral. [Ils ont répandu] plusieurs idées fausses sur le caractère des fonctions du système sensitif et cérébral, sur le genre d'influence qu'elles éprouvent de la part des autres fonctions organiques ». (*RPMH*, M X, DPDS, § 11, dans *OPC* I, p. 551).

3. Auteur d'un ouvrage dont le titre ne pouvait qu'appeler l'attention de Cabanis : *Neue Anthroplogie für Aerzte und Weltweise, mit besonderer Rücksicht auf Physiologie, Pathologie, Moralphilosophie und Aesthetik*, Leipzig, S.L. Crusius, 1790.

4. *RRM*, dans *OPC* II, p. 77 et *RPMH*, M I, introduction, dans *OPC* I, p. 126.

compliqués dans leur jeu, mais simples et invariables dans leur nature, parce qu'ils sont les éléments mêmes de l'organisation de l'homme »[1] ; en l'an III (1795) dans son cours à l'École normale, Garat faisait valoir que « les principes et les règles de la morale sont [...] sous nos yeux »[2].

UN OUVRAGE, DEUX SÉQUENCES, TROIS PLANS, QUATRE NIVEAUX DE DISCOURS

La contribution de Cabanis va déboucher à terme sur la publication des *Rapports du physique et du moral de l'homme.* L'ouvrage est sans conteste son *grand œuvre*, un ouvrage qui a eu à sa sortie un retentissement considérable[3] et qui vaut encore aujourd'hui à son auteur la place qu'il occupe dans l'histoire des idées. Pour autant, s'il serait sans doute tout à fait impropre d'y voir une œuvre de circonstance, il ne faut pas en revanche se dissimuler qu'il s'agit aussi d'un travail fortement marqué par les circonstances de sa production, c'est-à-dire à la fois par les exigences du programme et du mode de fonctionnement que s'est donné la section d'analyse des sensations et des idées de la classe des sciences morales et politiques de l'Institut national et par un contexte politique particulièrement agité.

Le livre est composé de douze mémoires, modestement présentés comme de « simples recherches de physiologie, [...] dirigées vers l'étude particulière d'un certain ordre de fonctions »[4]. Mais il faut remarquer que ceux-ci ont été rédigés à deux moments bien distincts. Les six premiers mémoires, lus entre pluviôse an IV et ventôse an V (entre février 1796 et mars 1797) devant la seconde classe[5], ont été écrits pour l'essentiel au cours de l'année 1796, à la suite de quoi Cabanis, qui s'est pourtant fixé un vaste plan de travail, suspend son entreprise. Plusieurs facteurs (ses fonctions d'enseignant, sa santé défaillante mais surtout son très fort engagement politique) sur lesquels nous aurons à revenir, se conjuguent alors pour expliquer cette interruption.

1. Volney, *Les Ruines ou Méditation sur les révolutions des empires,* dans *Œuvres*, tome premier, Paris, Fayard, 1989, p. 572.

2. Dominique-Joseph Garat, *Leçons d'analyse de l'entendement*, dans *L'École normale de l'an III,* [édition publiée] sous la direction de Jean Dhombres et Béatrice Didier, Paris, Éditions Rue d'Ulm, 2008, p. 91.

3. Comme le confirme Philibert Damiron, *op. cit.*, seconde édition, p. 92.

4. *RPMH*, préface, dans *OPC* I, p. 121.

5. Les trois premiers mémoires sont publiés dans le tome I des *Mémoires de l'Institut national, Sciences morales et politiques* en août 1798 (thermidor an VI), les trois suivants dans le tome II en août 1799 (fructidor an VII).

Sans doute Cabanis n'a-t-il jamais perdu de vue la poursuite de ses recherches médico-philosophiques, mais un faisceau d'indices permet toutefois de considérer que ce n'est qu'au cours de l'année 1800, c'est-à-dire après le Coup d'État de Brumaire et sa nomination au Sénat, qu'il s'attèle à la tâche de façon soutenue et qu'il s'y consacre jusqu'au début de l'année 1802 :

– Ce ne sont que les 28 novembre et 28 décembre 1800 (7 frimaire et nivôse an IX) qu'il lit le septième mémoire devant la classe des sciences morales et politiques. Les *Mémoires de l'Institut* se font l'écho du fait que « le citoyen Cabanis a repris la suite de son travail [dans les six premiers mois de l'an IX] » [1].

– On sait que le neuvième mémoire a été écrit entre avril et décembre 1800, dans la mesure où il y est fait référence à *De la littérature* de Mme de Staël publié en avril, d'une part, et où Cabanis précise en note que son texte a été écrit avant la parution de la traduction du traité d'Hippocrate *Des airs, des eaux et des lieux* par A. Coray, sortie des presses à la fin de cette même année [2].

– De multiples références renvoient à des ouvrages savants publiés par Alibert, Berthollet, Bichat, Boyer, Dumas, Leroy, Lechevallier, Pinel ou Richerand entre 1800 et 1802.

La première édition complète, avec les douze mémoires, est ainsi publiée en thermidor an X (juillet-août 1802). Le fait que la rédaction des *Rapports* s'échelonne sur six années avec, au milieu, une longue interruption, le fait aussi que certains mémoires reprennent à nouveaux frais des analyses antérieures (plusieurs formulations parfois énigmatiques des premiers mémoires sont éclairées par les développements des derniers) expliquent pour une part la difficulté d'un ouvrage dont l'auteur a successivement établi trois plans : celui présenté à la fin du premier mémoire lu en pluviôse an IV (janvier-février1796) et publié dans le premier volume des *Mémoires de la classe des sciences morales et politiques*, celui présenté à la fin du même premier mémoire modifié dans l'édition de 1802, celui enfin corrigé au début du dixième mémoire. En dépit de ces réaménagements successifs, la structure de l'ouvrage témoigne cependant d'une progression logique de la démarche, fondée sur le couple décomposition/recomposition. Après un mémoire introductif, Cabanis procède à une *analyse* de la physiologie des sensations en en *décomposant*

1. *Mémoires de l'Institut national, Sciences morales et politiques*, t. IV, Paris, Baudouin, vendémiaire an XI, p. 61-63.

2. *RPMH*, M IX, § 1 et § 16, dans *OPC* I, p. 461 et 510.

les différents éléments (mémoires II et III formant une première partie). Cette description ouvre la voie aux mémoires IV à IX (deuxième partie) qui examinent les facteurs endogènes et exogènes propres à modifier la sensibilité. Les trois derniers mémoires (X à XII formant la troisième partie) procèdent à un travail de *recomposition*, sous-tendu par l'idée d'une perfectibilité indéfinie de l'espèce humaine et permettant d'éclairer plusieurs phénomènes tels que l'instinct, la sympathie ou la folie ainsi que la puissance particulière du moral chez l'homme. On peine parfois à trouver une parfaite articulation entre chacun de ces derniers développements qui constituent autant de recherches distinctes mettant en scène les éléments qu'il a dégagés dans les deux premières parties : c'est sans doute ce qui l'a conduit à envisager, comme on le verra, une suite aux *Rapports* consacrée au perfectionnement de l'homme.

En mai 1805 paraît une seconde édition [1], la dernière publiée du vivant de l'auteur et comportant seulement quelques menues modifications prenant notamment en compte ce qui dans l'actualité scientifique lui paraît confirmer ses vues. Elle est complétée d'une table analytique dressée par Destutt de Tracy et de deux tables alphabétiques (auteurs cités et matières) par P. Suë, professeur et bibliothécaire à l'École de santé de Paris.

Au-delà de la rédaction parfois un peu décousue des *Rapports*, un autre phénomène explique les difficultés de lecture de l'ouvrage. Celui-ci fait en effet coexister plusieurs niveaux de discours qui n'entretiennent pas un même rapport à la « vérité » :

– le premier est le discours propre à l'analyse, fondée sur les quatre procédés de l'analyse philosophique exposés aux paragraphes XIII et XIV du chapitre III de *Coup d'œil sur les révolutions et sur la réforme de la médecine*; c'est le discours tenu pour « scientifique ».

– le second se réfère aux débats ouverts au sein de la communauté savante et qui, selon Cabanis, ne devraient pas tarder à valider des thèses qui ne sont encore que du domaine du probable.

– le troisième s'explique par une tendance irrépressible de l'esprit humain à remonter toujours plus loin dans la chaîne des causes sans la garantie d'une analyse exhaustivement et rigoureusement conduite; on est là dans le domaine de l'hypothétique, du vraisemblable ou du plausible.

– le quatrième est celui des causes premières qui est définitivement hors d'accès de l'intelligence humaine; c'est le seul que Cabanis s'interdise bien que la tentation de franchir le pas soit parfois forte.

1. Paris, Crapart, Caille et Ravier, an XIII-1805.

Le problème, ou la difficulté, c'est que les frontières entre ces différents niveaux ne sont pas absolument étanches et que Cabanis glisse parfois subrepticement de l'un à l'autre, ce qui conduit le lecteur à s'interroger sur le statut exact des propos tenus. C'est particulièrement le cas dans les trois derniers mémoires, où, comme le remarque son disciple Moreau de la Sarthe dans la recension qu'il publie en 1805 (an XIII), Cabanis « sans abandonner l'observation, [...] donne davantage aux élans de la pensée et aux prévisions des conjectures » [1].

La physiologie des sensations

Le fait premier et son analyse

Quand on entreprend d'éclairer la question de la formation du moral en étant, comme Cabanis, condillacien en philosophie et vitaliste en médecine, il importe avant tout d'être fidèle à la méthode analytique dont le premier enseignement est qu'il convient de partir, non pas d'un de ces principes abstraits qui conduisent aux égarements de la métaphysique, mais de faits et, si cela est possible, du *fait premier* à partir duquel on puisse induire et mettre en ordre tous les éléments et toutes les conséquences [2]. Or ce fait premier qui nous est donné par l'observation et l'analyse du vivant, c'est la *sensibilité physique* :

> La sensibilité physique est le dernier terme auquel on arrive dans l'étude des phénomènes de la vie, et dans la recherche méthodique de leur véritable enchaînement : c'est aussi le dernier résultat, ou, suivant la manière commune de parler, le principe le plus général que fournit l'analyse des facultés intellectuelles et des affections de l'âme. Ainsi donc, le physique et le moral se confondent à leur source, ou, pour mieux dire, le moral n'est que le physique, considéré sous certains points de vue plus particuliers [3].

Tout l'ouvrage de Cabanis est contenu dans cette citation placée en tête du paragraphe III du premier mémoire. Elle se décline en effet en quatre propositions qui sont autant de façons d'exprimer les différentes facettes d'une seule et même réalité :

1. *La Revue philosophique, littéraire et politique*, 30 thermidor an XIII (18 août 1805), n° 33, p. 321.

2. Ce fait *premier* (celui dont on part) peut aussi bien être qualifié de *dernier* (celui auquel on remonte).

3. *RPMH,* M I, § 3, dans *OPC* I, p. 142. De son côté, Destutt de Tracy pose que « la *sensibilité* est le phénomène général qui constitue et comprend toute l'existence de l'être animé » (DdT, *Traité de la volonté et de ses effets, OC* VI, p. 51).

1. *La sensibilité physique est le* principe *au-delà duquel on ne saurait remonter.*

2. *Ce principe est* unique *et disqualifie toute approche dualiste.*

3. *Le moral se réduit au physique dont il n'est qu'un point de vue.*

4. *Tout l'être de l'homme réside dans sa faculté de sentir et dans les organes physiques qui en sont les instruments.*

De l'analyse du fait premier qu'est la sensibilité physique, Cabanis tire encore deux conséquences :

– la première, c'est que nous ne pouvons pas connaître les choses en elles-mêmes, mais seulement relativement à « la manière générale de sentir de la nature humaine » [1].

– par ailleurs, c'est un fait d'expérience que d'observer que, par delà cette manière générale de sentir partagée par tous les hommes, leurs sensations sont directement tributaires de l'état de leurs organes ou, pour le dire autrement, diffèrent en fonction de l'organisation physique qui varie :

> – chez un même individu, par exemple en fonction de son âge ou du caractère sain ou malade de son organisme ;
>
> – d'un individu à l'autre, par exemple en fonction de son sexe ou de son tempérament [2] ;
>
> – d'un peuple ou d'un groupe social à l'autre, par exemple en fonction du climat, des institutions sociales ou des habitudes dominantes.

On devine bien entendu l'enjeu d'une telle analyse pour le problème général de la vérité et de son statut. Si une connaissance peut être dite vraie quand elle est produite par un usage correct de la manière générale de sentir de la nature humaine, mais si d'un autre côté les sensations sont susceptibles de varier en fonction de l'état des organes, la vérité devient nécessairement *relative*, au moins pour tout ce qui n'est pas directement *mesurable*. Pour une philosophie qui veut conférer aux sciences morales et politiques un degré de certitude peut-être pas identique mais en tout cas au moins analogue à celui que connaissent les sciences physiques et mathématiques, cela constitue une difficulté, que Cabanis devra évidemment lever.

1. *Ibid.*, p. 143.

2. « La manière de considérer la nature tient […], dans chaque individu, à celle dont il reçoit les impressions des objets extérieurs, ou plutôt elle n'est que cette dernière elle-même » (*Lettre à M. T** [Thurot], sur les poèmes d'Homère*, dans *OCC*, t. 5, p. 307).

Tel est le socle sur la base duquel vont se déployer les douze mémoires ou « recherches de physiologie » qui constituent les *Rapports du physique et du moral de l'homme.* Il ne s'agit pas pour Cabanis de *prouver* l'existence de ce fait premier qui ne se démontre ni ne se discute. En effet, la sensibilité est « le fait général de la nature vivante » et « les faits généraux *sont* parce qu'ils *sont* : et l'on ne doit pas plus aujourd'hui vouloir expliquer la *sensibilité* dans la physique animale et dans la philosophie rationnelle, que l'attraction dans la physique des masses » [1]. Ce fait premier ou général, il s'agit seulement de l'examiner sous tous ses aspects, d'identifier ses qualités ou propriétés, d'en connaître les effets, bref de le *documenter*, c'est-à-dire de montrer positivement et de façon détaillée comment les opérations du moral et du physique forment les deux faces d'une même réalité. C'est là au demeurant que réside l'originalité ou l'apport de Cabanis : non pas dans l'énoncé de formules monistes et matérialistes que l'on a déjà pu lire quasiment à l'identique, par exemple chez d'Holbach, mais dans l'exploration et la description d'un dispositif extrêmement complexe.

La sensibilité et le système nerveux

On voit que pour Cabanis la sensibilité est la caractéristique première de tous organismes vivants, y compris les plus simples, même lorsqu'ils sont dépourvus de toute ramification nerveuse. En revanche, dans le cas des organisations plus complexes ou, comme il le dit, plus « parfaites », c'est essentiellement par le système nerveux que « le mouvement et la vie sont imprimés à toutes les parties du corps » [2], même si les parties non innervées ne sont pas totalement insensibles. En effet,

> dans les animaux dont l'organisation est la plus compliquée, tels que l'homme, les quadrupèdes et les oiseaux, la sensibilité s'exerce particulièrement par les nerfs, qu'on peut regarder comme ses organes propres. […] *Dans l'homme, […] les nerfs sont le siège particulier de la sensibilité* ; […] ce sont eux qui la distribuent dans tous les organes, dont ils forment le lien général, en établissant entre eux une correspondance plus ou moins étroite, et faisant concourir leurs fonctions diverses à produire et constituer la vitalité commune [3].

1. *RPMH,* M II, § 8, dans *OPC* I, p. 198.
2. *RPMH,* M VI, § 1, dans *OPC* I, p. 321.
3. *RPMH,* M II, § 2, dans *OPC* I, p. 169-170. Nous soulignons.

La connaissance du système nerveux humain et de ses fonctions doit en conséquence être le premier sujet d'études [1]. Or, si le système nerveux est un et homogène, on doit cependant distinguer en son sein trois niveaux :

1. En son cœur, se trouve le système nerveux central, comprenant notamment le cerveau, appelé aussi centre commun (*sensorium commune*), la moelle allongée (ou tronc cérébral) et la moelle épinière. Il constitue « la racine et l'aboutissement du système nerveux » [2]. Le cerveau, qui est alors tenu pour un viscère [3], joue évidemment un rôle majeur chez l'homme. C'est là que réside la conscience ou le *moi* ainsi que la volonté [4]. C'est aussi l'organe de production de la pensée, celui qui transforme les impressions en idées :

> [Sa] fonction propre [...] est de percevoir chaque impression particulière, d'y attacher des signes, de combiner les différentes impressions, de les comparer entre elles, d'en tirer des jugements et des déterminations. [...] Nous voyons les impressions arriver au cerveau par l'entremise des nerfs : elles sont alors isolées et sans cohérence. Le viscère entre en action; il agit sur elles : et bientôt il les renvoie métamorphosées en idées, que le langage de la physionomie et du geste, ou les signes de la parole et de l'écriture, manifestent au-dehors. [...] Le cerveau digère en quelque sorte les impressions; [...] il fait organiquement la sécrétion de la pensée [5].

C'est là le passage le plus célèbre, parfois aussi le plus moqué, des *Rapports*. Qu'il exprime une position matérialiste sur laquelle nous reviendrons, cela ne fait aucun doute. Mais il ne faut pas pour autant lui faire dire plus qu'il ne dit. À la question de savoir comment s'opère cette transformation des impressions en idées et en signes, Cabanis indique qu'il n'a pas de réponse et qu'il n'est pas certain que les progrès de la

1. « Pour bien connaître les lois de la vie [dans les animaux vertébrés], il faut surtout étudier celles qui régissent l'organe nerveux ». (*RPMH*, M X, DPDS, § 4, dans *OPC* I, p. 535).

2. *Ibid.*, § 8, p. 542.

3. Voir par exemple le *Traité complet d'anatomie* d'Alexis Boyer (Paris, Migneret, 1797-1805, t. IV, p. 4) : « Le cerveau [...] est un viscère mou, en quelque sorte pulpeux, qui remplit la cavité du crâne, et qui se continue dans le canal vertébral jusqu'à la seconde vertèbre des lombes ».

4. « Il est certain que, dans l'organisation animale, le *moi*, tel que nous le concevons, réside au centre commun; que là, se rendent en foule, de toutes les parties du corps, notamment des extrémités sentantes externes, les sensations dont résultent ses jugements; que de là partent, pour les organes soumis à la volonté, les réactions motrices que ces mêmes jugements déterminent » (*RPMH*, M X, DPDS, § 5, dans *OPC* I, p. 538).

5. *RPMH*, M II, § 7, dans *OPC* I, p. 195-196.

connaissance puissent en donner jamais. En effet, « l'intime organisation de la pulpe cérébrale nous est encore assez mal connue » [1], de même que « les mouvements organiques par lesquels s'exécutent les fonctions du cerveau » [2]. Aussi quand Cabanis dit que « le cerveau digère *en quelque sorte* les impressions [et] fait organiquement la sécrétion de la pensée », il ne dit pas à proprement parler, comme on le lui a souvent prêté, que le cerveau fonctionne sur le même mode que l'estomac ou la rate, il dit seulement qu'un processus dont on ne connaît ni la nature ni le mécanisme exact est à l'œuvre pour produire des idées et des signes à partir de nos impressions.

2. Par ailleurs, chez l'homme (comme dans les espèces animales les plus complexes), le système nerveux se subdivise en systèmes partiels ou secondaires qui sont subordonnés au système central tout en jouissant d'une certaine autonomie :

> Il existe dans le corps vivant, indépendamment du cerveau et de la moelle épinière, différents foyers de sensibilité, où les impressions se rassemblent, en quelque sorte, comme les rayons lumineux, soit pour être réfléchies immédiatement vers les fibres motrices, soit pour être envoyées dans cet état de rassemblement, au centre universel et commun. C'est entre ces divers foyers et le cerveau, que les sympathies sont très vives et très multipliées ; et c'est par l'entremise des premiers, que les parties [du corps] dont les fonctions sont moins étendues, et par conséquent aussi la sensibilité plus obscure, peuvent communiquer particulièrement, soit entre elles, soit avec le centre commun [3].

Ces centres partiels ou secondaires de sensibilité sont plus ou moins nombreux, mais jouent un rôle déterminant car il animent et fédèrent plusieurs organes essentiels. Cabanis en identifie trois principaux chez l'homme :

a. celui de la région phrénique (diaphragme, estomac) ;

b. celui de la région hypocondriaque (foie, rate, plexus abdominaux supérieurs, intestins grêles, grande courbure du colon) ;

c. celui du bas-ventre (système urinaire, intestins inférieurs, organes génitaux).

Ces centres partiels communiquent avec le système central et entre eux. Le poids et le degré d'activité de chacun, et par conséquent les relations d'équilibre ou de déséquilibre qu'ils entretiennent mutuellement,

1. *RPMH*, M III, § 3, dans *OPC* I, p. 212.
2. *RPMH*, M II, § 7, dans *OPC* I, p. 196.
3. *RPMH*, M VII, § 2, dans *OPC* I, p. 363.

varient selon les individus, selon les moments ou selon l'état de santé. Les manières de sentir des différents sujets sont de ce fait largement tributaires de leur situation.

3. Enfin, il y a les nerfs eux-mêmes. Si c'est bien par leur truchement que la sensation s'opère, celle-ci ne se fait pas toutefois à l'extrémité des nerfs mais, selon les cas, dans le système central, dans un centre partiel ou secondaire ou dans l'organe dont les nerfs tirent leur source. Selon qu'elles se contractent ou au contraire se relâchent à des degrés variables, les extrémités sentantes des nerfs produisent un sentiment de malaise ou de douleur dans le premier cas, un sentiment de bien-être ou de plaisir dans le second. Ce phénomène qui contribue à la conservation des animaux en les avertissant des dangers ou des bénéfices qu'ils peuvent rencontrer dans leur environnement, paraît à Cabanis si bien établi qu'il se dispense de le démontrer.

L'acte de sentir mobilise ainsi l'ensemble des éléments du système nerveux. Par une loi générale, il s'opère toujours en deux temps :

a. Dans le premier, les extrémités nerveuses transmettent, comme par « un premier avertissement », une impression incomplète à l'organe ou au centre (commun ou partiel) concerné. Ici, la sensibilité opère en quelque sorte depuis la périphérie vers le centre. Elle est en mode *réceptif*.

b. Dans le second, l'organe ou le centre met les nerfs en état de recevoir l'impression complète et de les lui transmettre. Là, la sensibilité opère depuis le centre vers la périphérie. Elle est en mode *réactif*.

Cette *réaction* prend deux formes complémentaires et indissociables : en réagissant sur lui-même l'organe sensitif produit le *sentiment*; en réagissant sur le système musculaire, il produit le *mouvement* [1].

Les trois sortes d'impressions

La conception générale du système nerveux ainsi présentée par Cabanis n'est pas pour l'époque foncièrement nouvelle : La Caze et Bordeu avaient eux aussi conçu l'idée d'une sensibilité organisée autour de plusieurs centres qui s'équilibrent mutuellement. En revanche, Cabanis innove en ce qu'il distingue trois sortes d'impressions :

1. Les impressions externes saisies par les terminaisons nerveuses des cinq sens. Ces impressions sont reçues par le système nerveux central; elles sont généralement distinctes et conscientes. Elles sont à la racine de nos idées et, par la combinaison de celles-ci, de nos jugements et

1. *RPMH*, M II, § 6, dans *OPC* I, p. 190-193.

raisonnements. Ce sont elles, et elles seulement, que Locke et Condillac ont considérées. Comme ses prédécesseurs, Cabanis leur réserve le nom de *sensations*.

2. Les deuxièmes nous viennent des organes internes par l'intermédiaire des extrémités nerveuses qui les tapissent et sont reçues par les centres secondaires ou partiels de sensibilité. Elles sont confuses ou vagues et ne sont pas conscientes. C'est ce qui permet à Cabanis de parler à leur propos de « sensibilité sans sensation » [1]. Pour être non conscientes, ces impressions internes n'en exercent pas moins une influence déterminante sur le moral entendu au sens large :

> Les idées et les déterminations morales ne dépendent pas uniquement de ce qu'on nomme les *sensations* ; c'est-à-dire, des impressions distinctes reçues par les organes des sens, proprement dit : [...] les impressions résultantes des fonctions de plusieurs organes internes y contribuent plus ou moins, et, dans certains cas, paraissent les produire uniquement [2].

Comme nous le verrons, ces impressions internes sont à la source des instincts et de beaucoup de nos penchants.

3. Les troisièmes se forment au sein du système nerveux lui-même ou de l'une de ses composantes, sans aucune action préalable exercée sur les extrémités sentantes externes ni sur celles des organes internes.

> Nous voyons [l'organe sensitif] entrer *de lui-même* en activité : nous voyons qu'il peut, pour cela, se passer d'impressions étrangères ; qu'il peut même, à certains égards, les écarter, et se soustraire à leur influence. C'est ainsi qu'une attention forte, une méditation profonde, peut suspendre l'action des organes sentants externes ; c'est ainsi, pour prendre un exemple encore plus ordinaire, que s'exécutent les opérations de *l'imagination* et de *la mémoire*. Les notions des objets qu'on se rappelle et qu'on se représente, ont bien été fournies, le plus communément, il est vrai, par les impressions reçues dans les divers organes : mais l'acte qui réveille leur trace, qui les offre au cerveau sous leurs images propres, qui met cet organe en état d'en former une foule de combinaisons nouvelles, ne dépend souvent en aucune manière, de causes situées hors de l'organe sensitif [3].

Ce sont ces trois opérations (sensations proprement dites, impressions reçues par les extrémités internes, impressions dont la cause agit au sein même du système nerveux) qui se conjuguent pour former le moral

1. *RPMH*, M X, DPDS, § 4, dans *OPC* I, p. 537.
2. *RPMH*, M II, § 4, dans *OPC* I, p. 178.
3. *RPMH*, M III, § 1, dans *OPC* I, p. 202-203.Nous soulignons.

de l'homme. Toutes les parties du système nerveux (système central, centres partiels, nerfs) communiquent étroitement entre elles, agissent et réagissent les unes sur les autres selon des processus complexes et encore assez mal démêlés que Cabanis décrit comme suit :

> Soit que [les] impressions aient été reçues par les extrémités sentantes externes, ou internes; soit que leur cause ait agi dans le sein même de la pulpe cérébrale : elles vont toujours aboutir à un centre de réaction, qui les réfléchit en déterminations, en mouvements, en fonctions, vers les parties auxquelles chacune de ces opérations est attribuée. Cette action et cette réaction peuvent souvent avoir lieu, sans que l'individu en ait aucune conscience. En effet, il en est ainsi toutes les fois que les impressions s'arrêtent dans un centre partiel; à moins que les mouvements qu'elles déterminent, ne deviennent la source d'autres impressions subséquentes, destinées à parvenir jusqu'au centre général et commun : il arrive même que plusieurs de celles-ci qui doivent concourir avec les impressions plus distinctes, transmises par les organes propres des sens, ne soient point aperçues en elles-mêmes, ou comme impressions; mais seulement dans leurs produits, c'est-à-dire, dans les jugements et les volontés raisonnées, qui résultent de leur réunion dans le centre cérébral [1].

On mesure ici toute la distance qui sépare Cabanis de son maître Condillac. En voyant dans la seule sensation fondée sur des impressions externes la source de notre intelligence, celui-ci avait sans doute pu décrire un dispositif fort ingénieux, mais au prix d'une grave mutilation de la réalité. Il est revenu à Cabanis, par la distinction de plusieurs niveaux dans le système nerveux et par l'identification des deux autres types d'impressions, de montrer l'ampleur des matériaux apportés de l'intérieur par nos organes [2], de dégager les premiers éléments d'une exploration de l'inconscient et mettre en évidence l'activité en quelque sorte spontanée du cerveau.

1. *RPMH*, M XI, § 4, dans *OPC* I, p. 607.

2. Garat, dans ses leçons à l'École normale de l'an III, avait rallié cette position en déclarant : « Outre cette organisation extérieure [l'usage des cinq sens], il y en a encore une intérieure qui doit avoir une bien plus grande influence sur la pensée. Que d'hommes dont les sens paraissent absolument les mêmes, et dont la sensibilité est prodigieusement différente. […] Le plus ou moins de sensibilité a ses causes dans l'état physique de nos organes » (*Leçons d'analyse de l'entendement*, *op. cit.*, p. 94-95).

LES MODIFICATIONS DE LA MANIÈRE DE SENTIR ET LEUR INFLUENCE SUR LE MORAL

L'analyse du système nerveux combinée à celle des trois types d'impressions fournit à Cabanis les outils conceptuels qui lui permettent d'étudier les différents facteurs ou phénomènes (âges, sexes, tempéraments, maladies, régimes, climats) susceptibles de modifier l'état de nos organes et de modifier par ce fait même nos manières de sentir, avec ce que cela emporte comme conséquences pour nos idées, nos penchants, nos affections ou nos habitudes.

Les âges

Tout au long de la vie, nos organes et plus largement notre organisation physiologique dans son ensemble sont sujets à de profonds changements : certains organes se développent ou se renforcent avant de s'affaiblir; d'autres comme les organes sexuels ne sortent de leur engourdissement qu'à l'adolescence; le poids relatif des différents foyers de sensibilité ou centres nerveux partiels se modifie à différentes époques de la vie; le caractère des tissus, des solides ou des humeurs évolue avec le temps; le système de la circulation sanguine connaît divers bouleversements.

Cabanis inscrit son analyse dans le cadre des périodes climatériques imaginées par les Anciens : celles-ci étaient scandées par des années de « crise » multiples de 7 et fondées, pense-t-il, non pas sur quelque superstition ou magie arithmétique mais sur des observations mille fois vérifiées. Il distingue ainsi la première enfance puis la seconde inaugurée à 7 ans par la seconde dentition, l'adolescence (14 ans), la jeunesse (21 ans jusqu'à 28 ou plus généralement 35 ans), l'âge mûr (35 ans jusqu'à 49 ou 56 ans), la vieillesse (à partir de 49 ou 56 ans).

La première enfance est ainsi caractérisée par la prédominance du système nerveux central sur les autres centres de sensibilité, par la quantité considérable des vaisseaux, par l'élaboration imparfaite du mucus animal et par une grande irritabilité des muscles. Ces phénomènes physiologiques expliquent que les très jeunes enfants connaissent « des mouvements vifs, rapides, peu durables, mais fréquemment renouvelés » [1] qui ne manquent pas de se traduire par des effets sur le plan moral :

> À ces impressions vives, nombreuses, sans stabilité, doivent correspondre des idées rapides, incertaines, peu durables. Il y a quelque chose de convulsif dans les passions, aussi bien que dans les maladies de l'enfant [2].

1. *RPMH*, M IV, § 6, dans *OPC* I, p. 249.
2. *Ibid.*, p. 251.

Avec la seconde enfance, « le tissu cellulaire est plus élaboré, les solides ont plus de ton » [1], phénomènes à l'origine de *l'âge de raison* qui constitue une véritable « révolution » dans l'ordre du moral :

> Cette époque est [...] la plus décisive pour la culture du jugement : c'est alors que les impressions commencent à se rasseoir, à se régler; que la mémoire, sans avoir perdu de sa facilité à les retenir, commence à mettre mieux en ordre la multitude de celles qu'elle a recueillies, et devient tout ensemble plus systématique et plus tenace; que l'attention [...] acquiert un caractère remarquable de force et de suite; c'est alors aussi qu'il s'établit, entre l'enfant et les êtres sensibles qui l'environnent, des rapports véritablement moraux [2].

L'adolescence est marquée par le développement de la poitrine et des organes sexuels qui interagissent mutuellement et exercent une influence décisive sur l'état moral :

> C'est le moment [...] où l'organe cérébral tout entier reçoit le plus de ces impressions que nous avons dit lui être plus spécialement propres, de celles dont les causes agissent dans son sein même : c'est aussi le moment où l'imagination exerce le plus d'empire : c'est l'âge de toutes les idées romanesques, de toutes les illusions. [...] Alors, toutes les affections aimantes se transforment si facilement en religion, en culte ! On adore les puissances invisibles, comme sa maîtresse; peut-être uniquement parce qu'on adore, ou qu'on a besoin d'adorer une maîtresse; parce que tout remue des fibres devenues extrêmement sensibles, et que cet insatiable besoin de sentir dont on est tourmenté, ne peut toujours se satisfaire suffisamment sur des objets réels [3].

La jeunesse est l'âge où « le système nerveux et les organes musculaires sont montés alors à leur plus haut ton » et où « rien ne résiste à l'énergie du cœur et des vaisseaux artériels ». Aussi est-ce l'âge

> des passions impétueuses et des idées hardies, animées par tous les sentiments de l'espérance [4].

L'âge mûr est le moment où l'on voit la résistance des solides « contrebalancer l'action du système nerveux et l'impulsion des humeurs ». Il en résulte « une révolution presque subite dans la distribution du sang : la pléthore passe des artères aux veines. Alors apparaissent les hémorragies variqueuses ». L'impact sur l'état moral est considérable :

1. *Ibid.*, p. 253.
2. *Ibid.*, p. 253-254.
3. *Ibid.*, § 7, p. 257.
4. *Ibid.*, p. 257-258.

les idées sont plus mesurées et plus réfléchies mais en même temps plus sûres et plus fortes ; les passions sont plus lentes mais plus profondes [1].

Avec l'entrée dans la vieillesse, et même si la physiologie peut expliquer un sentiment tout à fait éphémère de nouvelle jeunesse, la rigidité toujours plus grande des solides et la décomposition des humeurs conduisent à un déclin inexorable. Dès lors, l'esprit devient chaque jour plus lent, le caractère moins entreprenant et la tendance au repli sur soi plus forte.

Les sexes

Comme tous les médecins de son temps, Cabanis connaît l'importance du rôle des organes sexuels dans la sensibilité :

> Les organes de la génération, par leur éminente sensibilité, par les fonctions que la nature leur confie, par le caractère des liqueurs qui s'y préparent, doivent réagir fortement sur l'organe sensitif général, et sur d'autres parties très sensibles comme eux, avec lesquelles ils sont dans des rapports directs de sympathie [2].

De ce constat, il tire deux conséquences nécessaires :

1. la puberté ne peut manquer de produire « une révolution complète dans les habitudes de l'intelligence » [3] ;

2. la différenciation sexuelle entre les hommes et les femmes se traduit par des différences majeures dans les idées et affections morales.

De l'analyse de cette différenciation, il ressort que :

> Tandis que chez l'homme, la vigueur du système nerveux et celle du système musculaire s'accroissent l'une par l'autre, la femme sera plus sensible et plus mobile, parce que la contexture de tous ses organes est plus molle et plus faible [4].

Jusqu'à ce point du raisonnement, eu égard aux connaissances physiologiques de l'époque, la description de Cabanis semble parfaitement recevable. Il est en revanche beaucoup plus difficile de le suivre quand, de la moindre force – essentiellement musculaire – de la femme, il conclut à une faiblesse quasi-ontologique, et de là, à une infériorité naturelle : « Il faut que l'homme soit fort, audacieux, entreprenant ; que la femme

1. *RPMH*, M IV, § 8, dans *OPC* I, p. 259-261.
2. *RPMH*, M V, § 4, dans *OPC* I, p. 284-285.
3. *Ibid.*, § 10, p. 301.
4. *Ibid.*, § 4, p. 284.

soit faible, timide, dissimulée. Telle est la loi de la nature » [1]. Parce qu'elle est plus apte aux travaux d'adresse qu'aux travaux de force, parce qu'elle assure la gestation des enfants, la femme est par nature vouée aux activités sédentaires et domestiques [2]. Inversement, elle n'est faite ni pour les emplois publics [3], ni pour les travaux de l'esprit :

> Si la faiblesse des muscles de la femme lui défend de descendre dans le gymnase et dans l'hippodrome, les qualités de son esprit et le rôle qu'elle doit jouer dans la vie, lui défendent plus impérieusement encore, peut-être, de se donner en spectacle dans le lycée, ou dans le portique [4].

Et si d'aventure elle s'obstine à vouloir cultiver les sciences ou à s'engager dans des « méditations profondes », la femme est, selon le cas, une pédante ridicule [5], une dénaturée [6] ou encore une malade [7].

Le fond de l'affaire, c'est que, du fait de leur physiologie ou, si l'on préfère, de leur nature, les femmes ne sauraient exister par elles-mêmes. En effet,

> le bonheur des femmes dépendra toujours de l'impression qu'elles font sur les hommes : et je ne pense pas que ceux qui les aiment véritablement, pussent avoir grand plaisir à les voir portant le mousquet et marchant au pas de charge, ou régentant du haut d'une chaire, encore moins de la tribune où se discutent les intérêts d'une nation [8].

1. *Ibid.*, § 7, p. 291.

2. « Elle s'est réservé les soins intérieurs de la famille, et ce doux empire domestique, par lequel seul elle devient tout à la fois respectable et touchante » (*Ibid.*, p. 293).

3. « La femme a dû laisser aux hommes les soins extérieurs et les emplois politiques ou civils » (*Ibid.*).

4. *Ibid.*, § 9, p. 298.

5. « Si [les femmes] veulent [...] joindre le triomphe de la science à des victoires plus douces et plus sûres, alors, [...] elles n'acquièrent le plus souvent de la science que la pédanterie et les ridicules. En général, les femmes savantes ne savent rien au fond : elles brouillent et confondent tous les objets, toutes les idées. Leur conception vive a saisi quelques parties : elles s'imaginent tout entendre. Les difficultés les rebutent : leur impatience les franchit. Incapables de fixer leur attention sur une seule chose, elles ne peuvent éprouver les vives et profondes jouissances d'une méditation forte; elles en sont même incapables. » (*Ibid.*).

6. « Pour le petit nombre de celles qui peuvent obtenir quelques succès véritables, dans ces genres tout à fait étrangers aux facultés de leur esprit, [il s'agit d']êtres incertains, qui ne sont, à proprement parler, d'aucun sexe. » (*Ibid.*).

7. « Rien n'est moins rare que de voir [des femmes] acquérir dans leurs accès de vapeurs, une pénétration, un esprit, une élévation d'idées, une éloquence, qu'elles n'avaient pas naturellement : et ces avantages, qui ne sont alors que maladifs, disparaissent quand la santé revient. » (*Ibid.*, § 10, p. 303-304).

8. *Ibid.*, § 9, p. 299.

Leur destinée, la seule perspective « positive » qui leur soit ouverte, réside dans la maternité. Dans la *Lettre à M. T** [Thurot], sur les poèmes d'Homère* qu'il écrit à la fin de sa vie, Cabanis vante la lucidité des Grecs de l'époque archaïque chez qui « la femme est ce qu'elle devrait être partout, ou mère de famille, ou destinée à le devenir » [1].

L'on peut s'interroger sur le paralogisme ainsi opéré par celui qui a été si proche de Condorcet et qui vit alors dans la proximité de Sophie de Condorcet et de sa sœur. Il sait ce que l'auteur de *Sur l'admission des femmes au droit de cité* [2] a écrit sur ce sujet ainsi que sur l'éducation des femmes auxquelles celui-ci se refuse d'interdire les plus hauts degrés de l'instruction dès lors qu'elles manifestent les dispositions adéquates [3]. Il ne peut ignorer non plus que l'auteur de l'*Esquisse d'un tableau historique des progrès de l'esprit humain* a fait valoir que l'« on chercherait en vain des motifs de justifier [une inégalité de droits entre les sexes] par les différences de leur organisation physique, par celles qu'on voudrait trouver dans la force de leur intelligence, dans leur sensibilité morale. Cette inégalité n'a eu d'autre origine que l'abus de la force, et c'est vainement qu'on a essayé depuis de l'excuser par des sophismes » [4]. Il connaît enfin les capacités intellectuelles de Sophie de Condorcet qui a rédigé à son intention les *Lettres sur la sympathie* publiées en 1798 (an VI) en complément de sa traduction de la *Théorie des sentiments moraux* d'Adam Smith. La réponse à cette question se trouve sans doute dans l'hommage appuyé rendu par Cabanis à l'ouvrage de son collègue Pierre Roussel, *Système physique et moral de la femme*, qui exprime un préjugé partagé quasi-unanimement par les médecins de l'époque et qui perdurera tout au long du XIXe siècle et même au-delà [5]. Sur ce point, Cabanis ne fait que partager le consensus qui règne au sein du monde médical.

Les tempéraments

Si la simple observation donne à voir les différences qui existent entre les individus, les différences extérieures (taille, poids, physionomie, etc.) ne sont pas les plus importantes :

1. *OCC* V, t. 5, p. 294.
2. *Œuvres de Condorcet*, Paris Didot, 1847, t. 10, p. 121-130.
3. Dans son premier mémoire sur l'instruction publique en 1790.
4. Dixième époque.
5. Pierre Roussel, *Système physique et moral de la femme, ou Tableau philosophique de la constitution, de l'état organique, du tempérament, des mœurs et des fonctions propres au sexe*, Paris, Vincent, 1775.

> En étudiant l'homme, [...] la connaissance des formes extérieures est peu de choses. Les mouvements les plus importants, les opérations les plus délicates ont lieu dans son intérieur [1].

Les vraies différences sont à chercher dans la manière dont le système nerveux agit, dans l'énergie plus ou moins forte des différents centres de sensibilité et donc dans le poids relatif de chacun par rapport aux autres, dans la dimension ou l'activité plus ou moins grande des organes (cerveau, poumon, cœur, foie, organes sexuels, etc.) assurant les fonctions les plus déterminantes :

> Chacun de nous a son organe fort et son organe faible ; certaines fonctions prédominent toujours sur les autres [2].

C'est sur cette base que Cabanis recompose la doctrine des tempéraments élaborée en leur temps par les Anciens. Il reprend, mais en en modifiant les fondements à la lumière des progrès de la médecine, la classification traditionnelle (sanguins, bilieux, pituiteux ou flegmatiques, mélancoliques) et y ajoute deux tempéraments supplémentaires : celui qui voit le système cérébral l'emporter sur le système musculaire et qui se traduit par une propension aux travaux de l'esprit ; celui qui, à l'inverse, voit les forces motrices l'emporter sur la sensibilité et qui produit des hommes aux « vues bornées » et aux « volontés brutales ». À chacun de ces tempéraments est naturellement attaché un état « moral » propre, avec ses tournures d'esprit, ses penchants et ses comportements.

Bien entendu, aucun des tempéraments ainsi définis n'existe à l'état « pur ». Il ne s'agit là que d'abstractions : la réalité est toujours plus « mélangée » que ne le sont les modèles théoriques, ce qui est parfaitement cohérent avec ce que Cabanis a dit dans ses écrits précédents de l'idiosyncrasie des individus. Cela est d'autant plus vrai qu'il faut se garder de toute conception « fixiste » desdits tempéraments. En effet, si chaque homme naît doté d'un tempérament, fruit de son hérédité et de la période de sa gestation, celui-ci est susceptible d'évoluer :

> L'observation nous apprend que le tempérament peut [...] être modifié jusqu'à un certain point, par les circonstances de la vie ; c'est-à-dire, par le régime, en prenant ce mot dans le sens le plus étendu [3].

Ce point est repris et développé dans le douzième mémoire où sont distingués le tempérament *naturel* qui naît avec l'individu et le

1. *RPMH*, M VI, § 1, dans *OPC* I, p. 320.
2. *Ibid.*, § 5, p. 333.
3. *Ibid.*, § 11, p. 354-355.

tempérament *acquis* qui est dû à la fréquente répétition d'impressions et de mouvements causés par la maladie, le climat, le régime, les travaux habituels du corps ou de l'esprit [1].

Les maladies

La simple observation témoigne du fait que la maladie, qu'il s'agisse de l'inflammation ou de la lésion d'un organe, du dérèglement d'une fonction ou d'un déséquilibre trop marqué entre les différents centres de sensibilité, modifie notre manière de sentir et influence en conséquence nos idées, nos goûts, nos penchants ou nos affections. Ainsi, suivant Cabanis, l'inflammation lente des ovaires et de la matrice provoque-t-elle la nymphomanie qui transforme « la pudeur la plus délicate en une audace furieuse, dont n'approche même pas l'effronterie de la prostitution » [2].

Néanmoins, « comme les affections propres au système nerveux ont l'effet le plus direct et le plus étendu sur les dispositions de l'esprit et sur les déterminations de la volonté » [3], elles méritent une analyse particulière, éclairée par les relations mises au jour entre le cerveau et les trois principaux foyers partiels ou secondaires de sensibilité [4]. Ainsi, avec les maladies affectant la région phrénique, « toute attention deviendra fatigue : les idées s'arrangeront avec peine, et souvent elles resteront incomplètes : les volontés seront indécises et sans vigueur, les sentiments sombres et mélancoliques » [5]. Avec les maladies affectant la région hypocondriaque, les idées acquièrent « un caractère fixe et opiniâtre » accompagnées de « passions tristes et craintives » [6]. Ceux qui en souffrent ont une propension à la méditation, mais sont souvent victimes d'une imagination trop vive. Quant aux maladies affectant les organes sexuels, on sait combien elles peuvent retentir sur le moral :

> Souvent l'énergie, ou la faiblesse de l'âme, l'élévation du génie, l'abondance ou l'éclat des idées; ou leur absence presque absolue,

1. « Si [...] les causes de certaines impressions agissent assez fréquemment, ou durant un temps assez long, sur le système, elles pourront changer ses habitudes ou celles de ses organes; elles pourront conséquemment introduire les dispositions accidentelles, ou les tempéraments nouveaux, que ces habitudes constituent. Telle est la véritable source des *tempéraments acquis*. » (*RPMH*, M XII, § 1, dans *OPC* I, p. 618).
2. *RPMH*, M VII, § 2, dans *OPC* I, p. 362.
3. *Ibid.*, § 4, p. 366.
4. « Dans l'état le plus naturel, les trois foyers secondaires [...] exercent une influence considérable sur le cerveau. » (*Ibid.*, § 3, p. 365).
5. *Ibid.*, § 5, p. 369.
6. *Ibid.*, p. 371-372.

> et l'impuissance des organes intellectuels, dépendent uniquement et directement de l'état d'excessive activité, de langueur, de désordre où se trouvent ceux de la génération. [...] Les catalepsies, les extases, et tous les accès d'exaltation, qui se caractérisent par des idées et par une éloquence au-dessus de l'éducation et des habitudes de l'individu, tiennent le plus souvent aux spasmes des organes de la génération [1].

Le régime

Par *régime*, il faut entendre beaucoup plus que les habitudes alimentaires. Sous ce terme sont comprises l'ensemble des habitudes « physiques », c'est-à-dire aussi bien l'hygiène de vie, que les exercices du corps, les habitudes de travail, de repos ou de sommeil, l'usage éventuel d'excitants [2] ou de narcotiques, soit autant de situations ou de pratiques qui, poursuivies ou répétées dans le temps, sont de nature à « influer sur toutes les circonstances dont l'état physique se compose », à modifier les dispositions des organes et donc leur manière de sentir. Cabanis souligne que les fondateurs d'ordres religieux l'avaient parfaitement compris, eux qui « par des pratiques de régime plus ou moins heureusement combinées, s'efforcèrent d'approprier les esprits et les caractères au genre de vie dont ils avaient conçu le plan » [3]. Le travail, dont les vertus ont été vantées dans l'ouvrage sur les *Secours publics*, est à nouveau mis en valeur en ce qu'il invite à cultiver la raison et à rechercher la vérité :

> Les observateurs de tous les siècles ont considéré le travail, non seulement comme le conservateur des forces corporelles et de la santé, comme la source de toutes les richesses particulières, ou publiques; mais aussi comme le principe du bon sens et des bonnes mœurs, comme le véritable régulateur de la nature morale. Les hommes laborieux se distinguent par les habitudes de la raison, de l'ordre et de la probité [4].

Les climats

Tout comme le régime, le climat ne doit pas être entendu au sens étroit mais doit comprendre « l'ensemble des circonstances physiques attachées à chaque local » [5], c'est-à-dire tout ce qui forme ce qu'on pourrait appeler

1. *Ibid.*, p. 370.
2. Cabanis rappelle ainsi que le café est parfois qualifiée de « boisson intellectuelle » (*RPMH*, M VIII, § 13, dans *OPC* I, p. 438).
3. *Ibid.*, § 4, p. 397.
4. *Ibid.*, § 16, p. 449.
5. *RPMH*, M IX, § 2, dans *OPC* I, p. 465.

la géographie physique et humaine d'un territoire. À chaque lieu et donc à chaque peuple ou groupement humain sont attachées des impressions récurrentes qui génèrent des habitudes, modifient progressivement la sensibilité et vont jusqu'à s'inscrire dans ce que Cabanis appelle la « race » :

> Des causes fixes et constantes, comme l'est en particulier le climat, agissent sans relâche sur les générations successives, et toujours dans le même sens ; et les enfants recevant de leurs pères les dispositions acquises aussi bien que les dispositions originelles, il est impossible que les races échappent à cette influence des causes, qui s'exercent durant des espaces de temps illimités, quelque faible qu'on suppose leur action à chaque instant [1].

Ainsi les climats chauds favorisent-ils la sensibilité au détriment des forces motrices tandis que les climats froids se manifestent « par la grande prédominance de la faculté de mouvement sur celle de la sensation » [2]. De ce fait, la sensibilité se dégrade en *excès* dans les régions équatoriales comme elle se dégrade en *défaut* dans les régions polaires. En revanche,

> les climats tempérés, les terrains coupés de coteaux, arrosés d'eaux vives, couverts de vignobles ou d'arbres à fruits, et dont le sol, tout à la fois fertile et léger, est naturellement revêtu de verdure et de doux ombrages, sont les plus propres à développer et à fixer dans les races le tempérament heureux […] caractérisé par l'aisance et la liberté de toutes les fonctions, par la tournure heureuse de tous les penchants et de toutes les idées [3].

Manières de sentir et vérité

Le caractère « mobile » qui affecte nos manières de sentir est, avons-nous dit, un problème pour une doctrine qui réfère toutes nos connaissances à la sensation. En examinant tout ce qui peut modifier celle-ci, Cabanis résout la difficulté en faisant valoir que la sensibilité la plus « vraie » se tient dans une position moyenne, ennemie de tout excès en plus ou en moins. L'étude des tempéraments est particulièrement éclairante à ce sujet : si six types ont été identifiés, le « meilleur » (qui n'existe pas réellement dans la nature car il s'agit d'un modèle idéal et abstrait, comme les Anciens l'avaient déjà soutenu), celui qui nous met

1. *RPMH*, M IX, § 6, dans *OPC* I, p. 476.
2. *Ibid.*, § 7, p. 479.
3. *Ibid.*, § 8, p. 482.

dans les dispositions les plus favorables pour connaître, vouloir et être heureux, se caractérise, à la différence de chacun des six, par le fait que

> toutes les forces, tous les organes, toutes les fonctions doivent s'y trouver dans un équilibre parfait [1].

Il en va de même dans l'étude des âges, des sexes, des maladies, des régimes et des climats : c'est dans l'état du plus juste équilibre que nos organes sensitifs sont dans la meilleure situation pour observer et analyser.

1. *RPMH*, M VI, § 11, dans *OPC* I, p. 353.

CHAPITRE VI

LE PHYSIQUE ET LE MORAL DE L'HOMME : 2. LE CERCLE DU PHYSIQUE ET DU MORAL (1800-1805)

À compter du dixième mémoire, Cabanis entreprend de recomposer les éléments qu'il a préalablement décomposés. Mais, ce faisant, on assiste à une inflexion quant à la présentation du physique et du moral : jusqu'à présent, le moral n'était *que le physique envisagé sous un autre point de vue*; désormais, est mise en scène *l'influence réciproque du physique sur le moral et du moral sur le physique*. Ce changement d'approche n'est pas anodin et soulève évidemment un problème : s'il y a influence réciproque, peut-on encore dire que le physique et le moral ne sont que deux *points de vue* et n'introduit-on pas une dualité là où s'affichait une unité? Comme l'écrit S. Besançon, « on ne voit pas dès lors comment l'un peut agir sur l'autre s'ils sont la même chose, s'il n'y a qu'illusion à vouloir absolument les séparer » [1]. On retrouve là le problème auquel avait été confronté Descartes, mais de façon strictement inversée : en définissant l'esprit et la matière comme deux substances radicalement hétérogènes, celui-ci avait dû résoudre la question du « vrai homme », c'est-à-dire de l'union de l'âme et du corps, et recourir notamment à la fameuse « glande pinéale ». À l'inverse, le monisme physiologique de Cabanis, bien qu'il se veuille radical, ne dispense pas ce dernier de s'interroger sur ce qui relève du physique et ce qui relève du moral et sur la façon dont ces deux dimensions s'articulent l'une l'autre.

Il y a là de toute évidence une difficulté à lever, mais il importe au préalable de montrer ce que recouvre cette influence réciproque du physique et du moral.

1. Serge Besançon, *La Philosophie de Cabanis*, *op. cit.*, p. 35.

L'INFLUENCE RÉCIPROQUE DU PHYSIQUE ET DU MORAL

Que le physique influence le moral et que cette influence soit pour une large part inconsciente ou, pour parler comme Cabanis, « soustraite à l'empire du moi » parce qu'elle trouve sa source dans des impressions internes et non pas dans des « sensations », les neuf premiers mémoires l'ont abondamment illustré. Ainsi,

> La manière dont la circulation marche, dont la digestion se fait, dont la bile se filtre, dont les muscles agissent, dont l'absorption des petits vaisseaux se conduit : tous ces mouvements, auxquels la conscience et la volonté de l'individu ne prennent aucune part, et qui s'exécutent sans qu'il en soit informé, modifient cependant d'une manière très sensible et très prompte, tout son être moral, ou l'ensemble de ses idées et de ses affections [1].

Mais, que la réciproque soit vraie, c'est aussi un *fait général* que chacun peut *observer* sur lui-même ou sur ses semblables et dont de nombreux auteurs, tant physiologistes que moralistes, se sont fait l'écho. Parmi mille exemples, Cabanis cite celui-ci :

> Un homme vigoureux et sain vient de faire un bon repas : au milieu de ce sentiment de bien-être que répand alors dans toute la machine, la présence des aliments au sein de l'estomac, leur digestion s'exécute avec énergie ; et les sucs digestifs les dissolvent avec aisance et rapidité. Cet homme reçoit-il une mauvaise nouvelle ? ou des passions tristes ou funestes viennent-elles à s'élever tout-à-coup dans son âme ? aussitôt son estomac et ses intestins cessent d'agir sur les aliments qu'ils renferment. Les sucs eux-mêmes, par lesquels ces derniers étaient déjà presqu'entièrement dissous, demeurent comme frappés d'une mortelle stupeur : et tandis que l'influence nerveuse qui détermine la digestion, cesse entièrement, celle qui sollicite l'expulsion de ses résidus acquérant une plus grande intensité, toutes les matières contenues dans le tube intestinal, sont chassées au-dehors en peu de moments [2].

Ce *fait général* constitué par l'influence du moral sur le physique tient à l'action du centre cérébral qui est pour Cabanis, rappelons-le, un viscère entretenant un rapport d'actions/réactions avec les autres organes. Sa fonction propre est de produire la pensée et la volonté, c'est-à-dire des jugements, parfois justes, souvent erronés. En effet, dans la volonté comme dans la pensée,

1. *RPMH*, M X, DPDS, § 4, dans *OPC* I, p. 536.
2. *RPMH*, M XI, § 2, dans *OPC* I, p. 604.

il y a toujours un jugement, soit actuel, soit d'habitude, même dans les volontés affectives que la raison réprouve [1].

Au total, le jeu d'influence réciproque du physique sur le moral et du moral sur le physique forme ce que Cabanis qualifie de « cercle ». Il faut cependant noter ici un point important : Cabanis définit le centre cérébral à la fois comme un organe comme un autre et comme un organe présentant des particularités qui lui confèrent un statut éminent. C'est un organe comme un autre car « les idées, les penchants instinctifs, les volontés raisonnées, et toutes les affections quelconques se forment par un mécanisme parfaitement analogue à celui qui détermine les opérations et les mouvements organiques les plus simples » [2]. Mais c'est aussi un organe particulier, à deux titres :

1. C'est lui qui diffuse l'influence nerveuse et donc la vie dans l'ensemble des organes :

> Le système cérébral va, par ses extrémités, animer tous les points du corps. Il est présent partout ; il gouverne tout ; il sent, fait agir et modifie les parties vivantes ; il les régénère même quelquefois. [...] Il est [...] le tronc et le lien commun de toutes les parties, le réservoir et le distributeur de la sensibilité générale [3].

2. Il est le « guide de l'individu » [4], en ce qu'il est l'organe par lequel s'exercent le jugement et les déterminations ou volontés qui commandent à nos actions. Aussi exerce-t-il « une puissance très étendue sur toutes les parties de la machine vivante » [5].

Qu'en est-il dans ces conditions de la difficulté identifiée plus haut : en mettant en lumière l'influence du moral sur le physique et la réciprocité de l'action de l'un sur l'autre, Cabanis bascule-t-il subrepticement du monisme physiologique dont il se revendiquait jusque-là dans une forme plus ou moins avouée de dualisme ? Pour lui, la réponse à cette question est clairement négative dans la mesure où tout se résout dans les « mouvements vitaux » c'est-à-dire dans le jeu d'actions/réactions des différents organes. Même s'il présente des particularités et confère à l'homme un rang supérieur au sein de la nature, le cerveau humain n'est qu'un viscère parmi d'autres appelé à remplir son office (produire la pensée et les déterminations subséquentes) en influençant les autres

1. *Ibid.*, § 1, p. 602.
2. *Ibid.*, § 3, p. 605.
3. *Ibid.*, p. 606.
4. *Ibid.*
5. *Ibid.*, § 8, p. 616.

organes tout en étant influencé par eux. La conclusion du onzième mémoire est tout à fait explicite à cet égard :

> Nous ne pouvons donc plus être embarrassés à déterminer le véritable sens de cette expression, *Influence du Moral sur le Physique* : nous voyons clairement qu'elle désigne cette même influence du système cérébral, comme organe de la pensée et de la volonté, sur les autres organes dont son action sympathique est capable d'exciter, de suspendre et même de dénaturer toutes les fonctions. *C'est cela ; et ce ne peut être rien de plus* [1].

Il est donc parfaitement « chimérique » [2] d'isoler les opérations de l'organe producteur de la pensée des opérations des autres organes : elles s'influencent mutuellement et toutes nos pensées, tous nos penchants, toutes nos affections comme toutes nos actions et autres mouvements organiques sont *en même temps* et de l'ordre du physique et de l'ordre du moral. Les uns et les autres trouvent leur source dans un *principe unique* qui rend en fin de compte artificielle la distinction du physique et moral : une telle distinction est seulement le fruit d'une abstraction effectuée par un esprit analytique soucieux de faire ressortir les deux faces d'une même réalité :

> La langue philosophique ne distingue ces deux modifications du physique et du moral, que parce que les observateurs, pour ne pas tout confondre dans leurs premières analyses, ont été forcés de considérer les phénomènes de la vie sous deux points de vue différents [3].

Cette abstraction est certainement nécessaire pour connaître l'homme et comprendre comment il exerce ses facultés mais elle n'est qu'une abstraction. Dans son langage, qui est celui de l'Idéologie rationnelle et non pas physiologique, Destutt de Tracy ne dit pas autre chose :

1. « Ces deux phénomènes [la faculté de penser et celle de se mouvoir], nous pouvons bien les diviser *par la pensée* pour examiner séparément et successivement les effets de l'un et de l'autre, mais dans la réalité, ils sont inséparables » [4].

2. De plus, leur origine est commune, car la faculté de penser « ne peut exister » sans la faculté de se mouvoir. En effet, « il est certain que nous ne pouvons concevoir aucune perception produite en nous, même la plus intellectuelle, sans un mouvement quelconque opéré dans nos organes. Ainsi, à prendre les choses telles qu'elles sont, nous ne devons regarder l'action de penser ou sentir que comme *un effet particulier* de l'action de

1. *RPMH*, M XI, § 8, dans *OPC* I, p. 616. Nous soulignons.
2. *RPMH*, M X, DPDS, § 11, dans *OPC* I, p. 552.
3. *RPMH*, M VI, introduction, dans *OPC* I, p. 317.
4. DdT, *Idéologie proprement dite, OC* III, p. 194. Nous soulignons.

nous mouvoir, et la faculté de penser que comme *une dépendance* de la faculté de nous mouvoir » [1].

La mise en évidence du cercle du physique et du moral ainsi compris est décisive car elle permet à Cabanis de reprendre à nouveaux frais l'analyse de plusieurs phénomènes jusqu'ici mal démêlés à ses yeux, tels que l'instinct, la sympathie, la folie ou le sommeil. Elle lui permet aussi d'esquisser sa doctrine de la perfectibilité qui est présente en filigrane dans tout l'ouvrage. Ce sont ces différents points qu'il convient d'éclairer.

L'Instinct

Condillac, on le sait, définissait l'instinct comme « un commencement de connaissance », mobilisant à ce titre la comparaison et le jugement. Il y entrait en conséquence un minimum de réflexion qui, à force d'être répétée, formait une habitude oublieuse du raisonnement qui se trouvait à son origine [2]. Cabanis rejette cette conception qui témoigne d'une méconnaissance et d'une sous-estimation des phénomènes physiologiques et porte implicitement une métaphysique dualiste : en effet, si l'on considère que l'instinct relève d'une forme fruste ou « mal démêlée » du raisonnement, « il est évident qu'alors les mouvements vitaux, tels que la digestion, la circulation, les sécrétions des différentes humeurs, etc., doivent dépendre d'un autre principe d'action » [3].

Pour lui, l'instinct n'est le fruit d'aucun raisonnement fondé sur nos sensations ou impressions externes. Il trouve sa source dans nos impressions internes, non conscientes mais fréquemment répétées. C'est dans le ventre de sa mère que le foetus acquiert les instincts primitifs fondamentaux :

– ainsi, les impressions internes et mouvements propres au système nerveux et au système de la circulation sanguine « doivent engendrer bientôt, par leur répétition continuelle, la première, la plus constante et la plus forte des habitudes de l'instinct, celle de la *conservation* » [4].

– les impressions internes et mouvements associés au système digestif et leur fréquente répétition portent l'instinct de *nutrition*.

– les impressions internes associées aux mouvements incessants de contraction et d'extension qui caractérisent toute matière vivante et en particulier les fibres musculaires portent l'instinct de *mouvement*.

1. *Ibid.* Nous soulignons.
2. Condillac, *Traité des animaux*, seconde partie, chap. v.
3. *RPMH*, préface, dans *OPC* I, p. 113.
4. *RPMH*, M X, DPDS, § 8, dans *OPC* I, p. 543.

Après la naissance de l'enfant, une seconde classe d'instincts, fondés eux aussi sur la répétition d'impressions internes et non conscientes, se forment parallèlement au développement et à l'activité de certains organes, tels que les organes de la génération. Ainsi l'instinct *maternel*, qu'on ne saurait, nous dit Cabanis, « rapporter aux leçons du jugement », doit-il être rattaché « aux impressions déjà reçues dans la matrice, à l'état des mamelles, à la disposition sympathique où se trouve tout le système nerveux, par rapport à ces organes éminemment sensibles » [1].

Il va de soi que ces déterminations instinctives ont une forte influence sur nos idées et nos penchants : « Les opérations de l'organe pensant sont toutes nécessairement modifiées par les déterminations et les habitudes générales, ou particulières de l'instinct » [2]. Mais conformément au cercle du physique et du moral, la réciproque est tout aussi certaine. Chez l'homme, la puissance du cerveau fait que « les résultats de l'instinct se mêlent avec ceux du raisonnement » [3]. Même chez le foetus, qui est pourtant essentiellement dominé par les impressions internes constitutives des instincts primitifs, l'organe cérébral commence à agir en propre : en exécutant des mouvements qui, dans le ventre de la mère, rencontrent une résistance, il perçoit une impression que l'on peut assimiler à une *sensation* (au sens de Cabanis), même si elle n'est pas causée par un objet extérieur :

> Ainsi, lorsqu'il arrive à la lumière, le foetus porte déjà dans son cerveau, les premières traces des notions fondamentales, que ses rapports avec tout l'univers sensible, et l'action des objets sur les extrémités nerveuses, doivent successivement y développer. Déjà, cet organe central, où vont aboutir les impressions, et d'où partent les déterminations ; cet organe, qui ne diffère des autres centres nerveux partiels, que parce que la volonté y réside, ou s'y produit à chaque instant, a reçu plusieurs modifications *qui commencent à le faire sortir des simples appétits de l'instinct* [4].

Quant aux tendances instinctives acquises après la naissance « elles se ressentent beaucoup plus du mélange et de l'influence des impressions relatives à l'univers extérieur, lesquelles sont recueillies par les sens » [5] et donc de l'activité cérébrale.

Ainsi chez l'homme, les instincts participent à la fois des fonctions organiques et des opérations de l'intelligence et forment « une espèce

1. *RPMH*, M II, § 5, dans *OPC* I, p. 185-186.
2. *RPMH*, M X, DPDS, § 11, dans *OPC* I, p. 553.
3. *RPMH*, M II, § 5, dans *OPC* I, p. 188.
4. *RPMH*, M X, DPDS, § 10, dans *OPC* I, p. 547. Nous soulignons.
5. *RPMH*, DI, § 2, dans *OPC* I, p. 560.

d'intermédiaire » [1] entre les deux : d'un côté, ils résultent d'« impressions internes absolument indépendantes à leur origine, de celles que reçoivent les organes des sens proprement dits », de l'autre, ils peuvent être modifiés « jusqu'à un certain point, par le jugement et par la volonté » [2].

La sympathie

On connaît la fortune qu'a connue tout au long du XVIII e siècle la notion de sympathie [3]. Elle est alors investie sous de multiples formes aussi bien par la physique, la chimie et la médecine que par la littérature ou la philosophie morale. Les Lumières écossaises lui accordent une fonction centrale dont la *Théorie des sentiments moraux* d'Adam Smith constitue l'expression la plus aboutie. En dépit de la médiocrité des deux premières traductions [4], l'ouvrage recueille un large écho en France et fait l'objet de débats au sein même du salon des Condorcet. Tandis que son mari travaille à des commentaires sur l'autre grand ouvrage de Smith, l'*Enquête sur la nature et les causes de la richesse des nations*, Sophie de Condorcet entreprend dans les premières années de la Révolution une nouvelle traduction de la *Théorie des sentiments moraux* qu'elle accompagne de remarques critiques sous la forme de huit *Lettres sur la sympathie*. L'ensemble (la traduction et les huit lettres) est sinon achevé du moins très avancé dès 1792, puis révisé trois ans plus tard avant d'être publié au début de l'an VI (1798) [5]. Les *Lettres* sont adressées à « mon cher C*** » qui n'est autre que Cabanis [6]. Sophie de Condorcet conteste le point de départ de l'analyse de Smith :

> [celui-ci]s'est borné à remarquer l'existence [de la sympathie], et à en exposer les principaux effets : j'ai regretté qu'il n'eût pas osé remonter

1. *RPMH*, préface, dans *OPC* I, p. 113.
2. *RPMH*, M X, DI, § 2, dans *OPC* I, p. 562.
3. Voir notamment *Les Discours de la sympathie*, sous la dir. de Thierry Belleguic, Jean-Pierre Cléro, Éric Van der Schueren et Sabrina Vervacke, Paris, Hermann, 2014, 2 vol.
4. En 1764 par M.-A. Eidous et en 1774 par l'abbé Blavet.
5. *Théorie des sentiments moraux ou Essai analytique sur les principes des jugemens que portent naturellement les hommes*...suivi d'une *Dissertation sur l'origine des langues*, par Adam Smith, trad. de l'anglais par S. Grouchy, V e Condorcet. Elle y a joint *Huit lettres sur la sympathie*. Paris, F. Buisson, an VI-1798, 2 vol.
6. Cette attribution est reconnue par la plupart des historiens et commentateurs. Quelques-uns ont plutôt voulu voir dans C*** l'initiale de Condorcet, mais si c'était le cas on ne comprendrait pas pourquoi Sophie de Condorcet parle de son défunt mari à la troisième personne lorsqu'elle cite dans la septième lettre « un philosophe plus sage encore que célèbre ».

> plus haut; pénétrer jusqu'à sa première cause; montrer enfin comment elle doit appartenir à tout être sensible, et susceptible de réflexion [1].

En effet, là où Smith voit avant tout dans la sympathie un mécanisme ou un opérateur qui, en mobilisant l'imagination, permet à chacun de se mettre fictivement à la place d'autrui et de se représenter ce que ce dernier ressent (ou devrait ressentir), Sophie de Condorcet la définit comme une disposition naturelle enracinée dans nos sensations physiques :

> Les premières causes de la sympathie dérivent de la nature des sensations qui nous font éprouver le plaisir et la douleur, et [...] c'est d'abord comme êtres sensibles que nous sommes susceptibles de sympathie pour les maux physiques, les maux les plus communs parmi les hommes [2].

Cabanis reprend à son compte les critiques de sa belle-sœur [3], même si l'angle d'attaque du médecin philosophe est nécessairement différent de celui de la moraliste [4]. Après avoir rappelé que, suivant une loi générale de la nature, les parties de la matière tendent les une vers les autres et que « les matières vivantes ont une affinité d'autant plus forte [...] qu'elles sont déjà plus complètement animalisées » [5], Cabanis fait valoir que la sympathie (dans laquelle il fait entrer aussi bien les attractions que les répulsions animales [6]), non seulement relève de l'instinct, mais est « en

1. Condorcet (Sophie de), Les *Lettres sur la sympathie* (1798) de Sophie de Grouchy : philosophie morale et réforme sociale, sous la direction de Marc André Bernier et Deidre Dawson, Oxford, Voltaire Foundation, 2010, p. 30. Cette édition est suivie de plusieurs études très éclairantes.

2. *Ibid.*, p. 36-37.

3. « Les tendances sympathiques ont pu tromper facilement les observateurs les plus attentifs et les plus exacts. La grande difficulté d'en rapporter les effets à leur véritable cause, a pu faire penser que des facultés inconnues étaient nécessaires pour faire concevoir de tels phénomènes. Ces tendances sont en effet, alors, ce qu'on entend par la *sympathie morale* : principe célèbre dans les écrits des philosophes écossais; dont Hutcheson avait reconnu la grande puissance sur la production des sentiments; dont Smith a fait une analyse pleine de sagacité, mais cependant incomplète, faute d'avoir pu le rapporter à des lois physiques; et que Mme Condorcet, par de simples considérations rationnelles, a su tirer, en grande partie, du vague où le laissait encore la *Théorie des sentiments moraux* » (*RPMH*, M X, DS, § 6, dans *OPC* I, p. 575-576).

4. Cabanis souligne cette différence quand à la fin du chapitre consacré à la sympathie, il écrit : « Nous ne pousserons pas plus loin cette analyse. Au point où nous la laissons, elle rentre dans le domaine de l'idéologie et de la morale : c'est à ces sciences qu'il appartient de la terminer » (*Ibid.*, p. 578). Destutt de Tracy prolongera l'analyse dans la deuxième partie (*Morale)* de la seconde section des *Éléments d'Idéologie* (Voir DdT, *OC* VI, p. 270-273).

5. *RPMH*, M X, DS, § 1, dans *OPC* I, p. 563.

6. « Je ramène la sympathie et l'antipathie à un seul et même principe. Elles dépendent en effet de la même cause; elles obéissent aux même lois » (*RPMH*, préface, dans *OPC* I, p. 114).

quelque sorte, l'instinct lui-même » [1]. Il veut dire par là que la sympathie trouve son origine dans des impressions internes répétées au cours de la gestation et qu'elle est spécifique à chaque espèce animale, en fonction de son organisation, des conditions de sa formation, de ses besoins et de son environnement :

> Accru, modifié, dénaturé par les besoins, cet instinct suit toutes les directions, prend tous les caractères, parcourt tous les degrés et toutes les nuances, depuis le doux et vif penchant social de l'homme, de l'abeille, de la fourmi, jusqu'à l'isolement volontaire et farouche du sanglier, jusqu'à l'insatiable fureur du tigre [2].

Mais, en vertu du cercle du physique et du moral, la sympathie ne peut manquer, dans les espèces dotées d'intelligence (et, a fortiori, chez l'homme, espèce tenue par Cabanis pour la mieux pourvue à cet égard), de « s'élever au-dessus du pur instinct », d'aller au-delà des « simples attractions animales » [3]. Sous l'influence de nos jugements, issus de la mise en relation de nos multiples impressions externes ou sensations, la sympathie acquiert une dimension morale et fait que nous partageons les idées et affections de tout être auquel nous supposons une faculté de sentir identique à la nôtre ou même simplement proche de la nôtre. Ainsi la sympathie dérive-t-elle « du sentiment du moi, de la conscience, au moins vague de la volonté » [4]. Elle est susceptible de se muer en un « sentiment très réfléchi » [5] qui gouverne aussi bien nos passions bienveillantes et désintéressées que notre désir de faire partager aux autres nos propres idées et affections ou encore d'agir sur leur volonté.

En définitive, la sympathie apparait chez l'homme à la croisée des attractions animales primitives, d'une part, et des affections raisonnées, d'autres part. Cette subordination mutuelle ou réciproque est d'autant plus forte que l'homme

> a reçu plus de culture, qu'il vit sous un régime social plus avancé : de sorte que bientôt, on ne peut plus séparer ce qui est simplement organique dans la sympathie, de ce que viennent y mêler sans cesse les relations de l'individu avec ses semblables, et avec tous les êtres de l'univers [6].

1. *RPMH*, M X, DS, § 2, dans *OPC* I, p. 565.
2. *Ibid.*
3. *Ibid.*, § 3, p. 568.
4. *Ibid.*
5. *Ibid.*, p. 569.
6. *Ibid.*, § 6, p. 575.

Pour Cabanis, l'erreur de la plupart des philosophes a été de mal mesurer cette subordination mutuelle en attribuant selon le cas « trop, ou trop peu, soit au jugement, soit à l'instinct »[1]. Erreur que n'a pas commise Sophie de Condorcet qui, partie de la sympathie en tant que disposition enracinée dans la sensibilité physique, avait montré comment la réflexion conduit à l'idée de bien ou de mal moral puis à l'idée du juste et de l'injuste. Ainsi entendue, la sympathie permet d'opérer une distinction entre les hommes ouverts aux autres ou bienveillants et les hommes égoïstes ou malveillants tout comme entre les grands hommes et les grands scélérats :

> Les grands hommes et les grands scélérats, doués également de cette énergie dans leurs passions, sans laquelle ils n'eussent été que des hommes ordinaires, diffèrent surtout en ce que les uns sont éminemment doués de la faculté de sympathie, ou de ce qu'on appelle *sensibilité morale*, et que les autres en sont plus ou moins dépourvus[2].

LA FOLIE

Depuis toujours, la définition de la folie avait navigué entre deux pôles : désordre de l'âme ou, au contraire, désordre du corps. Le XVIIIe siècle n'échappe pas à la règle : d'un côté les approches qu'on pourrait dire « psychologiques » comme celle de Condillac, pour qui la folie consiste « dans une imagination qui, sans qu'on soit capable de le remarquer, associe des idées de manière tout à fait désordonnée, et influe quelquefois dans nos jugements ou dans notre conduite »[3] ; de l'autre, les approches qu'on pourrait dire « organicistes » dont Pinel rappelle le caractère largement dominant (mais auxquelles il s'oppose) : « L'aliénation de l'entendement est généralement regardée comme le produit d'une lésion organique du cerveau, et par conséquent comme incurable »[4]. Ayant renouvelé la problématique du physique et du moral chez l'homme, Cabanis renouvelle par là même la compréhension de la folie, d'une part en dépassant l'antagonisme traditionnel entre psychogénèse et organogénèse, d'autre part en identifiant plusieurs formes de folies et donc de traitements.

1. *RPMH*, M X, DS, § 6, dans *OPC* I, p. 575.
2. *Lettres à M. T*** [Thurot], sur les poèmes d'Homère*, dans *OCC*, t. 5, p. 315.
3. Condillac, *Essai sur l'origine des connaissances humaines*, I, 2, 9, § 86.
4. Philippe Pinel, *Traité médico-philosophique sur l'aliénation mentale, ou la manie*, Paris, Richard, Caille et Ravier, an IX, p. 3.

Désordre du jugement et de la volonté, la folie consiste dans « la prédominance invincible d'un certain ordre d'idées, et dans leur peu de rapport avec les objets externes réels » [1]. Mais, dès lors qu'il a été identifié par Cabanis plusieurs sortes d'impressions, chacune étant susceptible de souffrir de désordres, il existe nécessairement plusieurs familles de folies.

1. Un premier type peut tenir aux impressions *externes*, c'est-à-dire à la défaillance d'un ou de plusieurs des cinq sens, soit parce qu'il est ou sont eux-mêmes lésés, soit parce que d'autres organes malades en « sympathie » avec lui ou avec eux perturbent leur fonctionnement, soit enfin en raison de « certaines affections » du système nerveux, comme celle dont fut victime Pascal lors de son accident au pont de Neuilly. À vrai dire, ce genre d'écarts mérite à peine le nom de folie dans la mesure où il est généralement assez aisé de s'en défaire, le ou les sens défaillants pouvant être facilement corrigés par les autres ou guérir d'eux-mêmes avec le temps.

2. Beaucoup plus importante est la folie qui trouve sa source dans les impressions *internes* exercées sur le cerveau par un organe malade et tout particulièrement par un dérèglement des organes de la génération :

> Il est notoire que dans certaines dispositions des organes internes, et notamment des viscères du bas-ventre, on est plus, ou moins capable de sentir et de penser. Les maladies qui s'y forment, changent, troublent et quelquefois intervertissent entièrement l'ordre habituel des sentiments et des idées. Des appétits extraordinaires et bizarres se développent; des images inconnues assiègent l'esprit; des affections nouvelles s'emparent de notre volonté. [...] Puisque l'état des viscères du bas-ventre peut intervertir entièrement l'ordre des sentiments et des idées, il peut donc occasionner la folie, qui n'est autre chose que le désordre, ou le défaut d'accord des impressions ordinaires : c'est en effet ce qu'on voit arriver fréquemment [2].

Dans cette optique, les organes de la génération « sont très souvent le siège véritable de la folie » [3]. Par ce fait même, les chemins de la guérison sont tout tracés : il s'agit de restaurer l'équilibre dans la sensibilité de ces organes, voire, dans certains cas extrêmes, d'aller jusqu'à recourir à la castration. Il est important de remarquer qu'on n'observe dans cette folie « aucune lésion directe du système sensitif, ou du cerveau » mais

1. *RPMH*, M X, DSP, § 4, dans *OPC* I, p. 595.
2. *RPMH*, M II, § 4, dans *OPC* I, p. 174-175.
3. *Ibid.*, p. 175.

un désordre de l'esprit produit « par la seule influence sympathique des organes primitivement affectés » [1].

En soulignant le rôle des organes sexuels dans la folie, Cabanis ne fait certes pas preuve d'une grande originalité mais, en regard de ses prédécesseurs, il inscrit ce type de folie dans un dispositif explicatif d'ensemble et, par rapport à ses successeurs, il ouvre la voie à une psychologie de l'inconscient, puisque, rappelons-le, les impressions internes échappent pour une large part à la conscience.

3. Enfin, quand la folie résulte des impressions dont la cause agit au sein même du système nerveux, on doit distinguer deux cas de figure très différents : la folie peut se rapporter :

a. soit aux maladies propres de ce système;

b. soit aux « habitudes vicieuses qu'il est susceptible de contracter » [2].

Dans le premier cas [*3a*], on est en terrain connu, celui des explications exclusivement organiques confirmées par des dissections anatomiques de morts en état de folie. C'est ainsi que des anatomistes « dignes de foi », comme Morgagni,

> ont trouvé, par exemple, le cerveau d'une mollesse extraordinaire chez les imbéciles; d'une fermeté contre nature chez les fous furieux; d'une consistance très inégale, c'est-à-dire, sec et dur dans un endroit, humide et mou dans un autre, chez des personnes attaquées de délire moins violents [3].

Face à Pinel qui dit n'avoir rien observé de semblable et fait part de sa « circonspection et de [sa] réserve pour prononcer sur les causes physiques de l'aliénation mentale » [4], Cabanis en appelle aux nombreuses observations faites « dans tous les pays et dans tous les siècles » pour tenir pour certaine

> la liaison constante et régulière de la folie avec différentes maladies des viscères du bas-ventre [*cas 2 évoqué ci-dessus*], et avec certaines lésions sensibles de la pulpe cérébrale, ou des parties adjacentes, capables d'agir immédiatement sur elle [*cas 3a*] [5].

Dans le second cas [*3b*], la folie ne tient pas à des lésions organiques observées au sein du système cérébral mais à une activité déréglée de celui-ci : la multiplication et la répétition de jugements erronés dégénère

1. *RPMH*, M X, DSD, § 3, dans *OPC* I, p. 583.
2. *Ibid.*, § 4, p. 583.
3. *RPMH*, M I, § 6, dans *OPC* I, p. 154-155.
4. Philippe Pinel, *op. cit.*, p. 134.
5. *RPMH*, M X, DSD, § 4, dans *OPC* I, p. 585.

en habitudes qui produisent l'aliénation. Le moral a alors pris le pas sur le physique et ce genre de folie est qualifiée « d'intellectuelle » [1]. Cabanis retrouve là et partage les analyses que Pinel a développées, en particulier sur la manie périodique ou intermittente, dont les causes sont avant tout morales (chagrins domestiques, revers de fortune, amours malheureux, fanatisme religieux, événements douloureux vécus pendant la Révolution, etc.) et dont la guérison peut être obtenue par le recours au « traitement moral » : en effet, les capacités de jugement du sujet n'étant pas totalement annihilées, un traitement fondé sur une juste combinaison d'autorité et de bienveillance, de contrainte et de liberté, est de nature à lui faire recouvrer la raison. Cabanis a beaucoup d'estime pour Pinel qu'il a directement contribué avec Thouret à faire nommer en 1793 à la tête de l'hôpital de Bicêtre [2] et il reconnaît volontiers sa dette à l'égard « d'un observateur si sagace et si scrupuleusement exact » [3]. Il faut toutefois remarquer qu'il s'en démarque sur deux points : d'une part, il n'exclut pas que certaines de ces folies puissent relever malgré tout de lésions organiques que la médecine est pour le moment incapable de déceler parce qu'elles échappent au scalpel et au microscope ; d'autre part, il considère que Pinel n'a pas suffisamment éclairé la notion de *moral* et qu'il importe de la faire rentrer « dans les lois communes de l'organisation vivante » [4] si l'on veut éviter d'en faire une catégorie occulte. Cette considération est directement à l'origine de la rédaction du onzième mémoire consacré à l'influence du moral sur le physique.

Mais en identifiant les folies dues aux « habitudes vicieuses » du système nerveux, Cabanis ne s'est pas seulement rapproché de Pinel, il s'est aussi rapproché de lui-même, ou plutôt du Cabanis membre de la commission des hôpitaux de Paris de 1791 à 1793. Dans l'un de ses rapports à la commission, repris au chapitre VII de *Quelques principes et quelques vues sur les secours publics*, il soulignait en effet que la plupart des cas d'aliénation ne devaient pas être regardés comme incurables et devaient être rapportés aux « passions factices » trouvant leur origine dans des institutions politiques et sociales injustes qui font coexister l'extrême opulence et l'extrême indigence. Dans le nouvel ordre politique et social ouvert par la Révolution,

1. *Ibid.*, § 5, p. 586.

2. Voir Dora B. Weiner, *Comprendre et soigner : Philippe Pinel (1745-1826), la médecine de l'esprit*, Paris, Fayard, 1999, p. 124.

3. *RPMH*, M X, DSD, § 4, dans *OPC* I, p. 584.

4. *Ibid.*, p. 587.

> la démence et tous les désordres de l'esprit doivent [...] devenir plus rares. [...] Soumis aux seules douleurs qui sont inséparables de sa nature, [l'homme] ignorera toutes les altérations de l'esprit que produisent directement les désordres d'un mauvais état social, et par suite, les funestes penchants que développe son influence. Enfin, le moment viendra peut-être où la folie n'aura d'autre source que le dérangement primitif de l'organisation, ou ces accidents singuliers de la vie qu'aucune sagesse ne peut prévenir [1].

LE SOMMEIL ET LES RÊVES

Les trois sortes d'impressions identifiées ont chacune un rôle particulier dans le sommeil :

– les impressions qui viennent de l'extérieur (sensations) sont alors entièrement ou presque entièrement suspendues;

– les impressions internes, dans la mesure où les organes qui sont à leur origine ralentissent en règle générale leurs mouvements, perdent sans doute en puissance mais n'en conservent pas moins leur activité;

– les impressions qui naissent au sein même du système nerveux, n'étant plus distraites par les sensations, prédominent sur les deux autres.

Leurs jeux conjugués permettent de rendre compte de plusieurs phénomènes associés au sommeil. Ainsi s'explique, par exemple, que les organes sexuels puissent être excités alors que le sujet est endormi :

> Pendant le sommeil, [les organes de la génération] ne sont plus mis en jeu par l'action des sens externes : leurs déterminations ne se rapportent plus alors, qu'à leurs impressions propres; à celles de quelques viscères, liés étroitement avec eux, par la nature de leurs fonctions, ou par le genre de sensibilité; à des images qui se réveillent dans le cerveau. Cependant, bien loin de partager l'assoupissement des sens extérieurs, à mesure que ces derniers s'endorment, les organes de la génération paraissent acquérir plus d'excitabilité : les images voluptueuses les plus fugitives, qui se forment dans le centre nerveux, ou les causes stimulantes les plus légères, dont les extrémités nerveuses de ces organes éprouvent directement l'influence, suffisent pour les faire entrer en action [2].

Quant aux rêves, ils sont le résultat d'une subtile combinaison :

> Ils ont lieu dans un état qui suspend l'action des sens extérieurs; qui modère celle de plusieurs organes internes, et les impressions qu'ils reçoivent, mais qui les modère à différents degrés, et même augmente

1. *PVSP*, dans *OPC* II, p. 59.
2. *RPMH*, M X, DSP, § 3, dans *OPC* I, p. 593.

la sensibilité, et la force d'action de quelques-uns : il est évident, enfin, qu'en même temps cet état ramène et concentre une grande partie de la puissance nerveuse dans l'organe cérébral et l'abandonne, soit à ses propres impressions, soit à celles qui sont encore reçues par les extrémités sentantes internes, sans que les impressions venues des objets extérieurs, puissent les balancer et les rectifier [1].

La perfectibilité indéfinie de l'homme

Dans deux notes de bas de page des *Rapports* [2], Cabanis annonce la prochaine rédaction d'un ouvrage sur le *perfectionnement de l'homme physique* (et donc aussi *moral*). L'existence de ce projet qui, comme nous le verrons, n'a pas été mené à bien, explique sans doute que le thème de perfectibilité ne soit pas traité de façon aussi approfondie qu'on pourrait le souhaiter, alors même qu'il sous-tend tout l'ouvrage ou, si l'on préfère, en dessine l'horizon ou la ligne de fuite.

En plaçant la perfectibilité de l'homme au cœur de sa problématique, Cabanis ne fait pas, là non plus, preuve d'originalité. La doctrine de la perfectibilité s'inscrit, comme nous le savons, dans une tradition ouverte notamment par Locke pour qui l'esprit est, à son origine, un *white paper* ou une *tabula rasa* qui s'enrichit, progresse, s'améliore sans cesse par l'expérience et la réflexion. À la différence de la perfection à laquelle peuvent prétendre le sage contemplant l'Idée de Bien ou le saint en communion avec Dieu, la perfectibilité requiert du temps, nécessite des étapes et ne connaît pas de terme. C'est ainsi que l'homme, à la fois comme individu, comme membre du corps social et comme espèce, sort progressivement ses facultés de leur engourdissement originaire : par nature, il recueille ses premières impressions et forme ses premières idées qu'il revêt de signes; pour satisfaire à ses besoins les plus immédiats, il est conduit à observer de mieux en mieux, à comparer, à combiner mais aussi à échanger avec ses semblables des idées qui deviennent de plus en plus complexes; il se crée ainsi de nouveaux besoins auxquels il répond par un accroissement de ses facultés, selon un processus sans fin [3]. Ce

1. *Ibid.*, § 5, p. 596.

2. *RPMH*, M IV, conclusion, dans *OPC* I, p. 271 et M IX, § 16, p. 510.

3. « L'esprit humain n'est pas stationnaire; il doit faire, et tous les jours il fait réellement des progrès; c'est-à-dire que la masse des connaissances augmente, que les idées s'étendent et s'épurent, qu'on cherche et qu'on trouve des moyens nouveaux de satisfaire aux divers besoins, qu'on se crée de nouvelles jouissances » (Commission du Conseil des Cinq-Cents, *Quelques considérations sur l'organisation sociale en général et particulièrement sur la nouvelle Constitution, par Cabanis*. Séance du 25 frimaire an VIII [16 décembre 1799], Paris, Imprimerie nationale, an VIII, dans *OPC* II, p. 481).

thème traverse tout le XVIIIe siècle, fût-ce sous des formes diverses, voire opposées : à J.-J. Rousseau qui voit dans la perfectibilité une qualité qui permet sans doute de distinguer l'homme de l'animal mais qui est en même temps la cause de tous ses malheurs répond la conception délibérément « progressiste » et « optimiste » des deux mentors de Cabanis que sont Turgot [1] et Condorcet. C'est ce dernier, dans l'*Esquisse d'un tableau historique des progrès de l'esprit humain* (ouvrage que Cabanis connaît mieux que personne pour avoir été en relation avec son auteur quand celui-ci le rédigeait en 1793 dans sa cachette) qui a porté cette doctrine le plus loin en s'attachant à

> montrer, par le raisonnement et par les faits, qu'il n'a été marqué aucun terme au perfectionnement des facultés humaines ; que la perfectibilité de l'homme est réellement indéfinie ; que les progrès de cette perfectibilité, désormais indépendante de toute puissance qui voudrait les arrêter, n'ont d'autre terme que la durée du globe où la nature nous a jetés [2].

Quelques années plus tard (1801 ou an IX), il revient à Destutt de Tracy de formuler cette doctrine de la façon la plus radicale :

> Nous ne tenons de cette nature si admirable, c'est-à-dire de notre organisation, que la possibilité de nous perfectionner, et cela nous suffit ; mais en sortant de ses mains, non seulement nous sommes dans une ignorance complète, mais encore nos moyens de connaître sont dans un engourdissement total ; nous n'en possédons, pour ainsi dire, que le germe ; il faut que l'exercice les élabore, les perfectionne, les développe. Ainsi nous sommes entièrement les ouvrages de l'art, c'est-à-dire de notre propre travail, et nous ressemblons aussi peu aujourd'hui à l'homme de la nature, à notre manière d'être originelle, qu'un chêne ressemble à un gland et un poulet à un œuf [3].

Sans surprise, Cabanis met ses pas dans ceux de Turgot et de Condorcet plutôt que de Rousseau. Dès son premier ouvrage, *Du degré de certitude de la médecine*, il avait revendiqué son adhésion à cette doctrine (« La perfectibilité indéfinie de notre espèce ouvre à la raison un champ immense de jouissances et de bonheur » [4]) puis l'avait renouvelée dans *Coup d'œil sur les révolutions et sur la réforme de la médecine* (« En vertu de son organisation, l'homme est doué d'une perfectibilité dont il est impossible

1. *Tableau philosophique des progrès successifs de l'esprit humain* (en latin, 1750) et *Plan de deux Discours sur l'histoire universelle* (1751).

2. Condorcet, *Esquisse d'un tableau historique des progrès de l'esprit humain*, suivi de *Fragment sur l'Atlantide*, introduction, chronologie et bibliographie par Alain Pons, Paris, GF Flammarion, 1988, p. 81.

3. DdT, *Idéologie proprement dite*, *OC* III, p. 220-221.

4. *DCM*, dans *OPC* I, p. 41.

d'assigner le terme » [1]). Dans les *Rapports*, il développe le thème de la perfectibilité, mais il le fait à travers le prisme qui est le sien. En usant des instruments que lui a légués la nature, l'homme est naturellement conduit a « modifier, corriger, perfectionner ces instruments » [2], ce qui signifie que

> la nature produit l'homme avec des organes et des facultés déterminées : mais [que] l'art peut accroître ces facultés, changer ou diriger leur emploi, créer en quelque sorte de nouveaux *organes* [3].

La perfectibilité doit ainsi être entendue sous le double rapport du physique et du moral :

1. *Sous le rapport du physique*. En effet, ce que nous savons si bien faire pour les animaux et les plantes, nous devons pouvoir le faire aussi pour l'homme :

> Après nous être occupés si curieusement des moyens de rendre plus belles et meilleures les races des animaux, ou des plantes utiles et agréables; après avoir remanié cent fois celles des chevaux et des chiens; après avoir transplanté, greffé, travaillé de toutes les manières, les fruits et les fleurs, combien n'est-il pas honteux de négliger totalement la race de l'homme! comme si elle nous touchait de moins près! comme s'il était plus essentiel d'avoir des bœufs grands et forts, que des hommes vigoureux et sains; des pêches bien odorantes, ou des tulipes bien tachetées, que des citoyens sages et bons! [4]

Cabanis est aussi conforté dans sa position par les récents travaux de Lamarck qui, dans le discours d'ouverture de son cours au Muséum prononcé le 2 floréal an VIII (11 mai 1800) a mis en évidence les circonstances propres à développer les facultés des êtres vivants et à former de nouvelles habitudes qui modifient progressivement la conformation des organes et se transmettent de générations en générations [5].

1. *RRM*, dans *OPC* II, p. II-77.
2. *RPMH*, M I, § 7, dans *OPC* I, p. I-159.
3. *Ibid.* C'est Cabanis qui souligne.
4. *RPMH*, M VI, conclusion, dans *OPC* I, p. 356-357.
5. « Les principales circonstances [dont la nature se sert chaque jour pour varier ses productions] naissent de l'influence des climats, des variations de température de l'atmosphère et de tous les milieux environnants, de la diversité des lieux, de celles des habitudes, des mouvements, des actions, enfin de celle des moyens de vivre, de se conserver, se défendre, se multiplier, etc. Or par suite de ces influences diverses, les facultés s'étendent et se fortifient par l'usage, se diversifient par les nouvelles habitudes longtemps conservées; et insensiblement la conformation, la consistance, en un mot la nature et l'état des parties ainsi que des organes, participent des suites de toutes ces influences et se propagent par la génération ». Ce discours est publié en tête du *Système des animaux sans vertèbres*, Paris, Deterville, an IX-1801.

Ainsi, parce qu'il est doté de la sensibilité la plus vive, ou, si l'on préfère, de l'organisation la plus souple et la plus mobile, l'homme selon Cabanis est, plus et mieux que les autres espèces, en capacité d'évoluer et même d'orienter positivement son évolution :

> La partie qu'on appelle plus particulièrement physique dans l'homme, est elle-même susceptible des plus grandes modifications ; elle obéit à l'action puissante et variée d'une foule d'agents extérieurs. Or, l'observation et l'expérience peuvent nous apprendre à prévoir, à calculer, à diriger cette action ; et l'homme deviendrait ainsi dans ses propres mains, un instrument docile dont tous les ressorts et tous les mouvements, c'est-à-dire toutes les facultés et toutes les opérations pourraient tendre toujours directement au plus grand développement de ces mêmes facultés, à la plus grande satisfaction des besoins, au plus grand perfectionnement du bonheur [1].

Dans ce domaine, la médecine est appelée à jouer un rôle majeur. Pour Cabanis, elle n'a pas pour seule fonction de guérir la maladie : en capacité d'améliorer la santé, elle peut et doit aller plus loin et améliorer l'homme lui-même. Lorsque les moyens qu'elle met en œuvre agissent sur plusieurs générations, les améliorations correspondantes se fixent dans l'espèce, s'inscrivent dans ce qu'on appellerait aujourd'hui le patrimoine génétique : alors « ce ne sont plus les mêmes hommes, ce n'est plus la même race » [2], le mot *race* devant ici être compris comme exprimant une *transformation*, en l'occurrence un *perfectionnement*, de l'*espèce*.

2. *Sous le rapport du moral.* En développant son intelligence, en cultivant sa raison, en élargissant le champ de ses connaissances, en généralisant l'éducation et l'instruction, en promulguant des lois respectueuses des droits individuels et en mettant en œuvre des institutions fondées non pas sur les intérêts d'un groupe particulier mais sur ceux de l'ensemble du corps politique, la nature morale de l'homme est elle aussi susceptible d'évolution et d'amélioration :

> Résultat des penchants, des affections, des idées de l'homme, elle se modifie avec ces idées, ces affections ces penchants. À chaque institution nouvelle, elle prend une autre face : une habitude qui s'introduit, une simple découverte qui se fait, suffit quelquefois pour y changer subitement presque tous les rapports antérieurs [3].

Bien entendu, comme toujours chez Cabanis, la distinction et *a fortiori* l'opposition de ces deux approches est artificielle, c'est-à-dire

1. *RPMH*, M VII, § 1, dans *OPC* I, p. 361.
2. *RRM*, dans *OPC* II, p. 78.
3. *RPMH*, M VII, § 1, dans *OPC* I, p. 361.

fondée sur deux abstractions et appelée seulement par la nécessité de mieux faire ressortir les éléments de la démonstration. Dans la réalité, le perfectionnement de l'homme physique et celui de l'homme moral ne peuvent pas se penser indépendamment l'un de l'autre et se répondent mutuellement : améliorer l'homme physique, c'est *ipso facto* améliorer l'homme moral [1] et améliorer l'homme moral, c'est lui donner les moyens et la volonté d'améliorer l'homme physique. Cela figurait déjà en toutes lettres dans *Coup d'œil sur les révolutions et sur la réforme de la médecine* :

> C'est par le concours de ces deux puissants ressorts [le physique et le moral], que la nature humaine est susceptible d'acquérir un haut degré de perfection : *ils se secondent mutuellement dans une action simultanée.* L'ensemble des causes qui perfectionnent le physique prépare, en quelque sorte, la matière, ou fournit les instruments : l'ensemble des causes qui perfectionnent le moral met ces instruments en activité, leur donne la vie [2].

1. « On peut, en améliorant l'état physique, améliorer aussi la raison et les penchants des individus, perfectionner même à la longue, les idées et les habitudes du genre humain » (*Ibid.*, § 2, p. 362).

2. *RRM*, dans *OPC* II, p. 78. Nous soulignons.

CHAPITRE VII

LE MATÉRIALISME DES *RAPPORTS* ET SA RÉCEPTION

Dans la préface aux *Rapports*, écrite en 1802 après la rédaction des douze mémoires, Cabanis fait valoir qu'avant lui on n'avait « jamais expliqué nettement en quoi consiste l'acte de la sensibilité » [1]. Aussi l'essentiel de l'ouvrage a-t-il pour première ambition de décrire le phénomène de la sensibilité à travers l'ensemble de ses *effets*. Quant à la *cause* de la sensibilité, « il est évident, nous répète Cabanis, qu'[elle] rentre dans les causes premières » [2] et qu'elle est à ce titre inaccessible à la connaissance : « nous ne savons point de quelle combinaison dépend le phénomène de la sensibilité » [3].

Cabanis pourrait s'arrêter là, mais deux considérations le conduisent à mener plus avant son investigation. Tout d'abord, c'est le propre de la connaissance que de remonter toujours plus haut dans la série des causes, même si la cause ultime restera toujours inaccessible. Toute l'histoire des sciences en est l'illustration et Cabanis ne peut que constater que « le génie observateur et l'art expérimental [...] ont porté leur flambeau dans des obscurités qu'on pouvait regarder comme impénétrables » [4]. Par ailleurs, c'est une tendance irrépressible de l'esprit humain que de tenter « d'arracher son secret à la nature » [5], en dépit du risque et même de la certitude de se fourvoyer dans des causes imaginaires. Dans ces conditions, il n'est pas illégitime d'espérer des réponses qui paraissent

1. *RPMH*, préface, dans *OPC* I, p. 113.
2. *RPMH*, M II, § 8, dans *OPC* I, p. 198.
3. *RPMH*, M VI, § 1, dans *OPC* I, p. 322.
4. *RPMH*, M X, VA, § 2, dans *OPC* I, p. 515.
5. *RPMH*, M X, DPDS, § 6, dans *OPC* I, p. 540.

aujourd'hui inaccessibles [1] ni de soulever la question de la nature de la sensibilité tout en reconnaissant la témérité de l'entreprise :

> nous avons essayé [...] de nous rapprocher, de plus en plus, des causes premières, sur lesquelles nous reconnaissons d'ailleurs, qu'on ne peut acquérir aucune notion satisfaisante [2].

Comme l'a souligné J. Cazeneuve dans son introduction aux *Œuvres philosophiques de Cabanis*, ce dernier ne peut se contenter d'*observer* en s'en tenant aux phénomènes, il veut aussi *comprendre* en émettant, à la lumière de la science de son temps et en raisonnant par analogies, des hypothèses qui vont du probable à l'incertain en passant par le vraisemblable. Ce faisant, il passe plus ou moins subrepticement d'une discipline à une autre :

> Il semble que Cabanis emploie le mot de philosophie pour désigner les recherches appartenant au domaine de la certitude, tandis qu'il réserve celui de métaphysique pour celles qui portent seulement sur la vraisemblance [3].

Comme Diderot avant lui, il se fait *interprète de la nature*, il « conjecture, par ce qui est, ce qui doit être encore » [4].

La sensibilité, effet des lois de la matière en mouvement ?

Dès le premier mémoire, aussitôt après avoir indiqué, comme on l'a vu, que « la sensibilité physique est le dernier terme auquel on arrive dans l'étude des phénomènes de la vie », Cabanis se demande s'il est possible d'être plus explicite mais il se borne à mettre en évidence la

1. « Pourquoi les principes élémentaires dont se forment les corps organisés, ne seraient-ils pas un jour, reconnus avec la même exactitude que ceux qui, par exemple, entrent dans la composition de l'air atmosphérique et de l'eau ? » (*RPMH*, M X, VA, § 2, dans *OPC* I, p. 515).

2. *RPMH*, M X, DPSD, § 10, dans *OPC* I, p. 550. Il en va de même des explications par les causes finales dont Cabanis nous dit : « Je regarde, avec le grand Bacon, la philosophie des causes finales comme stérile : mais j'ai reconnu ailleurs, qu'il était bien difficile à l'homme le plus réservé, de n'y avoir jamais recours dans ses explications » (*RPMH*, M V, § 7, dans *OPC* I, p. 290). Déjà, dans *Du degré de certitude de la médecine*, il écrivait : « La philosophie des *causes finales* n'a [...] pu jamais soutenir un examen sérieux, quoique peut-être l'intelligence bornée de l'homme ait bien de la peine à la rejeter entièrement » (*DCM*, dans *OPC* I, p. 38).

3. Jean Cazeneuve, *Introduction aux OPC*, p. XXXI-XXXII.

4. Diderot, *Pensées sur l'interprétation de la nature*, 1754, § LVI.

correspondance entre la vie et les mouvements organiques, que ceux-ci tiennent à des impressions externes, internes ou propres à l'organe cérébral :

> Si l'on croyait que cette proposition demande plus de développement, il suffirait d'observer que la vie est une suite de mouvements qui s'exécutent en vertu d'impressions reçues par les différents organes ; que les opérations de l'âme, ou de l'esprit résultent aussi des mouvements exécutés par l'organe cérébral ; et ces mouvements d'impressions, ou reçues et transmises par les extrémités sentantes des nerfs dans les différentes parties, ou réveillées dans cet organe, par des moyens qui paraissent agir directement sur lui [1].

Dans le second mémoire, il va plus loin et fait valoir l'hypothèse selon laquelle les deux dimensions qui forment de façon indissociable la sensibilité, à savoir le sentiment et le mouvement, pourraient se résoudre *in fine* dans les seules lois du mouvement :

> Nous ne devons [...] pas nous dissimuler que cette distinction [entre sentiment et mouvement, entre faculté de sentir et faculté de se mouvoir] pourrait bien disparaître encore dans une analyse plus sévère ; et qu'ainsi *la sensibilité se rattache, peut-être,* par quelques points essentiels, *aux causes et aux lois du mouvement, source générale et féconde de tous les phénomènes de l'univers* [2].

Ce qui est encore présenté ici comme une hypothèse (« *se rattache, peut-être* ») devient un peu plus loin une probabilité appelée à être confirmée par les progrès des sciences :

> [Il] n'est pas impossible en effet, qu'on puisse découvrir un jour la liaison que la sensibilité peut avoir avec certaines propriétés bien reconnues de la matière [3].

Enfin, au dixième mémoire, dans une note ajoutée en 1805 à la seconde édition, Cabanis souligne que tous les phénomènes de l'univers, et donc parmi eux la sensibilité, « ont été, sont et seront toujours la conséquence des propriétés de la matière, ou des lois qui régissent tous les êtres » [4].

1. *RPMH*, M I, § 3, dans *OPC* I, p. 142.
2. *RPMH*, M II, § 3, dans *OPC* I, p. 173. Nous soulignons.
3. *Ibid.*, § 8, dans *OPC* I, p. 198.
4. *RPMH*, M X, DVA, § 2, dans *OPC* I, p. 524.

LA MATIÈRE ET SES LOIS SELON CABANIS

Mettre en évidence le lien qui existe entre la sensibilité et les lois générales de la matière ne suffit cependant pas. Encore faut-il dire ce que l'on entend par matière. Cabanis est ainsi conduit à expliciter sa conception de la matière, qui tient en plusieurs propositions qui sont étroitement solidaires entre elles, ou, ce qui revient au même, envisagent une même réalité sous plusieurs points de vue différents :

1. Contrairement à ce qu'affirmait Buffon, il n'y a pas lieu d'opérer une césure radicale entre la matière morte et la matière vivante, entre l'inorganique et l'organique :

> Il faut nécessairement avouer que, moyennant certaines conditions, la matière inanimée est capable de s'organiser, de vivre, de sentir [1].

Appelant à la rescousse la théorie de la génération spontanée, il soutient la thèse d'un *continuum* entre les différents règnes de la nature, ce que la science ne devrait pas manquer, à ses yeux, d'établir prochainement :

> Les physiciens semblent être dans ce moment, à la veille de déterminer, au moins une partie des changements qu'éprouve la matière, en passant de l'état inorganique, à celui d'organisation végétale, et de la vie incomplète d'un arbre, ou d'une plante, à celle des animaux les plus parfaits. Enfin, nous n'éprouverions plus aujourd'hui peut-être, aucun étonnement, si les expériences finissaient par prouver qu'il suffit que des portions de matière, dans un certain état déterminé, se rencontrent et se pénètrent, pour produire des êtres vivants, doués de certaines propriétés particulières [2].

2. La matière ne doit pas être comprise comme inerte ou passive, mais au contraire comme mobile, active, animée d'un « mouvement perpétuel » [3]. Plus précisément, en vertu d'une loi générale de la matière, les parties de celle-ci tendent à s'attirer réciproquement :

> Par une loi générale, et qui ne souffre aucune exception, les parties de la matière tendent les unes vers les autres [4].

1. *RPMH*, M X, DVA, § 2, dans *OPC* I, p. 516.
2. *Ibid.*, p. 518-519.
3. *Ibid.,* § 3, p. 525-526.
4. *RPMH*, M X, DS, § 1, dans *OPC* I, p. 563. On retrouve cette conception chez Destutt de Tracy : « quand même on ne regarderait pas la production des êtres animés comme une démonstration suffisante que l'activité est propre à la matière et inhérente à sa nature, et qu'elle ne fait que se manifester par l'organisation, on ne peut pas au moins nier que l'attraction ne soit une tendance au mouvement existante, à tous les instants, dans toutes les particules de la matière. J'entends ici par le terme général d'attraction, non seulement la force de gravitation […], mais encore toutes ces attractions particulières qui produisent

Cette référence à la loi de la gravitation universelle ne le conduit pas toutefois à se prononcer sur la question de savoir qui de la gravitation ou de la sensibilité explique l'autre :

> Est-ce par la sensibilité, qu'on expliquera les autres attractions ; ou par la gravitation, qu'on expliquera la sensibilité et les tendances intermédiaires entre ces deux termes ? Voilà ce que, en l'état présent de nos connaissances, il nous est impossible de prévoir [1].

3. Cette loi générale prend cependant, et ce point est essentiel pour Cabanis, des formes différentes selon que l'on s'élève plus ou moins dans ce qu'on pourrait appeler, en reprenant l'expression de Charles Bonnet, l'échelle des êtres ou selon que la matière est plus ou moins animalisée [2]. La simple attraction physique, les affinités électives des éléments chimiques, les affinités végétales, les affinités animales jusqu'à la sympathie morale chez l'être le plus parfait ou le plus sensible (l'homme), constituent autant d'expressions à la fois solidaires et différentes de la loi générale qui gouverne l'univers [3]. De cette façon, Cabanis peut, sans se contredire, soutenir à la fois que tous les phénomènes relèvent des lois générales qui gouvernent la matière et que les phénomènes de la vie ont leurs lois propres, en ce qu'elles expriment une déclinaison particulière des lois générales. Il reste en parfaite cohérence avec la conception de la médecine qu'il a toujours défendue :

> Les médecins les plus éclairés ont, avec raison, banni de la science des êtres vivants, toutes ces applications précipitées qu'on a tenté d'y faire plus d'une fois, des théories purement mécaniques, physiques, ou chimiques ; [...] l'économie animale n'est soumise aux lois des autres corps, que sous quelques points de vue de peu d'importance ; [...] elle se régit par des lois qui lui sont propres [4].

4. La matière, parce qu'elle est régie par des lois, porte en elle la nécessité et l'ordre des phénomènes :

> La nature du mouvement ou des mouvements, ainsi que les propriétés de la matière elle-même, étant une fois déterminées, on voit clairement que

les combinaisons chimiques, l'adhésion, la cohésion, etc. Or, toutes ces forces toujours agissantes, et les phénomènes qu'elles produisent, me montrent qu'il n'y a nulle part de repos absolu dans la nature » (DdT, *Idéologie proprement dite, OC* III, p. 167).

1. *RPMH*, M X, DPDS, § 3, dans *OPC* I, p. 531.

2. « Les matières vivantes ont une affinité mutuelle d'autant plus forte, elles tendent à se coorganiser d'une manière d'autant plus directe, qu'elles sont déjà plus complètement animalisées » (*RPMH*, M X, DS, § 1, dans *OPC* I, p. 563).

3. Voir *RPMH*, MX, DPDS, § 2 et 3.

4. *Ibid.*, § 1, dans *OPC* I, p. 527.

> tous les phénomènes doivent être produits et s'enchaîner dans un certain ordre, par une nécessité non moins puissante que celle qui force un corps grave à suivre les lois de la pesanteur. *L'ordre est donc essentiel à la matière en mouvement* [1].

On notera toutefois ici la subtile distinction opérée par Cabanis entre l'ordre dans le monde physique et l'ordre dans le monde moral. Il fait valoir que l'ordre *règne* dans le premier et *prédomine* dans le second [2]. Cela signifie que si le monde physique est déterminé par des lois éternelles et fixes, le monde moral est, quant à lui, pour partie tributaire :

– d'une part, du niveau de développement des facultés de l'homme [3] ;

– d'autre part, de l'extrême sensibilité de l'espèce humaine, qui est au fondement de l'individualité [4]. C'est bien pourquoi la médecine et les sciences morales et politiques ne sont pas susceptibles d'une précision mathématique. En revanche, cela n'interdit pas que ces disciplines puissent tirer le plus grand profit « des procédés du calcul » et en particulier du calcul des probabilités dont l'emploi a été préconisé par Condorcet et Laplace :

> Je n'ignore pas […] que la langue algébrique a été employée, avec quelque apparence de succès, par des hommes d'un génie éminent, pour l'évaluation des probabilités, non seulement de toute opinion, qui ne peut être réduite en formule précise, vu la multitude et l'inconstance de ses données, mais aussi de la plupart des événements éventuels, de ceux mêmes qui sont fondés sur les passions, bien plus inconstantes encore et bien plus mobiles du cœur humain [5].

5. Définir ainsi la matière comme animée d'un mouvement perpétuel générateur de l'ordre des phénomènes revient à la définir comme

1. *RPMH*, M XI, § 1, dans *OPC* I, p. I601. Nous soulignons.

2. *RPMH*, M VII, § 1, dans *OPC* I, p. 359.

3. « Résultat des penchants, des affections, des idées de l'homme, [sa nature morale] se modifie avec ces idées, ces affections, ces penchants. Á chaque institution nouvelle, elle prend une autre face : une habitude qui s'y introduit, une simple découverte qui se fait, suffit quelquefois pour changer subitement presque tous les rapports antérieurs » (*Ibid.*, p. 361).

4. « L'homme, par l'étendue et la délicatesse singulières de sa sensibilité, est soumis à l'action d'un nombre infini de causes : par conséquent, rien ne serait plus chimérique que de vouloir ramener tous les individus de son espèce, à un type exactement uniforme et commun » (*RPMH*, M VI, conclusion, dans *OPC* I, p. 358).

5. *DCM*, dans *OPC* I, p. 103. Cabanis fait notamment allusion à plusieurs ouvrages de Condorcet : *Essai sur l'application de l'analyse à la probabilité des décisions rendues à la pluralité des voix* (1785), *Sur les élections* (1793), *Tableau général de la science qui a pour objet l'application du calcul aux sciences politiques et morales* (1793), ainsi qu'à la dixième leçon de Laplace prononcée le 21 floréal an III (10 mai 1795) à l'École normale de l'an III.

animée par une *force*, une « force spontanée qui meut le monde dans son ensemble et dans chacune de ses parties » [1], ou « une force secrète, toujours agissante, [qui] tend sans relâche, à rendre cet ordre plus général et plus complet » [2]. Cette force est nécessairement *unique*, car « l'ordre suppose toujours unité d'impulsion générale, ou coordonnance entre tous les mouvements imprimés » [3]. Le monisme qui est au cœur de la pensée de Cabanis se trouve ainsi légitimé :

> Ainsi donc, tous les phénomènes de la vie, sans nulle exception, se trouvent ramenés à une seule et même cause : tous les mouvements, soit généraux, soit particuliers, dérivent de cet unique et même principe d'action [4].

Cette force qui anime la matière de l'intérieur et qui produit l'ordre de l'univers, nous la retrouverons quelques années plus tard dans la *Lettre à M. F*** [Fauriel] sur les causes premières*. Nous verrons qu'elle n'est pas sans faire écho à la physique des Stoïciens, avec son feu primordial à l'origine de toutes choses, présent dans chaque être et porteur de l'ordre du monde, de la continuité et de la hiérarchie des êtres, depuis la matière inanimée dont les éléments tiennent ensemble par la force de cohésion jusqu'à l'homme doté de raison, en passant par « les êtres engendrés de la terre [subsistant] grâce à la nature qui ne leur accorde rien de plus que de les conserver en les nourrissant et en les faisant croître » et les animaux auxquels cette même nature « a donné en plus la sensation et le mouvement, et, avec l'inclination, le désir de s'approcher de ce qui leur est utile, de s'écarter ce qui leur est funeste » [5].

Du matérialisme de Cabanis

En plaçant les idées et les penchants de l'homme sous la dépendance de ses organes, en découvrant l'existence d'une « sensibilité sans sensation », c'est-à-dire de ces impressions internes et inconscientes qui n'en influencent pas moins fortement nos déterminations, en mettant en évidence les liens de la sensibilité et de la matière, Cabanis est indiscutablement un philosophe matérialiste. S'il en est bien ainsi, pourquoi rejette-t-il vigoureusement qu'on lui accole cette étiquette? Lorsqu'en ventôse

1. *Ibid.*, p. 58.
2. *RPMH*, M VII, § 1, dans *OPC* I, p. 359.
3. *RPMH*, M XI, § 1, dans *OPC* I, p. 601.
4. *Ibid.*, § 8, p. 617.
5. Cicéron, *De la nature des Dieux*, Livre II, § XII, trad. Émile Bréhier revue par Pierre Aubenque, dans *Les Stoïciens*, Paris, Gallimard, 1962, p. 420.

an XIII (février 1805), Madame de Staël lui adresse ainsi qu'à Destutt de Tracy son dernier ouvrage, *Manuscrits de Mr. Necker, publiés par sa fille* [1], les deux Idéologues y découvrent un passage les dénonçant comme matérialistes. Dans les jours qui suivent, chacun des deux amis lui répondent et récusent une telle qualification. Le premier à réagir est Destutt de Tracy dès le 4 ventôse an XIII (23 février 1805) :

> Toutes vos qualités et vos lumières n'ont pas pu vous empêcher d'appeler matérialistes des hommes qui professent hautement ne savoir ni ce que c'est qu'esprit ni ce que c'est que matière, et qui répètent à tout moment qu'ils ne se sont jamais occupés et ne s'occuperont jamais de déterminer la nature du principe pensant parce que cela est indifférent pour tout ce qu'ils ont à en dire. Je suis étonné que M. votre père et vous, Madame, n'ayez pas pensé que cette désignation est fausse et nuisible [...] [2].

Cette réponse est bien conforme à l'agnosticisme ontologique de l'Idéologue pour qui ce serait se fourvoyer au-delà de nos moyens de connaître que de spéculer sur le caractère matériel ou spirituel de la pensée [3]. Cabanis répond un peu plus tard, le 26 ventôse an XIII (17 mars 1805) :

> J'aurais peut-être, Madame, à me plaindre de me trouver classé parmi les *matérialistes* dans une note de M. votre père. Le fait est que je ne le suis point, [...] : je n'entends même pas [plus] la signification de ce mot que celle du mot *Athée* ; et suivant moi on ne peut être ni l'un ni l'autre, quand on veut se rendre compte du sens de ces deux qualifications et des motifs qui les font adopter. Mais je vois par la suite de la note de M. votre père, qu'il ne savait pas plus que moi ce que tout cela pouvait signifier ; et ce dont je dois me plaindre se réfuterait ainsi de soi-même [4].

L'argumentation est similaire à celle de Destutt de Tracy : le débat matière/esprit est un faux débat, typiquement métaphysique au mauvais sens du terme. Et cela pour une simple raison que Cabanis n'indique pas dans sa lettre mais qui court tout au long des *Rapports* et sera encore plus explicite dans la *Lettre à Fauriel* : la matière telle qu'il l'entend se déploie à la fois dans le champ du physique et dans celui du moral, elle

1. Genève, J.J. Paschoud, an XIII.
2. DdT, *Correspondance*, *OC* VIII, p. 199.
3. Dans la *Logique*, il écrit : « Nous commençons par croire que la première chose à faire est de chercher à découvrir la nature du principe pensant ; nous reconnaissons ensuite que cela est indifférent et qu'il ne s'agit que d'en étudier les effets » (DdT, *OC* V, p. 104).
4. Lettre publiée dans Robert de Luppé, *Les Idées littéraires de Madame de Staël et l'héritage des Lumières, 1795-1800*, Paris, Vrin, 1969, p. 164-165.

est dynamique, vivante et, même s'il ne l'écrit pas, quasi-spiritualisée. Si, en référence à la définition d'Auguste Comte reprise par Ravaisson, on considère que « le matérialisme est la doctrine qui explique le supérieur par l'inférieur » [1], on peut comprendre que Cabanis puisse s'estimer autorisé à récuser la qualification de matérialiste précisément parce qu'il introduit dès le départ le supérieur dans l'inférieur. En fin de compte, sa pensée est avant tout celle d'un moniste : elle prend appui sur un principe unique au sein duquel le physique et le moral sont indissociables dans les faits ou ne sont dissociables que par abstraction ou pure construction intellectuelle.

LA RÉCEPTION DES *RAPPORTS*

L'année 1802 n'est pas seulement une année charnière sur le plan historique, le Consulat à vie constituant le signe annonciateur de la fin de la République et de la mise en place d'un Empire autoritaire, elle est aussi une année symbolique sur le plan des idées puisqu'elle voit la publication presque concomitante de deux livres qui connaissent chacun un vif succès et qui font date : *Le Génie du christianisme* de Chateaubriand qui paraît en avril, les *Rapports du physique et du moral de l'homme* de Cabanis en août. En l'espèce, il est difficile d'imaginer deux auteurs, deux visions du monde, deux systèmes de valeurs, deux styles plus opposés. Dans ces conditions, il est assez naturel que le débat intellectuel se structure pour une part en fonction du positionnement adopté par les uns ou les autres vis-à-vis de ces deux ouvrages. Toutefois, en ce début de siècle, on voit clairement se dessiner non pas deux camps, avec les Idéologues qui ont dominé le Directoire d'un côté et les traditionalistes qui commencent à relever la tête de l'autre, mais trois : aux deux premiers s'ajoute en effet un troisième camp assez disparate où se retrouvent, par delà leurs différences, des Idéologues en voie de dissidence spiritualiste, Madame de Staël et ses amis, la plupart des membres de la Société des observateurs de l'homme contrôlée par l'abbé Sicard et ses proches [2], des royalistes modérés et des penseurs de culture allemande ou influencés par celle-ci.

1. Félix Ravaisson, *La Philosophie en France au XIXe siècle*, Paris, Imprimerie impériale, 1868, chap. XXIV.

2. Comme l'indique à juste titre Jean-Luc Chappey, dans *La Société des Observateurs de l'homme (799-1804), Des anthropologues au temps de Bonaparte*, Paris, Société des études robespierristes, 2002, p. 235, Cabanis, Destutt de Tracy, Volney et Garat n'en ont jamais été membres.

Comme on le devine, c'est autour de l'opposition monisme/dualisme que se cristallisent les prises de position des uns et des autres.

1. Du côté des Idéologues de stricte observance, les *Rapports* sont célébrés parce qu'en mettant au jour l'existence des impressions internes et non conscientes et en en tirant tout un ensemble de conséquences décisives, l'ouvrage tourne la page d'une conception mutilée de l'homme qui régnait jusqu'alors dans la philosophie. Les recensions par Thurot dans *La Décade*... dès 1800 [1] sur les six premiers mémoires parus dans les *Mémoires de l'Institut national* puis par Moreau de la Sarthe dans la *Revue philosophique*... après la seconde édition des *Rapports* [2] sont particulièrement élogieuses. Mais l'hommage le plus vibrant est évidemment rendu par Destutt de Tracy qui, après avoir définit l'Idéologie comme « une partie de la zoologie » [3], souligne en 1805, dans la dédicace imprimée placée en tête de sa *Logique*, l'ampleur de sa dette, sa propre œuvre n'étant à ses yeux que la suite ou le complément de celle de son ami :

> Sous le titre modeste de *Rapports du physique et du moral de l'homme*, [vous] nous avez réellement donné toute son histoire, autant au moins que le permet l'état actuel de nos connaissances. [...] Aussi le succès que j'ambitionne le plus, c'est que mon ouvrage puisse être regardé comme une conséquence du vôtre et que vous-même n'y voyiez qu'un corollaire des principes que vous avez exposés [4].

Dans son *Tableau historique de l'état et des progrès de la littérature française depuis 1789*, paru en 1816 mais achevé en 1810, Marie-Joseph Chénier souligne « combien de genres de mérite il fallait réunir pour appliquer, avec autant de succès, l'analyse de l'entendement à la physiologie transcendante » [5].

Parmi tous ces éloges, une attention particulière doit être portée à la réaction de Benjamin Constant. Dans une lettre à Claude Fauriel datée du 3 frimaire an XI (24 novembre 1802), il écrit :

1. *La Décade philosophique, littéraire et politique*, an VIII-1800, vol. 25, p. 262-270, 462-468, 521-528.

2. *La Revue philosophique, littéraire et politique*, 10, 20, 30 thermidor an XIII (29 juillet, 8, 18 août 1805), n° 31-33, p. 193-202, 257-263, 321-328.

3. DdT, *Idéologie proprement dite, OC* III, p. 75.

4. DdT, *Logique*, *OC* V, p. 38.

5. Troisième édition, Paris, Maradan, 1818, p. 54.

> Je lis [...] le livre de Cabanis : et j'en suis enchanté. Le fond du système a toujours été ce qui m'a paru le plus probable ; mais j'avoue que je n'ai pas une grande envie que cela me soit démontré [1].

On voit qu'il n'est pas tout à fait simple d'être simultanément très proche intellectuellement des Idéologues et un ami de Madame de Staël.

2. Du côté des traditionalistes, le rejet est sans concession. En 1800, *Les Annales philosophiques, morales et littéraires* [suite des *Annales catholiques*] s'en prend à ces médecins qui se servent « avec autant d'ineptie que d'arrogance de cette même anatomie pour nous bestialiser et faire de notre admirable structure, non un hymne au Créateur, mais au hasard et au néant » [2]. De son côté, Le *Mercure de France* se moque d'un ouvrage où « il n'est question que de foie, de rate, de poumons et surtout de ventre » [3] et dénonce une doctrine qui détruit l'idée même de volonté en la mettant sous la dépendance d'impressions physiques qui la force à vouloir. Dans ses Conférences de Saint-Sulpice, l'abbé Frayssinous ne voit dans cette « explication mécanique de la pensée » que « des mots insignifiants et des absurdités palpables » [4]. Sans surprise, l'ouvrage sera mis à l'*Index* en 1817.

Moins sommaire est la réfutation portée par Louis de Bonald, qui dès 1807 développe une argumentation reposant sur l'opposition des sens et de la raison :

> Je le demande à ceux qui disent que toutes nos idées viennent de nos sens, à ceux qui, suivant ce principe jusque dans ses dernières et ses plus dangereuses conséquences, veulent que notre âme elle-même, avec toutes ses facultés, ne soit que *le rapport et l'ensemble des fonctions organiques*. Qu'ils nous expliquent, s'ils peuvent, cette prodigieuse contradiction entre nos sens et notre raison. [...] S'il n'y a dans l'homme que des sens et des organes ; si ce qu'il appelle son âme, son intelligence, sa raison, n'est autre chose que *sensations* et *fonctions organiques*, à quel sens, à quel organe faut-il rapporter ces idées, ces sentiments dont l'application réelle à nos organes trouble leurs fonctions ? [5]

1. Benjamin Constant, *Correspondance générale, IV, 1800-1802*, publiée sous la direction de C.P. Courtney, Tübingen, Max Niemeyer Verlag, 2006.

2. Paris, Le Clerc, 1800, t. I, p. 209.

3. *Le Mercure de France*, pluviôse an XI (janvier/février 1803), p. 224.

4. Denis Frayssinous, *Défense du christianisme, ou Conférences sur la religion*, Paris, Paris, Impr. Ad. Le Clère et C ie, 1825, t. I, p. 270-271. Ces conférences ont été prononcées de 1803 à 1809 et de 1814 à 1822.

5. Bonald, Louis de, « Réflexions philosophiques sur le beau moral », dans *Le Mercure de France*, t. XXVII, n° 285, 3 janvier 1807, p. 15-31, repris dans *Œuvres choisies*, t. I, édition critique par Gérard Gengembre et Jean-Yves Pranchère, Paris, Classiques Garnier, 2011, p. 186-187.

Quelques années plus tard, il publie un ouvrage en grande partie consacré à la critique des Idéologues [1]. À la définition de l'homme par Saint-Lambert, qui lui paraît parfaitement correspondre à celle de Cabanis, (« une masse organisée et sensible qui reçoit l'esprit de tout ce qui l'environne et de ses besoins »), il oppose sa propre définition (« une intelligence servie par des organes »). Pour lui, Cabanis a fait du cerveau le directeur suprême de notre machine alors qu'il n'est que « le premier ministre » d'une puissance qui lui est supérieure, la volonté.

3. Si l'opposition des ennemis des Lumières n'est évidemment pas une surprise, le monisme radical de Cabanis, partagé par Destutt de Tracy, contribue à faire monter en puissance une large frange du monde intellectuel qui se revendique sans ambiguïté de l'héritage de la Révolution française mais reste foncièrement dualiste. Déjà en l'an VI (1798), Wilhelm von Humboldt débattant à Paris avec les philosophes français avait affiché ses désaccords, dénonçant en Cabanis « un parfait matérialiste qui fait tout dériver du corps » [2]. Peu après la publication des *Rapports*, Degérando, dont on connaît l'intérêt qu'il portait à la philosophie allemande, écrit à Madame de Staël en novembre 1802 :

> Nous avons été bien mécontents, Camille Jordan et moi, de l'ouvrage de Cabanis. Voilà ce qui discrédite la philosophie, ce qui la fait considérer comme l'ennemi de toutes les idées consolantes. Non, des hommes qui ne croient qu'à la fatalité et à la matière ne peuvent être les amis sincères de la liberté. [...] Faites-nous [...] la grâce de partager notre indignation contre la désastreuse influence de son ouvrage. En réduisant ainsi tout en matière brute, n'est-ce pas inviter à nous pétrir comme on veut ? [3]

1. Louis de Bonald, *Recherches philosophiques sur les premiers objets des connaissances morales*, Paris, A. Le Clère, 1818.

2. Wilhelm von Humboldt, *Journal parisien (1797-1799)*, traduit de l'allemand par Élisabeth Beyer, Paris, Solin, Actes Sud, 2001, p. 171. Sur ce colloque réunissant philosophes français et allemands, voir François Azouvi, et Dominique Bourel, *De Königsberg à Paris, la réception de Kant en France (1788-1804)*, Paris, Vrin, 1991, p. 105-112.

3. *Lettres inédites et souvenirs biographiques de Mme Récamier et de Mme de Staël*, publiées par M. le baron de Gérando, Paris, Vve Jules Renouard, 1868, p. 46-47. Degérando reprend le même argument dans le *Rapport historique sur les progrès de la philosophie depuis 1789, et sur son état actuel* qu'il présente à l'empereur le 20 février 1808 : « La physiologie et l'anatomie elles-mêmes ont offert des secours empressés à l'étude de l'homme. Nous avouerons que ces secours ne nous ont pas toujours paru aussi désintéressés qu'ils auraient pu l'être; la philosophie a pu se plaindre de ce que la médecine voulait lui faire acheter cette alliance par des concessions injustes. On a reproché à cette dernière de vouloir concentrer le siège de toutes nos facultés morales dans les organes qui n'en sont que les instruments ou l'enveloppe. Le scalpel et le microscope ne peuvent atteindre qu'une portion de nous-mêmes; il en est une autre, et la plus noble, qui leur échappe, mais qui se découvre à cet œil intérieur de la réflexion, dont les observations, pour être plus délicates,

Royer-Collard, ancien royaliste comme Degérando et futur professeur d'histoire de la philosophie à la faculté des lettres de l'Université impériale dont les cours se placeront sous le patronage de la philosophie écossaise du sens commun, tient le même langage :

> Non, la physiologie n'est point la science de l'homme, elle n'est que la science de ses organes, et l'homme n'existe point tout entier dans ses organes. Il était réservé aux beaux esprits de nos jours de prétendre perfectionner l'homme en lui enlevant la plus noble partie de lui-même [1].

On peut observer que la plupart de ceux qui critiquent alors Cabanis s'en prennent souvent moins à sa philosophie elle-même qu'aux conséquences – inacceptables à leurs yeux – qu'ils lui prêtent. Pour eux, elle débouche sur une vision dégradée et dégradante de l'homme qui, gouverné par ses organes et privé à ce titre d'une volonté libre et de son statut de sujet moral, est voué à l'irresponsabilité et à l'immoralité. Cabanis s'était certes défendu à l'avance contre le fait qu'on puisse tirer une telle conclusion de son ouvrage. Il souligne au contraire que ses recherches de physiologie

> indiquent au moraliste les bases les plus solides sur lesquelles il peut fonder toutes ses leçons : car en partant de l'organisation humaine ; en déterminant les besoins et les facultés qu'elle fait naître, il peut rendre, pour ainsi dire, palpables les motifs de toutes les règles qu'il trace : il pourrait encore prouver et faire sentir d'une manière évidente, que l'accomplissement des devoirs les plus sévères, que les actes du plus généreux dévouement, sont étroitement liés, quand la raison les impose, à l'intérêt direct et au bonheur de celui qui les pratique ; et que les habitudes fortes et vertueuses en font alors, pour lui, un besoin non moins impérieux, que celui des vertus les plus paisibles de la vie commune et des plus doux sentiments de l'humanité [2].

C'est en prenant appui sur les lois de son organisation, en développant continuellement les facultés que la nature lui a données pour satisfaire ses besoins, que l'homme découvre les règles du bonheur qui se confondent

ne sont pas moins réelles » (repris dans *La Philosophie saisie par l'État : petits écrits sur l'enseignement philosophique en France, 1789-1900*, sous la dir. de Stéphane Douailler, Chistiane Mauve, Georges Navet et *alii*, Paris, Aubier, 1988, p. 60-61).

1. *Journal de l'Empire*, 27 avril 1806. Repris dans Pierre Paul Royer-Collard, *Textes philosophiques et psychologiques*, introduction de Corinne Doria, Paris l'Harmattan, 2013, p. 39.

2. *RPMH*, M VIII, introduction, dans *OPC* I, p. 392-393. Dans le premier chapitre de sa *Morale*, Destutt de Tracy répondra lui aussi à ce double reproche de « dégrader l'humanité » et d'immoralité (Voir DdT, *Traité de la volonté et de ses effets, OC* VI, p. 265).

avec celles de la vertu [1] : pour Cabanis comme pour tous les Idéologues, user de sa raison, satisfaire à l'utilité, trouver le bonheur et pratiquer la vertu expriment une seule et même chose envisagée sous autant de points de vue différents. La dénégation préventive de Cabanis n'empêchera pas cependant que le reproche d'immoralité lui sera régulièrement adressé tout au long du XIXe siècle : pour la plupart de ses détracteurs, c'est bien parce que sa philosophie est attentatoire à la dignité humaine qu'elle est dans l'erreur. Recevant Destutt de Tracy à l'Académie française au fauteuil libéré par la mort de Cabanis, Philippe de Ségur résume assez bien cet état d'esprit. Faisant semblant, par courtoisie académique, de ne pas aller jusqu'à prêter aux deux Idéologues un système aussi « absolu », il dénonce ce roman métaphysique « dont le moindre inconvénient serait de détruire toute illusion pour le présent, tout espoir pour l'avenir, de réduire toute gloire à des combinaisons d'organes, toute passion noble à des sensations vulgaires, et dont le résultat serait enfin d'abaisser notre existence, de dépeupler les cieux et de désenchanter la terre » [2].

Parce qu'elle n'est pas fondée sur une indignation morale, la critique de Maine de Biran développe une argumentation beaucoup plus solide [3]. Celui-ci a su se doter de bonnes connaissances physiologiques et se tient régulièrement au courant des publications dans ce domaine. Dès le départ, sa réflexion a en effet pour objet de construire une « physique expérimentale de l'âme » et de « résoudre ce problème insoluble : tel état physique étant donné, déterminer l'état moral et vice-versa » [4], problème qui attend le « génie […] qui nous indiquerait quel est l'état physique auquel est attaché un certain état moral déterminé » [5]. Insatisfait des réponses qu'il trouve dans la lecture de Bonnet ou de Barthez, il voit bientôt en l'auteur des premiers mémoires des *Rapports* le « génie » qu'il appelait de ses vœux. Par la suite cependant, un long cheminement,

1. « Les règles de conduite pour être heureux sont absolument les mêmes que pour être vertueux » dit-il (*RPMH*, préface, dans *OPC* I, p. 119) en se référant à Volney (*La Loi naturelle ou Catéchisme du citoyen français*, Paris, Impr. de Sallior, an III-1793) et à Saint-Lambert (*Principes des mœurs chez toutes les nations ou Catéchisme universel*, Paris, Agasse, an VI-1798).

2. *Discours prononcés dans la séance publique tenue par la classe de la langue et de la littérature françaises de l'Institut de France, pour la réception de M. de Tracy, […] le 21 décembre 1808*, Paris, Baudouin, 1808, p. 30.

3. Sur la relation Cabanis/Maine de Biran, voir Henri Gouhier, *Les Conversions de Maine de Biran*, Paris, Vrin, 1948 et François Azouvi, *Maine de Biran, la science de l'homme*, Paris, Vrin, 1995.

4. « Vieux cahier, côté A », 25 décembre 1794, dans MdB I, Paris, p. 119.

5. « Vieux cahier, côté B », *ibid.*, p. 162.

scandé de multiples étapes, le conduit à entrer en dissidence : s'il existe assurément une vérité de l'approche physiologique qui rend compte des mouvements organiques, elle doit être scrupuleusement distinguée de la vérité manifestée dans ce fait de conscience qu'est la perception de l'effort hyperorganique. Il y a là deux niveaux ou deux points de vue radicalement distincts et, s'il est vrai que l'homme est un « être mixte », il n'est pas de plus grande erreur que de mêler des éléments ou des enseignements de l'un dans l'autre, que de confondre physiologie et psychologie.

Quelles qu'aient été les prises de position des uns et des autres, l'onde de choc produite par la publication des *Rapports* va continuer de se propager durablement après la mort de l'auteur : l'ouvrage, qui ne connaît pas moins de neuf nouvelles éditions entre 1815 et 1867, restera longtemps porteur d'un clivage majeur au sein de la communauté savante, par exemple entre un Broussais et un Victor Cousin. Rares seront les esprits qui comme Jean-François Thurot s'efforceront de concilier la fidélité à l'Idéologie (celui-ci se revendique du terme et préside à l'édition des *Œuvres complètes* de Cabanis) et le ralliement, notamment sous l'influence de la lecture de Thomas Reid, à une philosophie clairement dualiste. Dans *De l'entendement et de la raison*, livre qui reprend en 1830 son enseignement à la faculté des lettres de l'Académie de Paris où il est le suppléant puis l'adjoint de Laromiguière dans la chaire de philosophie entre 1811 et 1823, il met en évidence les relations entre l'anatomie, la physiologie, la médecine et l'Idéologie et souligne « la correspondance constante que la nature a établie entre les phénomènes organiques et ceux de l'intelligence », tout en faisant valoir que ces deux domaines « resteront toujours séparés l'un de l'autre par toute la distance qu'il y a entre un fait de conscience et une modification de la matière » [1].

1. Jean-François Thurot, *De l'entendement et de la raison. Introduction à l'étude de la philosophie*, Paris, Aimé Andre, 1830, t. I, p. 154 et 156.

Chapitre VIII

LE PHILOSOPHE ENGAGÉ (1797-1800)

Au début de l'année 1797, Cabanis suspend, comme nous l'avons vu, la rédaction des mémoires lus devant la classe des sciences morales et politiques, alors même qu'il est loin d'avoir mené à son terme son plan de travail sur les rapports du physique et du moral et que ce projet est manifestement sa priorité.

Peut-on l'expliquer par ses nouvelles fonctions d'enseignant ? Bien qu'il n'ait guère d'appétence pour ce métier, il y est en effet poussé par la nécessité. Sa rémunération de membre de l'Institut constitue sa seule ressource mais les difficultés du temps font que son traitement n'est pas versé [1]. Il est ainsi conduit, avec l'appui de son ami Ginguené [2], à se faire nommer le 5 janvier 1797 (9 nivôse an V) professeur adjoint à l'Hospice de perfectionnement : « Je viens d'être nommé professeur à l'École de santé de Paris. C'est la situation délabrée de mes affaires qui m'a déterminé à accepter » [3]. Dans cette nouvelle fonction, il est chargé d'un « cours de perfectionnement de la clinique » présentant « les tableaux des cas les plus rares » et devant, pour ce faire, « tracer l'art d'étudier, d'observer, d'expérimenter, de raisonner, dans la science dont les objets sont les plus variés et les plus mobiles » [4]. Or il décide de ne pas traiter le sujet tel qu'il a été défini : reprenant un argument qu'il a déjà utilisé en l'an III avant de

1. Il s'en plaint dans une lettre du 16 octobre 1796 (25 vendémiaire an V) à Vermeil de Conchard : « J'avais compté pour boucher quelques trous sur mon traitement de l'Institut. Mais on ne nous paye point, quoique le gouvernement nous occupe beaucoup » (Paul-Prosper Vermeil de Conchard, *Trois études sur Cabanis d'après des documents inédits*, Brive, Petit et Boussus, 1914, p. 30).

2. Ginguené est alors directeur général de l'instruction publique.

3. Lettre à Vermeil de Conchard du 13 janvier 1797 (24 nivôse an V), *op. cit.*, p. 30.

4. *Discours d'ouverture du cours sur Hippocrate*, dans *OPC* II, p. 304-305.

rédiger *Coup d'œil sur les révolutions et sur la réforme de la médecine*, il juge à la fois prématuré et au-dessus de ses forces de faire « un cours où toutes les parties de la pratique seraient exposées systématiquement, où les vérités fondamentales seraient enchaînées dans leur ordre le plus naturel, et naîtraient les unes des autres » [1]. Parce que la médecine doit au préalable se pencher sur « *un nombre infini d'observations à revoir* » [2], il estime qu'il convient plutôt de former prioritairement les étudiants à l'art d'observer et en conséquence de consacrer son enseignement à celui qui est à ses yeux le maître inégalé en la matière, à savoir Hippocrate. À dire vrai, ce cours, qui a vraisemblablement été délivré dans les premiers mois de 1797 et dont ont été conservés le discours d'ouverture et le discours de clôture [3], n'apporte guère d'éléments nouveaux par rapport aux écrits antérieurs de Cabanis.

En tout état de cause, le métier d'enseignant ne semble décidément pas fait pour lui. Après avoir sollicité une autorisation d'absence pour maladie, il est certes nommé professeur adjoint de médecine clinique interne (29 novembre 1797) puis professeur adjoint de médecine légale et d'histoire de la médecine (6 août 1799), mais derrière ces titres assez prestigieux, son engagement dans l'enseignement tourne court. Comme le rappelle Destutt de Tracy :

> La faiblesse de la santé de M. Cabanis ne lui a jamais permis de remplir ses fonctions de professeur, mais il a toujours laissé les appointements qu'il avait en cette qualité, pour être employés à l'encouragement des élèves qui en étaient jugés dignes [4].

Destutt de Tracy dit vrai : dès septembre 1798, Cabanis demande que son traitement de professeur ne lui soit plus versé puis qu'il soit alloué à la bibliothèque de la faculté de médecine, à l'achat de matériel pédagogique et à l'entretien d'un étudiant pauvre et méritant.

Ce n'est donc pas de ce côté qu'il faut chercher les raisons qui le conduisent à suspendre la rédaction des *Rapports*, mais du côté de la politique. De la même façon qu'en 1789 les événements l'avait amené à mettre provisoirement entre parenthèse ses travaux d'épistémologie médicale, les fortes tensions qui secouent le Directoire en 1797 le font plonger à nouveau dans l'arène politique. Il le dit sans détour dans une brochure imprimée le 24 juillet (6 thermidor an V) :

1. *Discours d'ouverture du cours sur Hippocrate*, dans *OPC* II, p. 305.
2. *Ibid.*, p. 306. Nous soulignons.
3. *Ibid.*, p. 303-340.
4. Destutt de Tracy, *Discours de réception au sein de la classe de la langue et de la littérature françaises de l'Institut, 21 décembre 1808*, dans DdT, *OC* VIII, p. 533.

> Le moment présent est de ceux où les vrais patriotes doivent sentir plus vivement le besoin d'attacher par toute sorte d'engagements, leur existence à celle de la République et de la liberté [1].

L'Homme politique

Comme tous les vainqueurs de Thermidor, Cabanis a appelé de ses vœux un régime fondé sur trois piliers : les sciences et leur diffusion, la liberté et la propriété, c'est-à-dire, pour exprimer les choses de façon plus concrète, un régime contrôlé par cette classe « mitoyenne » et raisonnable, c'est-à-dire à la fois instruite et possédante, qui doit tracer sa route entre deux écueils ou deux ennemis :

– les royalistes qui veulent le retour de l'Ancien régime avec l'appui ou au moins le consentement implicite d'un peuple abruti par la religion ;

– les Jacobins qui ne peuvent usurper le pouvoir qu'en flattant les passions d'un peuple devenu « populace ».

Cela signifie que, pour les Thermidoriens, la masse du peuple est dans tous les cas de figure un mineur politique et devra le rester aussi longtemps que la diffusion de l'instruction – nécessairement très lente – ne lui aura pas donné les moyens de résister aux mirages de la superstition, d'un côté, de la démagogie, de l'autre.

Cette conception de la société politique est évidemment au cœur de la Constitution de l'an III rédigée principalement par l'Idéologue Daunou et par Boissy d'Anglas. En réservant la qualité de citoyens aux assujettis à l'impôt direct, elle confie le gouvernement aux plus instruits et aux propriétaires. Comme, en outre, le mécanisme qui organise la représentation politique fait que la réalité de la responsabilité est exercée non par les citoyens qui se réunissent dans les assemblées primaires mais par les électeurs élus au second degré par celles-ci, la véritable base sociale du régime est resserrée sur un noyau d'environ 30.000 hommes censés être les « meilleurs » ou les plus attachés à la culture de la raison. Par ailleurs la nouvelle Constitution a voulu tirer toutes les leçons des expériences précédentes : elle ménage un équilibre entre le législatif et l'exécutif en faisant en sorte qu'aucun des deux ne puisse prendre le pas sur l'autre ; elle recourt au bicamérisme pour se garder des errements de la Convention ; elle prévoit l'élection chaque année d'un tiers du Corps législatif afin de renforcer le lien entre le corps électoral et ses représentants et de garantir le renouvellement régulier du personnel

1. *Opinion de Cabanis sur les réunions s'occupant d'objets politiques*, Paris, Baudouin, impr. du Corps législatif, [6 thermidor an V].

politique ; elle confie enfin l'exécutif à un collège de cinq Directeurs de façon à interdire l'émergence d'un dictateur.

Pour toutes ces raisons, Cabanis est dès le départ un défenseur résolu de la Constitution de l'an III qu'il tient sinon pour un chef d'œuvre de droit constitutionnel, du moins pour une loi fondamentale parée de nombreuses vertus. Entre la fin septembre et la fin novembre 1797, il écrit de nombreux articles dans *Le Conservateur*, le quotidien politique, philosophique et littéraire fondé par ses amis Garat, Daunou et Chénier. Le titre du journal est à lui seul un programme : il s'agit bien de *conserver* la Constitution, c'est-à-dire le Directoire. C'est aussi l'époque où il fréquente le Cercle constitutionnel qui se réunit à l'hôtel de Montmorency, faubourg Saint-Germain, où il retrouve Benjamin Constant, Sieyès, Talleyrand, Garat, Chénier et Tallien.

En 1797, on sait que c'est clairement du côté royaliste que vient le principal danger. Cabanis envisage alors de se présenter à la députation dans le cadre du renouvellement du deuxième tiers mais une campagne de calomnies le fait renoncer. Il s'en explique dans une lettre à Vermeil de Conchard :

> [Les cabales] de Paris sont toutes royalistes et fanatiques. Il y a de quoi rire, quand on pense aux horreurs qu'on a fait débiter contre moi pour m'exclure. Un abbé Gérard a colporté dans l'assemblée primaire [pour les élections] toutes sortes de calomnies : *j'avais épousé une religieuse ; je travaillais pour établir une religion nouvelle ; j'étais un terroriste, un buveur de sang, etc. etc..* ; et des gens qui me connaissent depuis vingt ans ne savaient trop que penser.
>
> Au reste, il m'a rendu service ; car je suis malade et assez pour songer à moi, ce qui ne m'arrive guère. [...] Ça n'a jamais été que par dévouement que je suis entré dans les affaires publiques, et toutes les fois qu'on m'a oublié, je m'en suis tenu très heureux [1].

Les élections d'avril (germinal an V) se traduisent par une forte poussée royaliste qui provoque quelques mois plus tard le Coup d'État du 18 fructidor, avec l'invalidation de l'élection de 177 députés. Cabanis soutient sans état d'âme le Coup d'État comme l'indique cette nouvelle lettre à Vermeil de Conchard :

> Soyez bien sûr que le 18 fructidor était nécessaire pour éviter la guerre civile, la plus affreuse qui se puisse imaginer. Le Conseil des Cinq-Cents marchait à grands pas au bouleversement général. Le gouvernement a sauvé la République ; il a arraché la France à la dévastation qui la

1. Lettre du 9 germinal an V (29 mars 1797), citée dans Paul-Prosper Vermeil de Conchard, *op. cit.*, p. 31.

> menaçait. On sentira cela de plus en plus, à mesure que les complots de la trame se dévoileront. *La Constitution n'a été violée un instant que pour être conservée* [1].

Cette dernière phrase aurait peut-être dû lui faire pressentir que la Constitution de l'an III n'avait sans doute pas toutes les vertus qu'il lui prêtait, mais l'heure de cette prise de conscience n'est manifestement pas encore venue.

L'année suivante, il se présente aux élections pour le renouvellement du troisième tiers et est élu en avril 1798 (germinal VI) député aux Cinq-Cents pour le département de la Seine. À la différence des élections précédentes gagnées par l'opposition de droite, celles-ci le sont par l'opposition de gauche et expriment une forte poussée jacobine. Pour garder le contrôle des Conseils, le Directoire n'a d'autre solution que de provoquer un nouveau Coup d'État le 22 floréal an VI (11 mai 1798) en faisant invalider l'élection de 106 députés Jacobins.

Le nouveau député Cabanis est conscient de la gravité de la situation et il justifie les deux Coups d'État successifs par le fait que, contrairement à ce que certains veulent croire, la Révolution n'est pas terminée, ce qui autorise à prendre quelques libertés avec la légalité. Dans une intervention au Conseil des-Cents le 21 mai 1798 (2 prairial an VI), il déclare :

> Le vrai moyen de nous replonger dans les troubles révolutionnaires serait de croire que la Révolution est terminée. Non, elle ne l'est pas : elle ne l'est pas, tant qu'un gouvernement corrompu et machiavélique [le gouvernement anglais] soudoie, au sein de la France, des agents et des traitres ; que les factions s'agitent et soufflent dans tous les sens le mécontentement parmi le peuple ; [...] tant que le fanatisme avec ses torches, le royalisme avec son désespoir, l'anarchie dans ses fureurs menacent tour à tour de s'emparer de la République [2].

En conséquence, ajoute-t-il, l'heure est à la sauvegarde de la Constitution et à la défense du Directoire qui « marche sur une ligne républicaine », « comprime d'une main ferme toutes les factions » et « a la confiance des amis de la liberté » [3].

Pour autant, la confiance de l'opinion à l'égard du Directoire s'érode de jour en jour et Cabanis, pas plus qu'un autre, ne peut l'ignorer et y être indifférent. Les changements incessants de majorité et la succes-

1. Lettre du 4 vendémiaire an VI (25 septembre 1797), citée *ibid.*, p. 35. Nous soulignons.

2. Conseil des Cinq-cents. *Opinion de Cabanis sur la nomination des juges du tribunal de cassation.* Séance du 2 prairial an VI, Paris, imprimerie nationale, prairial an VI, p. 4.

3. *Ibid.*, p. 5.

sion de coups d'État conduisent de nombreux esprits à évoquer une nécessaire révision de la Constitution. La corruption d'une partie du personnel politique, le développement de la misère qui contraste avec l'enrichissement trop rapide de certains, les défaites militaires enfin, achèvent de rendre le régime massivement impopulaire. Déjà tendue, la situation s'aggrave à la suite du succès de la gauche aux élections d'avril 1799, suivi de ce qu'on a improprement appelé le Coup d'État de prairial qui voit les Conseils imposer le remplacement de deux Directeurs. C'est dans ce contexte que Sieyès accepte en mai 1799 de siéger au Directoire, ce qu'il avait toujours refusé jusqu'ici : le retour au premier plan de ce partisan notoire d'une révision constitutionnelle est en conséquence perçu par beaucoup comme le signe avant-coureur de prochains bouleversements. Au cours du printemps et de l'été 1799, souvent qualifié de « moment néo-jacobin », la lutte politique fait rage et Sieyès comme Barras font l'objet de nombreuses attaques. Cabanis, qui comme tous les Idéologues a vivement applaudi au retour de Sieyès, prend la défense de celui-ci devant le Conseil des Cinq-Cents. Après avoir demandé qu'on arrête de confondre la liberté de la presse avec le droit à la calomnie, il fait valoir que s'en prendre à Sieyès, c'est en réalité s'en prendre à la République elle-même :

> Ce n'est pas de lui [Sieyès] qu'il s'agit, ce n'est pas à lui qu'on en veut ; ne vous y trompez pas. [...] Si son arrivée au Directoire exécutif n'avait point ranimé le courage des amis les plus inquiets de la liberté ; si la nation tout entière ne plaçait pas maintenant un si grand espoir dans ce Directoire de votre choix, dont la marche également énergique et sage peut seule conjurer les tempêtes civiles, on laisserait fort tranquilles et Sieyès et Barras. [...] C'est à la République qu'on en veut ; à la République seule [1].

L'idée d'une révision constitutionnelle est désormais dans toutes les têtes et comme la Constitution de l'an III rend celle-ci à la fois très compliquée à opérer et interdite avant 1804, la perspective d'un nouveau coup d'État paraît inévitable à beaucoup. Les Idéologues (Cabanis, Daunou, Garat, Chénier, Volney [2]) se placent désormais dans le sillage de Sieyès et sont assez vite mis dans la confidence des projets du nouveau Directeur. Cabanis ne cache pas par ailleurs son admiration pour l'autre instigateur du prochain Coup d'État, Bonaparte, qu'il rencontre par

1. Conseil des Cinq-Cents. *Discours prononcé par Cabanis, sur le message du Conseil des Anciens, relatif aux journaux calomniateurs des premières autorités.* Séance du 1er fructidor an VII (19 août 1799). Paris, Imprimerie nationale, fructidor an VII, p. 4.

2. Sans être opposé au Coup d'État, Destutt de Tracy est toujours réticent à l'idée de sortir de la légalité et se tient en retrait.

l'intermédiaire de Lucien Bonaparte et de Volney. Comme beaucoup de membres de l'Institut, il est séduit par ce général qui, élu dans la section de mécanique en 1797, sait habilement flatter ses nouveaux collègues en leur déclarant que :

> les vraies conquêtes, les seules qui ne donnent aucun regret, sont celles que l'on fait sur l'ignorance. L'occupation la plus honorable, comme la plus utile, c'est de contribuer à l'extension des idées humaines. La vraie puissance de la République française doit consister désormais à ne pas permettre qu'il existe une seule idée nouvelle qu'elle ne lui appartienne [1].

Lorsque la conjuration de Brumaire prend forme, Cabanis est de la trentaine de députés qui sont initiés au complot et s'impliquent dans sa préparation. Le Coup d'État réussi dans les conditions tragi-comiques que l'on sait, il fait partie de la cinquantaine de députés des Cinq-Cents qui se réunissent le 19 brumaire après vingt-trois heures dans l'Orangerie de Saint-Cloud pour donner une apparence de légalité aux événements. C'est au cours de cette séance extraordinaire qu'il fait adopter, à l'instigation de Sieyès [2], un *Projet de résolution portant qu'il sera fait une adresse au peuple français* et qu'il prononce un long discours [3] dont P. Gueniffey a bien perçu l'enjeu :

> Cabanis avait préparé un interminable discours qu'il lut devant l'auditoire somnolent. Mais il est vrai que cette dissertation en faveur d'un changement constitutionnel n'était pas tant destinée aux députés qu'aux journaux qui devaient la reproduire et qu'elle visait moins à convaincre qu'à manifester aux yeux de tous l'adhésion au coup d'État des « Idéologues », ce groupe d'intellectuels [...] qui, depuis 1795, symbolisait les efforts pour dissocier République et Terreur. Le ralliement de ces hommes étroitement associés au régime déchu était important : il était censé apporter la garantie que le nouveau régime resterait fidèle aux principes qui avaient présidés à la fondation de la République thermidorienne [4].

Ce même soir, trois Consuls provisoires (Sieyès, Roger Ducos et Bonaparte) sont nommés et deux commissions de vingt-cinq membres issus du Conseil des Anciens et du Conseil des Cinq-Cents sont constituées. Celles-ci, qui comptent parmi leurs membres Cabanis, Daunou, Chénier

1. Cité dans Antoine Guillois, *Le Salon de Madame Helvétius*, *op. cit.*, p. 121.

2. Jean Thiry, *Le Sénat de Napoléon*, Paris, Berger-Levrault, 1932, p. 43.

3. Conseil des Cinq-Cents. *Discours prononcé par Cabanis, à la suite du rapport de la Commission des sept.* Séance extraordinaire du 19 brumaire an VIII. Saint-Cloud, Imprimerie nationale, 19 brumaire an VIII.

4. Patrice Gueniffey, *Le Dix-huit Brumaire, l'épilogue de la Révolution française*, Paris, Gallimard, 2008, p. 305.

et Garat, sont « chargées de préparer […] les changements à apporter aux dispositions organiques de la Constitution » [1]. De retour à Auteuil, Cabanis ne dissimule pas sa fierté d'avoir été un acteur de l'opération [2].

La lassitude d'une opinion résignée à voir se succéder les coups d'État fait que Brumaire ne provoque dans la population ni enthousiasme ni rejet. Des oppositions se manifestent néanmoins du côté jacobin et plus encore du côté royaliste, certains faisant courir le bruit que le pouvoir veut revenir sur les acquis de la Révolution et que Bonaparte, nouveau Monk, prépare le retour du roi. Dès le 25 brumaire an VIII (16 novembre 1799), Cabanis conclut devant la Commission du Conseil des Cinq-cents une intervention sur l'emprunt forcé [3] par une péroraison destinée à combattre ces rumeurs et surtout à être reprise dans la presse, en l'espèce dans *L'Ami des lois* du 30 brumaire an VIII (21 novembre an VIII) :

> Non, *il n'y aura point de réaction*; non, les propriétés des acquéreurs de biens nationaux ne cesseront pas un seul instant d'être aussi sacrées […] que celles des autres citoyens. Eh quoi! *Les hommes du 18 et du 19 brumaire ne sont-ils pas les mêmes qui voulurent et préparèrent le 18 fructidor?*

Encore une fois, il s'agit pour lui et ses acolytes de souligner que, par-delà les bouleversements institutionnels, la ligne politique thermidorienne continue de prévaloir.

L'Esquisse d'une théorie politique

Ce n'est pas ici le lieu d'exposer les péripéties qui conduisent à la proclamation de la Constitution de l'an VIII le 15 décembre 1799 (24 frimaire an VIII). Rappelons seulement que Bonaparte prend dès le départ l'ascendant sur Sieyès qui s'illusionnait gravement en pensant que son rôle majeur dans la préparation du Coup d'État et sa réputation incontestée de constitutionnaliste hors-pair lui permettraient d'imposer ses vues sans discussions. Rappelons également que le résultat, dicté par

1. Loi du 19 brumaire an VIII, art. 11.

2. Le 12 novembre 1799 (21 brumaire an VIII), il écrit à Vermeil de Conchard : « Nous espérons que leur résultat [de ces journées] sera d'arracher la République à l'empire des brigands et des assassins et de la fonder enfin sur des bases solides. Telle du moins a été l'intention des hommes qui se sont mêlés de ce mouvement : je m'honorerai toujours en mon particulier de la part que j'y ai prise » (Lettre citée dans Paul-Prosper Vermeil de Conchard, *op. cit.*, p. 41).

3. Commission des Cinq-cents. *Opinion de Cabanis sur l'emprunt forcé.* Séance du 25 brumaire an VIII. Paris, Imprimerie nationale, Brumaire an VIII.

Bonaparte à Daunou, mêle certaines des conceptions de Sieyès et les vues du futur Premier consul. Au premier, on doit, en vertu de son célèbre principe « *la confiance vient d'en bas, l'autorité vient d'en haut* », le curieux système pyramidal des « listes de confiance » au sein desquelles l'autorité supérieure désigne les titulaires des charges administratives et politiques [1]. Au second, qui n'a pas voulu entendre parler du « Grand Électeur » imaginé par Sieyès, on doit les immenses pouvoirs dévolus au Premier consul tant dans le champ exécutif que législatif.

Le lendemain 16 décembre (25 frimaire), Cabanis prononce un long discours en défense et illustration de cette Constitution [2] que la France doit « à deux hommes de génie ». Comme toujours, il entend juger de celle-ci au regard des principes qui doivent à ses yeux présider désormais à la jeune science politique.

Au point de départ de sa réflexion il y a le refus de deux abstractions : selon la première, il n'existerait dans l'état de nature que des individus isolés, sans rapports antérieurs avec leurs semblables ; selon la seconde, il serait possible de penser la société sans prendre en compte les droits des individus. La réalité, c'est que l'homme est dès l'origine un individu social [3] qui, par nature, conjugue les affections égoïstes (se conserver) et les affections sympathiques et bienveillantes (cultiver les relations avec les autres). Pour satisfaire ses besoins, il dispose de moyens (son intelligence et sa volonté) et comme ceux-ci ne cessent de croître au fur et à mesure des progrès des connaissances, il étend le champ de ses besoins et de ses jouissances. Dans ses conditions, « l'objet de toute organisation politique est donc d'augmenter et d'assurer le bonheur de tous les membres de l'association » [4], tant au plan individuel que collectif.

Pour déterminer l'organisation politique la plus apte à atteindre cet objectif, il est nécessaire, nous dit Cabanis, de recourir à deux moyens :

1. Les citoyens de chaque arrondissement communal (6.000.000 au total) désignent un dixième d'entre eux (600.000 au total) pour former les listes communales au sein desquelles seront nommés les fonctionnaires publics de l'arrondissement. Ces 600.000 citoyens désignent un dixième d'entre eux (60.000 au total) pour former les listes départementales au sein desquelles seront nommés les fonctionnaires publics du département. Ces 60.000 citoyens désignent un dixième d'entre eux (6.000) former pour la liste nationale au sein de laquelle seront élus par le Sénat les titulaires des fonctions publiques nationales. Dans ce dispositif les électeurs sélectionnent des citoyens « recommandables » mais ne nomment directement à aucune fonction.

2. Commission du Conseil des Cinq-Cents. *Quelques considérations sur l'organisation sociale en général et particulièrement sur la nouvelle Constitution par Cabanis*. Séance du 25 frimaire an VIII. Paris, Imprimerie nationale, an VIII, dans *OPC* II, p. 461-490.

3. En dénonçant la fiction du « contrat social », Destutt de Tracy ne dit pas autre chose.

4. *Quelques considérations sur l'organisation sociale...*, dans *OPC* II, p. 463.

tirer les leçons de l'expérience historique (comme le soulignait déjà Volney dans ses leçons d'histoire à l'École normale) et surtout prendre appui sur la connaissance de l'homme, ce domaine d'investigation renouvelé par les Idéologues :

> [le] moyen de porter dans l'art social des règles au moins approximatives, c'est l'étude directe de l'homme, ou l'analyse de ses besoins, de ses facultés, et des rapports nécessaires que ses facultés et ses besoins doivent établir entre lui et ses semblables. L'histoire des développements de l'intelligence, *qui n'a été bien faite que dans ces derniers temps*, et le tableau du jeu des passions que la société présente sans cesse à des regards attentifs, sont les fécondes sources où le philosophe pourra puiser [1].

Cela revient à dire que ce n'est seulement qu'en cette extrême fin du XVIIIe siècle que l'on est en mesure de concevoir avec le plus haut degré de probabilité la constitution la plus parfaite.

De l'expérience historique se dégagent, avec grand nombre de variantes, trois types principaux d'organisations politiques : la monarchie, l'aristocratie et la démocratie. Chacune d'elles a montré ses avantages et ses inconvénients :

– La *monarchie* a pour elle la force et l'unité d'action. En revanche, elle tend régulièrement à dériver vers le despotisme et ne peut généralement se soutenir sans l'appui de la superstition.

– L'*aristocratie* permet un partage de l'autorité et confie, en principe, le pouvoir aux plus capables. Le groupe social dominant a tôt fait cependant d'imposer une tyrannie plus ou moins diffuse.

– La *démocratie* a le mérite d'intéresser directement chaque citoyen au fonctionnement de l'État. Son plus gros défaut en revanche est de libérer « les passions ignorantes et ennemies de l'ordre ; de livrer à la merci de la plus absurde populace les hommes les plus sages et les plus vertueux » [2].

La question posée est en conséquence de savoir si l'on peut concevoir un système politique qui ne retiendrait que les qualités de chacun de ces trois régimes sans leurs inconvénients. Or, c'est précisément dans le second moyen, l'étude de l'homme, que se trouve la réponse. Elle nous enseigne en effet que le besoin de *liberté* et le besoin d'*égalité* sont inscrits dans la nature humaine [3]. Pour les satisfaire, elle a découvert deux moyens

1. *Quelques considérations sur l'organisation sociale*..., dans *OPC* II, p. 465. Nous soulignons.

2. *Ibid.*, p. 472.

3. Comme l'avait démontré Volney en 1793 au chapitre IX de *La Loi naturelle, ou Catéchisme du citoyen français.*

dont les Anciens « n'avaient aucune idée » [1] : la *division des pouvoirs* et le *système représentatif*. En combinant intelligemment ces deux moyens, la Constitution de l'an VIII a, comme Cabanis le dira quelques jours plus tard, « fondé la vraie liberté » et « conservé l'égalité sociale » [2] :

– La *démocratie* est assurée parce que les citoyens participent à l'élaboration des listes de confiance inventées par Sieyès, mais elle est « purgée de ses inconvénients » [3] dans la mesure le peuple ne désigne que des éligibles et ne procède directement à aucune nomination. Pour que ne subsiste aucune ambiguïté, Cabanis ajoute :

> Il n'y a plus ici de populace à remuer au forum ou dans les clubs : la classe ignorante n'exerce plus aucune influence, ni sur la législature ni sur le gouvernement; partant, plus de démagogues. Tout se fait pour le peuple et au nom du peuple; rien ne se fait ni par lui ni sous sa dictée irréfléchie : et tandis que sa force colossale anime toutes les parties de l'organisation publique; tandis que sa souveraineté, source véritable, source unique de tous les pouvoirs, imprime à leurs différents actes un caractère solennel et sacré, il vit tranquille sous la protection des lois [4].

Ce qu'il résume dans cette formule lapidaire : le peuple « est libre, mais il est calme » [5].

– La principale vertu de la *monarchie* est sauvegardée grâce à un exécutif fort, solide et stable, l'exécution des lois devant être confiée « à une force qui la rende irrésistible » [6]. Pour autant, le contrepoids formé par les autres autorités (Sénat, Tribunat, Corps législatif) lui interdit de dévier vers l'arbitraire et la tyrannie.

– Les vertus du système *aristocratique* se retrouvent enfin, d'une part, dans les listes de confiance qui sélectionnent par réductions successives les plus capables et les plus vertueux, d'autre part et plus encore, dans le corps conservateur ou le Sénat qui est « chargé de garantir le pacte social de toute atteinte, de maintenir l'ordre et la paix dans l'État, de veiller sur la liberté nationale comme un dépôt sacré, de nommer les premiers fonctionnaires dans l'ordre exécutif, et les membres [des organes législatifs] [7] ».

1. *Ibid.*, p. 464.
2. Commission du Conseil des Cinq-Cents. *Discours prononcé par Cabanis*. Séance du 3 nivôse an VIII (24 décembre 1799). Paris Imprimerie nationale, nivôse an VIII, p. 3.
3. *Quelques considérations sur l'organisation sociale…*, dans *OPC* II, p. 475.
4. *Ibid.*
5. *Ibid.*, p. 481.
6. *Ibid.*, p. 477.
7. *Ibid.*, p. 475.

Un peuple calme, un Premier Consul fort, le tout sous le contrôle d'un Sénat réunissant les « meilleurs » des survivants de la Révolution, voilà, nous dit Cabanis, un dispositif constitutionnel qui « fera époque dans l'histoire de l'art social » [1] et dans lequel doivent se retrouver « les homme paisibles et laborieux, les propriétaires et les capitalistes, les amis ardents de la liberté, les savants et les philosophes ». La Constitution de l'an VIII forme ainsi le « dernier acte » de la Révolution et ouvre « cette ère nouvelle, si longtemps promise au peuple français » [2].

La question du peuple

Si Cabanis veut donc un peuple calme, un peuple dont l'intervention dans le champ politique s'exerce dans un cadre étroitement délimité, un peuple qui abandonne la réalité du pouvoir aux hommes instruits et possédants, est-ce à dire qu'il veut un peuple soumis ou dépendant? La question mérite d'autant plus d'être posée que nous avons vu [3] qu'à l'instar de Condorcet il refusait que l'inégalité des talents débouchent sur des situations de dépendance.

Qu'elle soit envisagée sous l'angle de l'organisation politique, du travail, des secours publics ou de l'instruction, la question du peuple revient de façon récurrente sous la plume de Cabanis. Notons tout d'abord que celui-ci, parce qu'il a – ce qu'on ne peut lui contester – une longue pratique de la médecine auprès des pauvres, se targue d'être mieux que d'autres en capacité de connaître la réalité du peuple et d'en parler. En témoigne ce passage du discours qu'il prononce le 19 brumaire an VIII (10 novembre 1799) au Conseil des Cinq-Cents :

> J'entends dans ce Conseil citer souvent le peuple; mais c'est presque toujours par des hommes qui connaissent bien mal ses opinions, ses sentiments, ses vœux véritables. Je puis, j'ose le dire, en parler avec plus de connaissance de cause; je vois tous les jours la classe indigente et manouvrière, je la vois, cette classe respectable, ou dans sa chaumière, ou dans son quatrième étage : et je puis attester avec vérité que nulle part l'horreur des lois prétendues populaires ne se manifeste avec plus d'énergie [4].

1. *Quelques considérations sur l'organisation sociale...*, dans *OPC* II, p. 482.

2. *Ibid.*, p. 484.

3. Chapitre III, p. 52 et 60.

4. Conseil des Cinq-Cents. *Discours prononcé par Cabanis, à la suite du rapport de la commission des sept.* Séance extraordinaire du 19 brumaire an VIII. Saint-Cloud, Imprimerie nationale, 19 brumaire an VIII, p. 7.

Dans l'une de ses interventions devant ce même Conseil quelques mois plus tôt, il s'était attaché à montrer que le peuple, tout ignorant qu'il puisse être, peut dans certains cas se révéler instinctivement et spontanément plus clairvoyant que de savants législateurs ou des administrateurs imbus de principes généraux et sans doute justes mais qu'ils appliquent de façon erronée à des situations concrètes qu'ils connaissent mal. C'est ainsi que lors du débat sur le projet de partage des biens communaux [1], de bons esprits armés de vérités économiques jugées incontestables (toute propriété indivise est mal gouvernée ; tout terrain abandonné à la vaine pâture est moins productif qu'un terrain cultivé ; il est de l'intérêt général de multiplier le nombre de propriétaires) en concluent, avec les meilleures intentions, qu'il faut partager les pacages communaux au bénéfice des paysans les plus pauvres. Or ces derniers comprennent d'emblée qu'un tel cadeau serait empoisonné car « on n'est pas un propriétaire véritable, c'est-à-dire un propriétaire solide, pour posséder un mauvais petit champ, incommode, mal situé, dépourvu des convenances locales propres à fixer une habitation, surtout quand on le possède sans capitaux pour le défricher, le planter, y bâtir » [2]. Inversement, ils savent d'instinct que les priver de pacages communs ne ferait qu'aggraver leur misère. Dans les circonstances actuelles, caractérisées par l'existence de nombreux petits paysans au bord de l'indigence, c'est, nous dit Cabanis, une erreur théorique que de raisonner sur les biens communaux comme sur les autres biens. En l'espèce, les vrais « sages » ne sont pas ceux qu'on pense et c'est une « singulière idée » que de croire « qu'on connaît mieux qu'eux [les paysans pauvres] leurs intérêts les plus imperceptibles » [3].

Pour autant, si le peuple a l'intuition de ses intérêts, son ignorance le rend aussi particulièrement vulnérable aux préjugés (que lui inculquent les prêtres pour le plus grand bénéfice des aristocrates) et aux passions (que flattent les démagogues, en l'occurrence les Jacobins). À ce titre, la vraie sagesse se trouve et doit rester du côté des hommes instruits et il ne faut pas se tromper sur le vrai sens du mot « populaire » :

> Il n'y a d'impopulaire que ce qui est nuisible au peuple ; il n'y a de populaire que ce qui lui est utile : et le peuple lui-même ne tarde pas à mettre une assez grande différence entre ceux qui ont combattu, et ceux qui ont flatté ses préjugés et ses erreurs. [...] Il veut voir en vous [députés

1. Conseil des Cinq-Cents. *Opinion de Cabanis, contre le projet de partage des biens communaux*. Séance du 7 pluviôse an VII (27 janvier 1799). Paris, Imprimerie nationale, pluviôse an VII.

2. *Ibid.*, p. 5.

3. *Ibid.*, p. 4-5.

> aux Cinq-Cents] les dignes représentants de la sagesse publique ; et ce n'est pas d'avoir soutenu ce qu'il pense, mais d'avoir recherché ce qu'il doit vouloir pour son avantage, qu'il vous tiendra compte dans ses bénédictions [1].

On voit qu'il faut faire preuve d'un grand discernement pour savoir où se trouvent les véritables intérêts du peuple : parfois celui-ci les connaît d'instinct contre des abstractions théoriquement justes mais éloignées de la réalité ; dans d'autres cas, il est de la responsabilité des citoyens éclairés et raisonnables d'aller contre ses préjugés, fût-ce au prix d'une impopularité temporaire.

Sur le fond, la réponse à la question voire au problème que soulève le peuple est évidemment à chercher, au-delà des vertus du travail et de la juste satisfaction des besoins, du côté de l'instruction et de l'éducation. C'est dans cette optique que Cabanis rédige en mars/avril 1799 (ventôse/germinal an VII) un long texte, resté manuscrit de son vivant, intitulé *Opinion sur le projet d'organisation des écoles primaires, et en général sur l'instruction publique* [2]. Ce texte, manifestement destiné à alimenter les débats sur le sujet au Conseil des Cinq-Cents, s'inscrit à l'évidence dans le prolongement des réflexions qui avaient inspiré le *Travail sur l'éducation publique, trouvé dans les papiers de Mirabeau*.

Cabanis rappelle tout d'abord qu'une République, c'est bien plus qu'une Constitution, aussi parfaite soit-elle ; une République existe avant tout par les « idées et habitudes nationales », par « l'esprit et l'âme des citoyens » [3]. Or, les désordres qui ont accompagné la décennie révolutionnaire ont affaibli les dispositifs d'enseignement, de sorte que « l'ignorance fait presque partout des progrès effrayants » [4]. Ce fléau qui atteint toutes les classes de la société représente un danger particulier pour la classe industrieuse plus susceptible que d'autres de s'abandonner aux démagogues et à « l'audace des charlatans » [5]. Dans ces conditions, la doctrine libérale d'un Adam Smith pour qui l'instruction est avant tout l'affaire des familles est peut-être adaptée à un peuple au sein duquel les lumières seraient massivement répandues, elle ne convient pas en revanche à la situation dans laquelle se trouve la France où le haut degré d'ignorance rend l'intervention de la puissance publique indispensable :

1. Conseil des Cinq-Cents. *Opinion de Cabanis sur l'impôt du sel à l'extraction.* Séance du 11 fructidor an VI [28 août 1798], Paris, Baudouin, s.d., p. 10.
2. Publié dans *OPC* II, p. 425-450..
3. *Ibid.*, p. 429.
4. *Ibid.*, p. 435.
5. *Ibid.*, p. 434.

> Dans l'état actuel des choses et des esprits, le législateur doit regarder comme un de ses devoirs les plus pressants [de répandre le savoir] à grand flots et en tous lieux. [...] Il doit vouloir que l'instruction devienne chaque jour de plus en plus commune et triviale [1].

La mise en œuvre par le gouvernement d'une organisation de l'instruction primaire représente ainsi un enjeu considérable. Ce but ne saurait toutefois être atteint en commençant par concentrer tous les moyens sur les écoles primaires au détriment des écoles d'un niveau supérieur. C'est même tout le contraire : de ce point de vue, les écoles primaires devraient plus judicieusement être qualifiées, dit-il, « d'écoles dernières » [2]. En effet, c'est depuis le sommet, en descendant par paliers progressifs et pour un public de plus en plus étendu, que le savoir peut et doit se diffuser : « pour avoir de bons marins, de bons constructeurs, [...] il nous faut des Lagrange ; [...] pour avoir de bons teinturiers, [...] il nous faut des Fourcroy » [3]. Ainsi les savants sont-ils indispensables à la constitution des écoles supérieures qui sont elles-mêmes la condition de la création des écoles centrales qui devront assurer, parmi d'autres missions, la formation des instituteurs primaires :

> Pour donner à la masse du peuple le degré de culture désirable, il faut entre elle et les hommes supérieurs, une assez grande quantité d'hommes instruits ; et pour que la quantité requise de ces derniers puisse se former sur plusieurs points et simultanément, il faut que celle des hommes supérieurs qui leur donne l'impulsion, ne soit pas trop faible [4].

En suivant cette voie, la puissance publique permettra au peuple de gagner en raison, d'être moins perméable aux préjugés et aux passions, et en conséquence de ne plus représenter un danger pour la paix sociale mais au contraire, même si cela doit prendre beaucoup de temps, de rejoindre petit à petit le monde des gens instruits et des propriétaires.

1. *Ibid.*, p. 433.
2. *Ibid.*, p. 436.
3. *Ibid.*
4. *Ibid.*

CHAPITRE IX

SOUS LE CONSULAT : ENTRE CONSÉCRATION ET CONTESTATION (1800-1804)

Le Consulat ouvre une nouvelle séquence dans l'itinéraire politique et intellectuel de Cabanis. Au lendemain du 18 brumaire, il est nommé sénateur à vie ce qui lui confère une autorité et lui assure, pour la première fois de sa vie, une confortable aisance matérielle. Mais c'est surtout à cette date qu'il reprend là où il l'avait laissée l'écriture des mémoires sur le physique et le moral de l'homme, en en rédigeant les six derniers. Cet important travail, perturbé seulement par la disparition de Mme Helvétius [1], débouche, comme on l'a vu, sur la publication des *Rapports* en août 1802 (thermidor an X). Le succès rencontré par l'ouvrage apporte à son auteur une sorte de consécration et le conforte, aux côtés de Destutt de Tracy qui a publié l'année précédente son *Projet d'éléments d'Idéologie*, dans sa position de chef de file des Idéologues. En même temps, le Consulat va être pour lui synonyme de retrait de la vie politique et va voir les attaques contre l'Idéologie, encore timides sous le Directoire, se multiplier.

LE SÉNATEUR OU LE DÉSENGAGEMENT DE LA POLITIQUE

Peu après la proclamation de la Constitution de l'an VIII, Sieyès se voit confier le privilège de nommer les trente premiers sénateurs à vie, à charge pour ceux-ci de désigner les trente suivants. Dans sa composition initiale, le Sénat compte une majorité d'anciens membres des assemblées de la

1. Le 13 août 1800 (25 thermidor an VIII). Celle-ci laisse à Cabanis et à l'abbé de La Roche la jouissance de sa maison d'Auteuil.

Révolution, les plus grands savants (Berthollet, Daubenton, Lacépède, Lagrange, Laplace, Monge) et, outre Cabanis, les Idéologues les plus en vue : Destutt de Tracy, Garat, Volney. Chez ces derniers, la fierté d'avoir œuvré en faveur de Brumaire ne tarde pas à se muer en incompréhension puis en opposition. Il faut dire que les événements qui se succèdent ne font qu'élargir davantage le fossé qui se creuse entre eux et le Premier consul : marginalisation de Sieyès dès le lendemain du Coup d'État ; suppression de fait du Conseil d'instruction publique au sein duquel les Idéologues dictaient la politique pédagogique du gouvernement (11 octobre 1800 ou 19 vendémiaire an IX) ; déportation de 130 Jacobins innocents à la suite de l'attentat de la rue Saint-Nicaise et adoption de la loi sur le tribunaux spéciaux (janvier/février 1801 ou nivôse/pluviôse an IX) ; signature du Concordat (15 juillet 1801 ou 26 messidor an IX) ; épuration du Tribunat dont les Idéologues sont éliminés (18 mars 1802 ou 27 ventôse an X) ; loi sur l'instruction publique décidant la suppression des écoles centrales et leur remplacement par les lycées (1er mai 1802 ou 11 floréal an X) ; Constitution de l'an X instaurant le Consulat à vie (4 août 1802 ou 16 thermidor an X) ; réorganisation de l'Institut national se traduisant par la suppression de la classe des sciences morales et politiques (23 janvier 1803 ou 3 pluviôse an XI) ; Empire héréditaire (18 mai 1804 ou 28 floréal an XII).

Comme l'a fait valoir son ami Moreau de la Sarthe, Cabanis « ne s'est jamais pardonné » [1] l'illusion qui l'avait conduit à prendre part au Coup d'État et à lui conférer une sorte de caution morale. Il voit avec tristesse que le Sénat qui avait pourtant été conçu pour former un contrepoids au pouvoir exécutif, n'ose pas affronter le maître du jour et en est même devenu l'auxiliaire zélé. Avec une dizaine de ses collègues, il fait partie de la petite minorité qui au sein de la haute assemblée essaie d'exprimer une opposition mais il se rend compte assez vite de la vanité de ce combat. Après s'être prononcé contre le sénatus-consulte prononçant la déportation des Jacobins puis contre l'épuration du Tribunat, il décide de prendre du recul et fait partie de ceux que Bonaparte appelle désormais les « boudeurs d'Auteuil ». Sa lettre du 2 pluviôse an X (22 janvier 1802) au juriste et naturaliste Charles Dumont de Sainte-Croix est révélatrice de son état d'esprit :

> Dans notre retraite, que des ardélions politiques calomnient à leur aise, vous ne trouverez que l'amour sincère de la vérité, du bonheur des

1. Jacques Louis Moreau de la Sarthe, « Notice sur la vie et les ouvrages de Cabanis », *op. cit.*, p. 254.

hommes, et les douceurs de l'amitié fondée sur la vertu. Il n'y a pas grand mal à tout cela [1].

Pour ne pas avoir à participer aux cérémonies célébrant le Consulat à vie, il se met en congés en thermidor an X (août 1802) et part à la campagne, comme il le fera deux ans plus tard au moment de la proclamation de l'Empire. En définitive, sa fonction de sénateur marque paradoxalement son désengagement progressif de toute activité politique.

Un magistère à la fois conforté et contesté

La position acquise par Cabanis à la suite de la publication des *Rapports* l'encourage en premier lieu à publier ou republier ses principaux écrits. En 1803 paraît une seconde édition de *Du Degré de certitude de la médecine* ; elle est considérablement augmentée puisqu'elle comprend en outre la réédition du *Journal de la maladie et de la mort de Mirabeau*, de la *Note [...] touchant le supplice de la guillotine* et du *Rapport fait au Conseil des Cinq-Cents sur l'organisation des Écoles de médecine* ainsi que la première édition des *Quelques principes et quelques vues sur les secours publics*, reprenant des textes écrits au début de la Révolution. Début 1804 est publié *Coup d'œil sur les révolutions et sur la réforme de la médecine*, texte rédigé, rappelons-le, au cours de l'hiver 1795. Le premier tirage des *Rapports* étant rapidement épuisé, Cabanis en prépare la seconde édition. Parallèlement, associé à Garat et à Barbier, le bibliothécaire du Conseil d'État, il aide Sophie de Condorcet à éditer les *Œuvres complètes* de son mari en 21 volumes.

Toutefois, s'il se réjouit du fait que la plupart de ses écrits sont désormais accessibles, le plus important pour lui est ailleurs : dès lors que les bases de l'Idéologie ont été posées par lui et par Destutt de Tracy, il faut que la nouvelle science investisse, réforme et développe tous les champs du savoir. Comme l'écrit Maine de Biran à Charles Dorimont de Feletz à la suite de sa première visite aux deux Idéologues : « Les deux amis [...] ne vivent que pour [...] la chère Idéologie aux progrès de laquelle ils s'intéressent par dessus tout » [2]. Et puisqu'il s'agit, à leurs yeux, d'une science et non pas d'une philosophie personnelle, cette entreprise ne peut être que collective. Pour ce faire, il leur faudrait mobiliser la classe des sciences morales et politiques et plus particulièrement le « petit

1. Cité dans François Labrousse, *op. cit.*, p. 25-26.
2. Lettre en date du 11 thermidor an X (30 juillet 1802), dans MdB, XIII-2, p. 169.

troupeau » [1] des Idéologues qui, par l'usage de la bonne méthode, est en situation de renouveler toutes les connaissances. Il faudrait aussi recruter de nouveaux talents comme ils viennent de le faire en obtenant que soit couronné par l'Institut national le *Mémoire sur l'influence de l'habitude sur la faculté de penser* de Maine de Biran [2]. Publiant un compte-rendu dudit mémoire dans *Le Citoyen français*, Cabanis souligne que ce brillant lauréat « est destiné à contribuer puissamment aux progrès que ne peuvent manquer de faire dans peu les diverses parties de la science de l'entendement » [3]. Aussi lui confie-t-il aussitôt la mission de travailler sur les rapports entre l'Idéologie et les mathématiques, ce qui donne lieu à un mémoire rédigé dès le mois d'octobre [4]. Considérant qu'il ne s'agit toutefois là que d'une « magnifique esquisse », Cabanis n'aura de cesse jusqu'en 1807 de lui demander de revenir sur ce sujet [5], alors même que Maine de Biran est depuis longtemps engagé dans d'autres voies et a bien d'autres préoccupations. Cet espoir d'un travail collectif ne se concrétisera guère : la suppression de la seconde classe de l'Institut y contribue sans aucun doute, mais il faut surtout reconnaître que si les Idéologues partagent effectivement des principes qui confèrent à leurs productions une incontestable parenté, ils sont aussi des esprits bien trop indépendants pour accepter de se plier à quelque discipline et d'entrer dans des projets communs.

En même temps qu'un moment de consécration, le Consulat est tout autant pour Cabanis une période au cours de laquelle le magistère qu'il avait conquis sous le Directoire est désormais contesté. Sous les tirs croisés des « publicistes en soutane », tel l'abbé Sicard, soucieux de prendre leur revanche après avoir été fructidorisés en 1797, des hommes de lettres (Ballanche, Chateaubriand, Fontanes) pour qui la science générale de l'homme ne saurait exprimer la vérité des sentiments et les ressorts de l'âme, et des traditionalistes (Maistre, Bonald), Cabanis et ses

1. Selon la formule employée par Destutt de Tracy dans sa lettre à Joseph Droz en date du 27 fructidor an X (14 septembre 1802), dans DdT, *Correspondance*, *OC* VIII, p. 160.

2. Le rapport correspondant, rédigé par Destutt de Tracy, est présenté à la classe des sciences morales et politiques le 17 messidor an X (6 juillet 1802).

3. *Le Citoyen français, journal politique, commercial, littéraire*, n° 1178, 23 pluviôse an XI (13 février 1803). Compte-rendu repris dans MdB, II, p. 363.

4. Mémoire publié dans MdB, III, p. 1-16.

5. « Je ne cesserai de vous répéter que le travail sur la métaphysique et la langue de la géométrie et du calcul serait aujourd'hui le plus utile de tous ceux que vous êtes si capable d'exécuter : je vous y ramènerai dans toute occasion » (Lettre de Cabanis à Maine de Biran en date du 8 avril 1807, dans MdB, XIII-3, p. 477).

amis perdent à l'évidence du terrain [1]. Ces attaques contre les Idéologues s'inscrivent évidemment dans le cadre d'une offensive plus large contre le siècle des Lumières dans son ensemble, à l'instar des trois derniers volumes du *Cours de littérature* de La Harpe consacrés à la *Philosophie du 18^esiècle*, rédigés au début du Consulat et parus en 1804. L'ouvrage de cet ancien académicien disciple de Voltaire qui a commencé par épouser avec zèle la cause de la Révolution avant de tourner casaque [2] et de rallier le camp catholique et royaliste, est vivement pris à partie par Antoine-Alexandre Barbier dans un compte-rendu [3] publié dans le *Magasin philosophique*. Lorsqu'il reçoit un tiré à part de l'article, Cabanis remercie Barbier

> de cette réfutation de quelques-unes des imputations calomnieuses qui fourmillent dans les derniers écrits de Laharpe. J'ai été l'ami, et je me fais l'honneur d'être le disciple de plusieurs des grands hommes qu'un essaim d'écrivailleurs, aussi ignorants que malveillants, attaquent maintenant avec tant de fureur [4].

Ces attaques ne semblent pas pour autant beaucoup l'émouvoir puisqu'il ajoute : « Je ne regarde pas ces atteintes comme bien dangereuses ».

La réorganisation de l'Institut national

Le nouveau Consul à vie ne peut cependant manquer de se satisfaire de ce nouveau climat. Non seulement il supporte de moins en moins ces donneurs de leçons qui se posent comme les consciences de l'idéal républicain, mais plus encore il ne croit pas une seconde que la réconciliation des Français qu'il appelle de ses vœux après dix années de déchirements puisse s'opérer sous le signe d'une doctrine aussi éloignée de la sensibilité populaire que l'Idéologie. En décidant le 23 janvier 1803 (3 pluviôse an XI), sous couvert de réorganiser l'Institut, de supprimer la

1. Voir Jean-Luc Chappey, « Des Lumières à l'Empire », dans *La Vie intellectuelle en France*, sous la direction de Christophe Charles et Laurent Jeanpierre, Paris, Seuil, 2016, t. I, p. 27-57.

2. Dans ses cours au Lycée républicain, La Harpe en est venu à dénoncer « les barbares du XVIIIe siècle qui se sont nommés *philosophes* » (Cité dans *La Décade philosophique, politique et littéraire*, 10 messidor an IX [29 juin 1801]).

3. Antoine-Alexandre Barbier, *Examen de plusieurs assertions hasardées par J. F. Laharpe, dans sa* Philosophie du 18e siècle, *qui forme la dernière partie du* Cours de littérature, dans *Le Magasin philosophique*, mai 1805.

4. Lettre de Cabanis à Barbier en date du 16 prairial an XIII [5 juin 1805] (BnF, dpt des mss, NAF 1390 (203).

classe des sciences morales et politiques, Bonaparte porte le coup le plus rude à ces Idéologues qui perdent ainsi leur dernier « lieu de pouvoir ». Cabanis, tout comme Garat et Volney, est versé dans la nouvelle deuxième classe (langue et littérature françaises) qui se veut la résurrection de l'ancienne Académie française (elle ne reprendra ce nom qu'en 1816), tandis que Destutt de Tracy et Laromiguière sont versés dans la troisième (histoire et littérature anciennes).

Destutt de Tracy prend très mal cette affectation dans une classe où il estime qu'il n'a rien à faire. Sa première tentative d'y faire élire en février 1803 Maine de Biran pour renforcer en son sein le pôle des Idéologues tourne court [1]. Sa propre tentative en mars suivant de rejoindre Cabanis dans la nouvelle deuxième classe en se portant candidat à la première vacance n'a pas plus de succès, ce qui montre bien que la domination qu'exerçaient les Idéologues au sein de l'Institut appartient désormais au passé.

Pour Cabanis, la situation ne se présente pas tout à fait dans les mêmes termes. S'il déplore vivement la suppression d'une classe qui était appelée à porter son projet d'une science générale de l'homme, son versement dans la classe de langue et littérature françaises lui apparaît comme un moindre mal. En héritier de Condillac pour qui, d'une part, il n'y a pas d'idées qui ne soient revêtues de signes et, d'autre part, la science est une langue bien faite, il sait toute l'importance d'appartenir à une assemblée qui traite, parmi d'autres sujets, des questions relatives à la grammaire et au langage. Lorsqu'il était député aux Cinq-Cents, il avait déjà souligné l'intérêt de la dernière édition du *Dictionnaire* de la ci-devant Académie française. En effet, disposer d'un état de la langue à la fin de l'Ancien Régime ne permet pas seulement de mesurer les évolutions que le passage de la Monarchie à la République ont fait subir à la langue elle-même. Cela permet surtout de donner à voir les caractéristiques éminemment propres à la langue *française*, à savoir la *précision* et la *clarté* (avec en outre cette sorte de supplément d'âme que représente l'*élégance*). À ce titre, la science comme la politique lui sont largement redevables : la langue française a « créé parmi nous des méthodes d'examen plus parfaites qu'elles n'ont jamais existé nulle part » et a « fait naître une philosophie

1. Il écrit alors à Cabanis pour qu'il use de son influence en faveur de cette candidature : « Vous feriez une bonne action pour lui et pour la science de le recommander. Ce me semblerait un petit hommage à la raison que ces Savantas prissent un Idéologiste » (lettre publiée dans DdT, *Correspondance*, *OC*, VIII, p. 162). Rappelons qu'en février 1803 Maine de Biran peut encore être considéré comme faisant partie des Idéologues.

presque entièrement nouvelle » [1] qui a ouvert la voie à la Révolution. Aussi, en février 1803, à la fin du compte-rendu sur le mémoire de Maine de Biran cité plus haut, Cabanis semble faire contre mauvaise fortune bon cœur en espérant qu'il lui sera possible de poursuivre son projet dans la nouvelle configuration de l'Institut :

> Maintenant que la réunion désirable des grammairiens et des littérateurs avec les philosophes se trouve opérée par la nouvelle organisation de l'Institut, on a tout lieu d'espérer que les progrès de la science seront encore plus rapides. Car il est impossible de ramener à des principes fixes la langue et la littérature françaises, sans discuter toutes les questions de grammaire ; et l'on ne peut éclaircir ces questions qu'en remontant à la formation des idées [2].

Exactement un an plus tard, en février 1804, l'espoir s'est transformé en désillusion. Dans une lettre à Maine de Biran, il écrit : « Ces messieurs [de l'Institut] sont, dit-on, pressés de finir avec toutes ces billevesées idéologiques » [3].

LE PROJET D'UN OUVRAGE SUR LE PERFECTIONNEMENT DE L'HOMME

Si, à partir du Consulat, l'Idéologie va devoir avancer par vents contraires, Cabanis et Destutt de Tracy n'en sont que plus déterminés à consolider pour ce qui les concerne l'édifice des nouvelles sciences morales et politiques. Quand on pense, comme eux, que « l'Idéologie doit changer la face du monde » et que « ceux qui voudraient que le monde demeurât toujours bête [...] détestent l'Idéologie et les Idéologues » [4], la poursuite du travail engagé est un impératif.

Pour Cabanis, il s'agit de mener à bien ce qu'il a annoncé à deux reprises dans les *Rapports*, à savoir la rédaction d'un livre qui en constitue la suite logique et qui doit porter sur *le perfectionnement de l'homme*

1. Conseil des Cinq-Cents. *Discours prononcé par Cabanis en offrant au Conseil la nouvelle édition du* Dictionnaire *de la ci-devant Académie française*. Séance du 18 brumaire an VII [8 novembre 1798]. Paris, Imprimerie nationale, brumaire an VII, p. 2. Cette cinquième édition (an VII) est précédée d'un discours préliminaire rédigé par Garat.

2. MdB, II, p. 363.

3. Lettre de Cabanis à Maine de Biran en date du 18 pluviôse an XII [7 février 1804], dans MdB, XIII-2, p. 259.

4. Propos rapportés par Maine de Biran dans sa lettre à Charles Dorimond de Feletz en date du 11 thermidor an X [30 juillet 1802], *ibid.*, p. 169.

physique [et moral]. Ce projet, conçu semble-t-il vers 1800 ou 1801 [1], il ne cessera d'y penser, tout au moins aussi longtemps que sa santé lui permettra de travailler. Ainsi, encore en janvier 1807, soit deux mois avant sa première attaque vasculaire cérébrale, il écrit à Ginguené :

> Je me propose de montrer aux hommes qu'ils ne sont pas tels qu'ils doivent être, ni au physique, ni au moral. Je veux leur tracer les moyens de se perfectionner facilement sous ces deux rapports. Voilà ma dernière folie. Pour l'exécuter, je sens à ma pitoyable santé qu'il n'y a pas un moment à perdre [2].

Bien que Cabanis semble y attacher beaucoup d'importance, l'ouvrage n'a cependant jamais été écrit. Destutt de Tracy précise exactement ce qu'il faut savoir à ce sujet :

> [Cabanis] méditait le plan d'un grand ouvrage sur les moyens possibles d'améliorer l'espèce humaine, en profitant de toutes les connaissances qu'elle a déjà acquises, pour accroître encore ses forces, ses facultés et son bien-être. Il en avait rassemblé toutes les idées principales. Elles confirmaient ou étendaient les vérités répandues dans ses différents écrits, elles en étaient une application directe, il ne lui restait plus qu'à prendre la plume : c'était le monument qu'il croyait le plus propre à honorer et illustrer sa mémoire. Le déclin rapide de ses forces ne lui permit pas d'exécuter cette entreprise [3].

Il est évidemment impossible de parler d'un ouvrage qui n'a jamais été publié et dont aucune trace n'a été conservée. Néanmoins, dans la mesure où Destutt de Tracy nous dit que celui-ci avait pour objet de traiter des moyens d'améliorer l'espèce humaine et de reprendre et développer des écrits antérieurs, il est possible de restituer les points saillants de la position de Cabanis sur le sujet.

1. L'enjeu est de dresser l'inventaire de « tout ce qui peut augmenter le domaine de l'homme » [4] tant sur le plan physique que moral. Il ne saurait s'agir de décrire l'homme « augmenté » : de même que le « sauvage » ou le « barbare » étaient hors d'état de se représenter l'homme « civilisé » (pour reprendre les catégories anthropologiques de l'époque), de même

1. Évoqué dans la première édition des *Rapports* en 1802, le projet n'est pas mentionné dans les *Mémoires de l'Institut national.*

2. Lettre de Cabanis à Ginguené en date du 23 janvier 1807, citée dans Antoine Guillois, *op. cit.*, p. 195.

3. *Discours de réception au sein de la classe de la langue et de la littérature françaises de l'Institut*, 21 décembre 1808, dans DdT, *OC*, VIII, p. 531.

4. Cabanis, dans *Le Conservateur, journal politique, philosophique et littéraire*, n° 30, 9 vendémiaire an VI [30 septembre 1799], p. 236.

l'homme des Lumières placé au seuil de l'ère nouvelle ouverte par la Révolution française n'est pas en mesure de se représenter avec précision le futur de l'espèce. Il s'agit en revanche d'indiquer le chemin qui mène nécessairement à son perfectionnement continu, sans qu'il soit possible d'y fixer un terme.

2. La perfectibilité trouve sa source dans le développement de la raison et de l'ensemble des sciences. Or nous savons que, pour les Idéologues, *raison*, *savoir*, *liberté* (déterminations éclairées par la raison), *égalité* [1] (condition de l'exercice de la liberté), *vertu* (les principes de la morale publique comme privée ont besoin des lumières de la raison qui dévoile les lois de notre organisation partagée entre le besoin de conservation et le besoin de sympathie) et *bonheur* (« le véritable bonheur est nécessairement le partage exclusif de la véritable vertu » [2]) sont des notions étroitement solidaires qui se commandent mutuellement [3] ou, pour employer la formule de Condorcet, sont liées par « une chaîne indissoluble ». C'est en conséquence un homme gouverné par sa raison et cultivant les sciences, en situation d'exercer sa liberté en tant qu'individu et citoyen au sein d'une société qui garantit ses droits et s'attache à réduire les inégalités illégitimes, pratiquant la vertu et jouissant du bonheur qui inventera, par sa propre marche, le nouvel homme.

3. Si chacune des sciences doit apporter sa contribution au perfectionnement de l'homme, on sait la place éminente que Cabanis réserve à la médecine :

> Si notre espèce, comme on ne peut plus, je pense, en douter maintenant, est susceptible d'un grand perfectionnement physique, c'est encore à la médecine qu'il appartient d'en chercher les moyens directs, de s'emparer à l'avance des races futures, de tracer le régime du genre humain : d'où il suit que des progrès de cette science dépendent peut-être les destinées étonnantes d'une époque à venir que nous n'osons pas même imaginer [4].

1. Égalité ne signifiant pas, comme on l'a vu, égalitarisme, les inégalités de talent ou dues au travail étant légitimes dès lors qu'elles ne créent pas de situations de dépendance.

2. *RPMH*, préface, dans *OPC* I, p. 118.

3. On ne peut conduire « à la liberté que par la raison, et au bonheur que par la liberté » (Conseil des Cinq-Cents. *Discours prononcé le 26 messidor, anniversaire du 14 juillet, au sujet de l'adresse et de l'offrande des Irlandais unis, par Cabanis, député de la Seine.* Paris, Imprimerie nationale, messidor an VI [14 juillet 1798], p. 4.

4. Conseil des Cinq-Cents. *Rapport par Cabanis, au nom des Commissions d'instruction publique et des institutions républicaines réunies sur l'organisation des écoles de médecine.* Séance du 29 brumaire an VII [19 novembre 1798]. Paris, Imprimerie nationale, frimaire an VII. Repris dans *OPC* II, p. 407-408.

À côté de sa première vocation qui est de soulager et guérir les maux des êtres souffrants, la médecine est aussi la discipline qui explore et définit les conditions de la santé, entendue notamment comme le juste équilibre à ménager entre les différentes fonctions organiques. À ce titre, sa mission va au-delà non seulement de sa fonction curative ou thérapeutique mais même de sa fonction préventive ou préservatrice : elle est en mesure de connaître et d'enseigner les moyens d'améliorer non seulement la santé mais l'espèce elle-même. Pour ce faire, il appartient à la médecine de tracer les règles d'hygiène et de diététique, étant entendu que leur champ d'action et leur ambition doivent être compris au sens le plus large. Ainsi de l'hygiène :

> Ce serait peu maintenant que l'hygiène se bornât à tracer des règles applicables aux différentes circonstances où peut se trouver chaque homme en particulier : elle doit oser beaucoup plus ; elle doit considérer l'espèce humaine comme un individu dont l'éducation physique lui est confiée, et que la durée indéfinie de son existence permet de rapprocher sans cesse, de plus en plus, d'un type parfait, dont son état primitif ne donnait même pas l'idée : il faut, en un mot, que l'hygiène aspire à perfectionner la nature humaine générale [1].

D'une façon plus générale, en tant qu'agent déterminant de la perfectibilité indéfinie de l'espèce, la médecine s'attache à tout ce qui touche au *régime* de l'homme, au sens que Cabanis donne à ce mot, c'est-à-dire à tout ce qui contribue à façonner l'ensemble de ses habitudes : de la qualité de l'air qu'il respire, à la nature de son travail, de son repos et de son sommeil, en passant par ses conditions de logement, etc.

4. Les leçons des sciences morales et politiques ne sont pas moins importantes, qu'il s'agisse de celles de l'économie (travailler à la production des biens utiles à tous et non se perdre dans l'oisiveté ou dans le luxe), de la morale (former les bonnes habitudes, avec l'appui de la législation) ou de la science du gouvernement (bénéficier d'un régime représentatif respectueux de l'opinion et de l'intérêt général).

5. Enfin, et Cabanis considère ce point comme crucial dans la période historique qui est la sienne, le perfectionnement de l'individu, du citoyen et de l'espèce ne peut reposer uniquement sur la classe savante, même si cette dernière a la fonction irremplaçable et décisive de produire les connaissances et d'éclairer la société et son gouvernement. Le perfectionnement ne peut se déployer solidement qu'à la condition que l'instruction se répande dans l'ensemble du corps social et il est significatif

1. *RPMH*, M VI, conclusion, dans *OPC* I, p. 356.

à cet égard que la *Lettre [...] sur la perfectibilité de l'esprit humain* traite pour l'essentiel de l'instruction de la « classe indigente ». Certes, Cabanis en est convaincu, il existera pendant encore longtemps une différence non seulement de degré mais même de nature entre l'instruction de la classe savante et celle de la « masse du peuple », différence qui est théorisée par Destutt de Tracy dans ses *Observations sur le système actuel d'instruction publique* [1]. La classe ouvrière n'a besoin que d'une instruction « simple, nette et facile » [2], fondée sur l'enseignement d'une bonne méthode et le recours à une collection de « bons livres élémentaires » [3] (dont beaucoup sont encore à rédiger), mais cette instruction lui est indispensable pour raisonner juste, pour produire mieux et davantage, pour « prendre des habitudes sensées et morales » [4], pour connaître ses droits et ses devoirs, et *in fine* parvenir au bonheur. L'enjeu est ici que

> le peuple ait assez de jugement pour que l'opinion des hommes éclairés y devienne bientôt celle du corps entier de la nation [5].

Il faut en effet « chercher à répandre [les lumières] de la manière la plus égale que le permet la nature des choses », il faut « égaliser de plus en plus les esprits » [6]. Sur le très long terme, la différence entre les deux types d'instruction aura vocation à s'estomper : de même que l'on a vu que les indigents devront devenir propriétaires, les ignorants devront devenir sinon savants du moins éclairés.

1. Paris, Panckoucke, an IX-1801. Repris dans DdT, *OC* I, p. 203-246.

2. « Lettre sur un passage de la *Décade philosophique* et en général sur la perfectibilité de l'esprit humain », dans *La Décade philosophique, littéraire et politique*, an VII, 3e trimestre, 30 germinal an VII [20 avril 1799], p. 149-159, dans *OPC* II, p. 516.

3. *Ibid.*, p. 515.

4. *Ibid.*, p. 516.

5. *Ibid.*, p. 517.

6. Conseil des Cinq-Cents. *Rapport fait au nom de la Commission d'instruction publique et projet de résolution sur un mode provisoire de police médicale, présentés par Cabanis*.. Séance du 4 messidor an VI [22 juin 1798], Paris, Imprimerie nationale, an VI, dans *OPC* II, p. 395.

Chapitre X

SOUS L'EMPIRE : ENTRE IDÉOLOGIE ET MÉTAPHYSIQUE (1804-1808)

L'année 1804 forme une nouvelle césure dans la vie de Cabanis : il quitte momentanément Auteuil pour s'établir de mai à octobre à Meulan au château de Villette chez son beau-père, le marquis de Grouchy. Deux raisons expliquent cet exil provisoire : il veut marquer ses distances vis-à-vis de la proclamation de l'Empire (18 mai) et il est contraint au repos par la dégradation de sa santé. Il réunit ces deux mobiles dans une lettre du 13 prairial an XII [1 er juin 1804] à son ancien collègue au Conseil des Cinq-Cents, Roger Martin, ancien professeur de physique et membre du Corps législatif :

> Je suis ici [à Meulan] pour tâcher de réparer ma frêle machine usée et délabrée par des douleurs d'entrailles qui ont duré tout l'hiver et qui ont été suivies de douleurs de foie. Le tout pour ne pas croire au baptême des cloches et autres grandes vérités qui s'en déduisent et dont il est le point d'appui [1].

Il est désabusé et en septembre 1804 Destutt de Tracy le voit « avec douleur affecté et mélancolique de mille choses » [2].

Les trois années qui courent de mai 1804 à avril 1807, date de sa première attaque cérébrale, sont désormais caractérisées par une alternance de phases de maladie qui lui interdisent toute activité et de phases de rémission au cours desquelles il peut reprendre ses travaux.

1. Lettre citée dans François Labrousse, *op. cit.*, p. 29. Le baptême des cloches désignent à la fois les manifestations qui accompagnent la proclamation de l'Empire et le retour en force de la religion.

2. Lettre de Destutt de Tracy à Cabanis en date de septembre 1804 (DdT, *Correspondance*, *OC* VIII, p. 186).

Sa correspondance ainsi que celle de Destutt de Tracy abondent de témoignages en ce sens [1].

Que fait-il durant cette période? En plus de continuer à réunir des matériaux pour son ouvrage sur la perfectibilité, il donne suite à la demande de François de Neufchâteau, président de la classe de langue et littérature françaises de l'Institut, de prononcer un éloge de Vicq-d'Azyr en 1805 [2]. Par ailleurs, il travaille à la rédaction d'un petit livre sur les catharres, qui est publié en avril 1807 [3]. Il s'agit, dit-il, faire la synthèse d'observations cliniques commencées depuis vingt-cinq ans, c'est-à-dire depuis qu'il est médecin. L'ouvrage n'est destiné ni aux « maîtres de l'art » ni aux « gens du monde » mais aux jeunes médecins qui peuvent y trouver l'exemple voire le modèle d'une démarche qui s'attache à s'en tenir scrupuleusement aux faits et ouvre le grand livre de la nature plutôt que de se perdre dans des théories prématurées. Il semble toutefois que Cabanis ait trouvé l'exercice un peu pénible ou laborieux puisque dans une lettre à Ginguené, il dit avoir « bâclé » l'ouvrage [4].

Cela tient sans doute au fait qu'un autre sujet le mobilise désormais, notamment tout au long de l'année 1806. En effet, Claude Fauriel qui partage depuis 1802 la vie de Sophie de Condorcet et est devenu un « pilier » de la petite société d'Auteuil, a entrepris une monumentale *Histoire du Stoïcisme* (qui n'a toutefois jamais été publiée). De ce fait, la philosophie du Portique est devenue l'un des thèmes de conversation privilégié entre Fauriel et Cabanis. S'il serait évidemment absurde de qualifier ce dernier de Stoïcien, il s'implique cependant d'autant plus dans ces discussions qu'il n'ignore rien des affinités que sa pensée entretient avec un système qui soutient la thèse de la corporéité de l'âme ou du dynamisme de la matière et dont le génie consiste à concilier le déterminisme et la liberté. Or discuter du Stoïcisme, c'est nécessairement inviter dans le débat le

1. Par exemple : « Ma paresse naturelle qui va se fortifiant de jour en jour, à mesure que les forces de la vie s'affaiblissent » (Lettre de Cabanis à Maine de Biran en date du 1er jour complémentaire an XII [17 septembre 1804], dans MdB, XIII-2, p. 405); « La santé de notre ami [Cabanis] continue à aller bien et très bien. [...]Je crois même qu'il recommence à travailler, ou du moins qu'il prépare ses idées » (Lettre de Destutt de Tracy à Maine de Biran en date du 28 septembre 1806, dans DdT, *Correspondance*, *OC VIII*, p. 209); « Je ne suis plus capable moi-même d'aucun travail important, quoique ma santé soit meilleure depuis deux mois » (Lettre de Cabanis à Maine de Biran en date du 24 décembre 1806, dans MdB, XIII-3, p. 459).

2. Publié dans *OPC* II, p. 368-386.

3. *Observations sur les affections catharrales, en général et particulièrement sur celles connues sous les noms de rhumes de cerveau et rhumes de poitrine*, Paris, Crapart, Caille et Ravier, 1807.

4. Lettre du 23 janvier 1807, publiée dans François Labrousse, *op. cit.*, p. 30.

« principe actif », qui est à la fois « feu originel », « Dieu » ou « raison (*logos* ou *ratio*) », autrement dit inviter la question de la cause première qui assure l'ordre du monde. Cette question, Cabanis sait à la fois qu'elle est « interdite » parce qu'inaccessible à notre intelligence mais qu'elle le taraude depuis toujours. C'est dans ce contexte qu'il en vient à écrire la *Lettre à M. F*** [Fauriel] sur les causes premières*. Le statut exact de cette lettre est difficile à appréhender. D'un côté, tout laisse à penser que Cabanis y accorde beaucoup d'importance : il s'agit d'un texte long, manifestement médité et travaillé, et même retravaillé [1] ; par ailleurs, il en a donné copie à quelques amis choisis, par exemple à Ginguené qui en fait mention [2]. D'un autre côté, tout semble indiquer qu'elle n'est pas destinée à la publication, ce qui donne à penser qu'il s'agit d'un « essai », fruit d'une pensée en recherche qui explore diverses voies qui n'ont pas, aux yeux de l'auteur, la solidité et la validité des écrits « scientifiques » antérieurs [3].

Pour compliquer le tout, nous savons qu'un texte ne vaut pas seulement par son contenu intrinsèque mais aussi par la façon dont il est reçu, voire, comme c'est le cas en l'espèce, instrumentalisé. Dès lors, il n'est pas possible de faire abstraction de l'histoire peu banale de sa diffusion et de sa réception. Pour cette raison, avant même de se pencher sur cette *Lettre* en tant que telle, on ne peut pas se dispenser de présenter les circonstances de son dévoilement, d'une part, de faire une mise au point sur la conception de la religion chez Cabanis, d'autre part.

LA PUBLICATION POSTHUME DE LA *LETTRE À M. F*** SUR LES CAUSES PREMIÈRES*

Après la mort de Cabanis, des copies de la *Lettre à Fauriel* circulent dans le milieu des Idéologues et anciens Idéologues ainsi que dans le milieu médical. Or les temps changent rapidement : un certain nombre d'Idéologues ont basculé dans le spiritualisme et pour quelques-uns dans le christianisme. Par ailleurs, sous la Restauration, notamment à partir des années 1820 quand la droite catholique et ultra prend le pas sur les royalistes modérés, le monde médical, perçu comme un repaire du matérialisme, de l'athéisme et du libéralisme, devient une cible privilégiée

1. Le manuscrit qui a servi de base à C. Lehec et J. Cazeneuve pour leur édition comporte de nombreuses corrections de la main de Cabanis (Voir *OPC* II, p. 256 et 544).

2. François Picavet, *op. cit.*, p. 274-275.

3. On peut noter que Destutt de Tracy n'en parle pas dans l'éloge qu'il prononce lorsqu'il succède à Cabanis au sein de la classe de langue et littérature françaises de l'Institut.

du pouvoir [1]. Au premier rang des accusés figure bien entendu Cabanis. Dans ce contexte, si l'on pouvait démontrer que l'auteur des *Rapports du physique et du moral de l'homme* n'est pas le matérialiste que tout le monde croit ou *a minima* que, au soir de sa vie, il s'est converti à l'idée qu'une force spirituelle et intelligente gouverne le monde, un coup sévère serait porté à l'Idéologie pour le plus grand bénéfice des philosophies en vogue (traditionalisme, éclectisme ou spiritualisme).

C'est alors que paraissent deux ouvrages. En 1823, Joseph Droz, ancien professeur d'école centrale et familier d'Auteuil devenu spiritualiste et bientôt en voie de conversion au christianisme, publie *De la philosophie morale* [2]. Ayant entre les mains une copie de la *Lettre à Fauriel*, il en cite deux longs extraits dans le but (bienveillant dans son esprit) de « réhabiliter » une mémoire depuis trop longtemps malmenée :

> J'ai été souvent affligé de l'erreur des personnes qui voient dans Cabanis un antagoniste des principes religieux : il est utile de dissiper cette erreur. [...] Je ne conçois pas les censeurs imprudents qui, au lieu d'examiner comment on peut concilier avec des sentiments religieux les idées physiologiques de Cabanis, se sont empressés de lui prodiguer les injures et de l'accuser d'athéisme [3].

Pour Droz, il importe de distinguer l'homme de science, auteur des *Rapports*, soucieux de démonstrations rigoureuses, et le métaphysicien qui traite de la cause première « intelligente, douée de volonté, antérieure au monde visible » [4].

L'année suivante, un médecin, Frédéric Bérard, auteur de *Doctrine des rapports du physique et du moral* (1823), prend sur lui de publier, accompagnée de nombreuses notes, la *Lettre à Fauriel* dont il s'est

1. Mgr Frayssinous, Grand-Maître de l'Université de 1822 à 1828, déclare : « Il est une branche des sciences dont les amateurs sont plus suspects en matière de religion, la médecine » (Adrien Garnier, *Frayssinous, son rôle sous la Restauration*, Paris, Picard, 1925, p. 181). Le prestige de Cabanis dans le milieu médical sera durable puisque Jules Simon, élève et disciple de Victor Cousin, écrit dans son *État de la philosophie en France* (publié dans *La Revue des deux mondes*, 1er février 1843) : « La plupart des écoles de droit et de médecine, attachées aux vieilles routines, se traînent obstinément dans l'ornière du sensualisme. Cabanis, Gall et Broussais règnent en souverains dans les chaires de physiologie, et l'on y enseigne encore sans pudeur, au milieu du XIXe siècle, que la pensée est une sécrétion du cerveau ».

2. Joseph Droz, *De la philosophie morale, ou des différents systèmes sur la science de la vie*, Paris, A.-A. Renouard, 1823.

3. *Ibid.*, p. 280-281.

4. *Ibid.*, p. 283.

procuré une copie [1]. Bérard qui ne se prive pas dans ses commentaires de souligner que Cabanis n'a que très partiellement corrigé ses erreurs, est nettement moins bienveillant que Joseph Droz. Son intention est cependant globalement la même :

> La publication de cette lettre nous a paru aussi honorable à la mémoire de Cabanis qu'elle peut être utile aux intérêts des saines doctrines. [...] Elle présente le complément de la doctrine des *Rapports*, qui n'a pas toujours été considérée sous son véritable jour, et qui, par suite, a fait attribuer à Cabanis des opinions plus positives qu'il n'en a jamais eues [2].

En 1825, dans son article du *Globe* sur la pensée de Cabanis, Philibert Damiron, disciple de Victor Cousin, confirme ce qui paraît désormais comme une vérité établie :

> Tant qu'il n'a été que physiologiste, [Cabanis] n'a eu qu'une vue incomplète de son objet ; en se livrant à la philosophie, il s'est placé plus près de la vérité. Rien de mieux pour la science qu'un tel mouvement d'esprit ; il prouve, dans une intelligence, non pas instabilité et inconséquence, mais force, étendue, et progrès. La gloire de Cabanis eût été de développer dans un long ouvrage le système psychologique dont il n'a donné qu'une ébauche dans sa *Lettre* [3].

CABANIS ET LA RELIGION

Quel crédit apporter à ceux qui, quinze ans après sa mort, veulent voir dans l'auteur de la *Lettre à Fauriel* un philosophe respectueux des « principes religieux » ? La plus grande confusion ne pouvait manquer de régner dans les esprits sur ce point puisque quelques années auparavant Louis Aimé Martin, dans l'*Essai sur la vie et les ouvrages de Bernardin de Saint-Pierre* qu'il avait placé en tête de l'édition des *Œuvres complètes* de ce dernier [4], avait rapporté, pour s'en indigner, l'anecdote suivante : en 1798, Bernardin de Saint-Pierre concluait un rapport présenté devant la classe des sciences morales et politiques « par un de ces morceaux

1. *Lettre (posthume et inédite) de Cabanis à M. F*** sur les causes premières*, avec des notes de F[rédéric] Bérard, Paris, Gabon, 1824. La veuve de Cabanis s'indigne qu'aucune autorisation ne lui a été demandée. Elle veillera à ce que la *Lettre...* soit publiée en 1825 dans le tome V des *Œuvres complètes de Cabanis.*

2. *Ibid.*, p. VI-VII.

3. Philibert Damiron, *op. cit.*, p. 96.

4. *Œuvres complètes de Jacques-Henri-Bernardin de Saint-Pierre*, [...] précédées de la vie de l'auteur, par L. Aimé Martin, Paris, Méquignon-Marvis, 1818, t. I.

d'inspiration où son âme répandait les douces lumières de l'Évangile »[1]. Sa péroraison aurait suscité persiflage, plaisanteries et même insultes dans l'assemblée quand tout à coup Cabanis, hors de lui, aurait crié : « Je jure qu'il n'y a pas de Dieu ! et je demande que son nom ne soit jamais prononcé dans cette enceinte »[2]. La plupart des commentateurs ont mis en doute la véracité de cette colère et de cette injonction qui ne correspondent ni au comportement connu de Cabanis ni à la nature des débats au sein de l'Institut. Pour savoir, hors de toute polémique orientée ou intéressée, ce qu'il en est du rapport de Cabanis à la religion, mieux vaut se reporter à ses écrits antérieurs à la *Lettre*.

C'est dans le projet de discours devant le Conseil des Cinq-Cents rédigé en mars-avril 1799 et intitulé *Opinion sur le projet d'organisation des écoles primaires, et en général sur l'instruction publique* que Cabanis est le plus explicite et le plus complet sur le sujet. Sa position est sans surprise ni originalité. Pour lui, les religions sont sans doute un phénomène inévitable et même utile dans l'enfance des sociétés : « Les croyances religieuses ont eu leur utilité, mais c'est peut-être uniquement dans les premières époques des sociétés civiles, quand il s'agissait de soumettre au joug de la loi des esprits farouches »[3]. En revanche, au fur et à mesure du développement des sociétés et de la civilisation, cette utilité s'est transformée en son contraire. Elle a été « payé[e] chèrement » par la suite, les maux l'emportant largement sur les bienfaits, en particulier quand la superstition religieuse est devenue la complice et l'auxiliaire du despotisme. En cette fin du siècle des Lumières, où désormais « il existe pour la morale de plus solides bases que ces opinions incertaines »[4], le temps est venu de tourner la page.

Dans ces conditions, les religions ne devraient plus relever que de la vie intime : « Il est évident que les rapports de l'homme avec les puissances invisibles sont des rapports purement individuels et secrets ». Corrélativement, l'État n'a pas à s'en mêler et Cabanis s'autorise même une critique à peine voilée de la théophilanthropie qui a alors, comme on sait, des défenseurs au sein même du Directoire : « Il serait bien révoltant de voir le gouvernement prendre encore parti dans des disputes auxquelles le bon sens lui défend de rien concevoir »[5]. Pour autant, il n'y a pas lieu

1. *Œuvres complètes de Jacques-Henri-Bernardin de Saint-Pierre*, p. 244.
2. *Ibid.*, p. 244-245.
3. *OPC* II, p. 438.
4. *Ibid.*, p. 437.
5. *Ibid.*, p. 438.

à ses yeux de combattre les religions de façon agressive, cela pour trois raisons :

– On constate que, à tort ou à raison, elles correspondent pour certains à un besoin : « [les idées religieuses] paraissent nécessaires à quelques imaginations ardentes, à quelques âmes tendres, puisque dans certains cas elles fournissent des consolations au malheur et des encouragements à la vertu » [1]. Rien ne justifie qu'on doive les persécuter dès lors qu'elles ne constituent pas un facteur de troubles et qu'elles ne cherchent pas à s'immiscer dans la vie publique.

– À ces conditions, elles doivent même être protégées et respectées par tout gouvernement attaché à la liberté. Dans sa défense de la Constitution de l'an VIII issue du Coup d'État de brumaire, il souligne que les croyants n'ont rien à redouter du nouveau régime : « Hommes religieux, de quelque manière que vous adoriez cette force inconnue de la nature, cette puissance toujours et partout active, que vous aimez à faire présider plus immédiatement aux destinées humaines : la liberté de votre culte sera protégée ; et si vos dogmes contribuent à fortifier dans les cœurs la bonne et saine morale, ils seront respectés de ceux même qui ne les adoptent pas » [2].

– La persécution des religions est d'autant plus inopportune que la meilleure manière de laisser mourir les idées religieuses à l'heure des Lumières, c'est paradoxalement de les laisser prospérer et surtout se concurrencer de façon à ce qu'elles se détruisent mutuellement : « Le gouvernement est bien aise que les confréries [religieuses] se multiplient ; c'est le moyen qu'elles restent faibles. Le sage Franklin disait : *Encourager les faiseurs de religions ; il n'y a que dans ce genre que la concurrence soit bonne* » [3].

On le voit : sans préjuger à ce stade du contenu authentique de la *Lettre à Fauriel*, il n'est en toute hypothèse pas plus possible de faire de l'auteur des *Rapports* un spiritualiste voire un chrétien masqué qu'un intolérant ou un persécuteur des religions. La réalité est beaucoup plus simple : il est un agnostique qui sait cependant de quels maux les religions se sont rendues coupables dans l'histoire et qui entend qu'elles n'aillent pas au-delà de la

1. *Ibid.*, p. 437-438.

2. Commission du Conseil des Cinq-Cents. *Quelques considérations sur l'organisation sociale en général et particulièrement sur la nouvelle Constitution par Cabanis*. Séance du 25 frimaire an VIII. Paris, Imprimerie nationale, an VIII, dans *OPC* II, p. 484.

3. Cabanis, « À propos de la querelle entre Volney et Priestley », dans *Le Conservateur, Journal politique, philosophique et littéraire*, n° 40, 19 vendémiaire an VI [10 octobre 1797], p. 315.

sphère privée qui doit rester la leur. Reste à savoir maintenant si, comme le prétend Damiron, la *Lettre à Fauriel* exprime un « changement de doctrine ».

La *Lettre à Fauriel*

Cabanis part d'un constat récurrent chez lui : depuis toujours, les hommes ont fondé la morale sur les idées qu'ils se sont faits de la cause première, c'est-à-dire sur des puissances invisibles, autrement dit sur une base religieuse. Sans doute les penseurs de l'Antiquité qui ont consacré ces vues ont-ils, comme on l'a vu, des excuses : d'une part, ces idées étaient nécessaires pour « assouplir et […] façonner des âmes incultes, livrées à des passions grossières et violentes » [1] ; d'autre part, ils ne pouvaient prévoir l'ampleur des maux que les religions, une fois passées sous la coupe des corps sacerdotaux, allaient causer à l'humanité. Ce n'est que très récemment que l'on a compris que l'homme ne devait chercher les règles de la morale qu'en lui-même, c'est-à-dire dans ses facultés et ses besoins, ainsi que dans les rapports qu'il entretient avec ses semblables. Ce constat appelle, pour Cabanis, deux questions :

– pour quelles raisons l'homme est-il ainsi spontanément, voire invinciblement, conduit à se soumettre à l'idée que des puissances divines gouvernent le monde ?

– à quelles conditions peut-on soumettre nos idées sur la cause première à l'exercice de la raison ?

À la première question, Cabanis répond que l'homme est spontanément porté à raisonner par analogie, fût-ce de façon mal contrôlée. S'il imagine si facilement une cause invisible douée d'intelligence et de volonté derrière tout phénomène naturel qu'il n'est pas capable d'expliquer, c'est parce qu'il transpose ce qu'il comprend de ses propres expériences dans sa compréhension du monde :

> Habitué à reconnaître que les mouvements qu'il exécute avec dessein sont le résultat de ses jugements et de ses désirs, il suppose naturellement dans les objets qui se meuvent autour de lui ou dans la force invisible dont ils reçoivent l'impulsion, cette même faculté de juger et de vouloir [2].

C'est encore par une autre forme d'analogie qu'il se met à croire à l'existence d'une vie après la mort. En remarquant que le développement

1. *Lettre à Fauriel*, dans *OPC* II, p. 259.
2. *Ibid.*, p. 263.

de ses facultés lui permet de satisfaire de nouveaux besoins et de connaître de nouvelles jouissances, l'homme « agrandit son existence » et perçoit que « le système entier de ses besoins, de ses affections, de ses désirs s'étend dans une progression qui semble n'avoir point de bornes ». Dès lors, ce sentiment se transporte « pour ainsi dire, machinalement et malgré lui, vers un temps où sans doute il ne sera plus » [1].

En réponse à la seconde question, Cabanis ne fait que rappeler ce qu'il a toujours dit. Seul l'usage des facultés formant notre intelligence, à savoir les facultés de sentir, de se souvenir et de juger (la référence aux *Éléments d'Idéologie* de Destutt de Tracy est ici évidente), nous ouvre la voie à la connaissance. Par leur emploi,

> on ne connaît un fait que lorsqu'on a saisi toutes ses circonstances, et surtout sa liaison avec les faits antérieurs ou postérieurs ; on ne connaît un objet que lorsqu'on peut en rapporter les propriétés, ou les lois, aux propriétés ou aux lois d'autres objets étudiés dans le même esprit [2].

Dans ces conditions, la cause première, parce qu'elle ne peut être rapportée à rien, ne peut pas être *connue*, ou plutôt *ne peut être connue que par ses effets*. C'est pourquoi les mots *déisme*, *athéisme*, *spiritualisme* et *matérialisme* sont « vides de sens ». Il en va de même du mot *Dieu*, dont « le sens n'a jamais été déterminé et circonscrit avec exactitude » [3].

Cela signifie-t-il qu'il faille en rester là et s'interdire définitivement d'essayer de raisonner sur la cause première ? Non, répond Cabanis, car ce serait bien mal connaître la nature de notre intelligence que de « croire qu'elle peut s'arrêter aux faits qu'elle a reconnus, sans vouloir remonter aux causes, ou à la cause dont elle suppose toujours qu'ils dépendent » [4]. Si cette démarche de l'esprit est irrépressible et donc en quelque sorte « naturelle », il doit en revanche être clair que l'on abandonne alors le domaine de la certitude pour entrer dans celui des conjectures (quitte à ce qu'elles puissent être ultérieurement confirmées par la science), des probabilités, du vraisemblable ou de l'hypothétique. On quitte le terrain de l'Idéologie pour celui d'une nouvelle « métaphysique », qui n'a certes pas comme l'ancienne la prétention de pénétrer l'essence des choses ou de la cause première, mais qui s'autorise à formuler des hypothèses qui

1. *Ibid.*, p. 266.
2. *Ibid.*, p. 269.
3. *Ibid.*, p. 271-272. On peut supposer que c'est ce qu'il a fait valoir à la suite de l'intervention de Bernardin de Saint-Pierre rapportée plus haut.
4. *Ibid.*, p. 275.

doivent être raisonnées et qui peuvent être affectées d'un coefficient plus ou moins grand de probabilité.

C'est dans ce cadre qu'on peut reprendre à nouveaux frais les deux croyances auxquelles les hommes se sont spontanément livrés : à défaut de connaître la *nature* de la cause première, peut-on raisonnablement lui reconnaître certaines *qualités* ou *propriétés*, en particulier l'intelligence et la volonté ? Peut-on raisonnablement penser que le système moral de l'homme puisse survivre à la dissolution de ses organes ?

Une cause première dotée d'intelligence et de volonté ?

Cabanis revient sur l'argument selon lequel le spectacle du monde porte l'homme « à regarder les ouvrages de la nature comme produits par des opérations comparables à celles de son propre esprit » [1], c'est-à-dire comme exprimant une intelligence et une volonté. Quelle valeur lui accorder ? Cette hypothèse n'est certes pas démontrable mais elle paraît réunir en sa faveur une beaucoup plus grande probabilité que l'hypothèse inverse. Elle est confortée par l'idée que Cabanis se fait de la matière et de la sensibilité qui est répandue en elle de manière diffuse :

> Il est très évident [...] que le principe de l'intelligence est répandu partout, puisque partout la matière tend sans cesse à s'organiser en êtres sensibles. [...] Il est [...] raisonnable de penser que la sensibilité se trouve répandue, quoiqu'en différentes proportions, dans toutes les parties de la matière [2].

Dès lors que « des forces actives animent toutes les parties de la matière » et « font éclore, développent et conduisent au terme de leur perfection et de leur maturité, des être sensibles, et, par suite, intelligents » [3], il ne paraît pas possible de refuser l'intelligence et la volonté à la cause première.

Si ce point semble acquis (seulement au titre de probabilité), rien n'autorise en revanche à attribuer à la cause première d'autres propriétés ou qualités, telles que la puissance, la justice ou la bonté. Il est encore plus absurde de faire d'une cause universelle un « homme colossal » animé de passions ou une divinité qui serait sensible au culte qu'on lui vouerait ou dont on pourrait, par des présents, obtenir la protection ou apaiser le courroux. Formuler des hypothèses avec le concours de la raison est une

1. *Lettre à Fauriel*, dans *OPC* II, p. 276.

2. *Ibid.*, p. 277. Cabanis illustre son propos par le vers de Virgile : *Mens agitat molem, et magno se corpore miscet* (*Énéide*, VI, 727), qu'on peut traduire par *L'esprit met la matière en mouvement et se mêle à ce grand corps.*

3. *Ibid.*, p. 278.

chose, basculer dans les représentations imaginaires et la superstition en est une autre.

Cabanis, quant à lui, en définissant la cause première comme une « intelligence voulante, [...] répandue partout et partout dans une activité continuelle », et en voyant dans chaque être une « émanation de l'intelligence générale » [1], met clairement ses pas dans ceux des Stoïciens. Mais il le fait en homme des Lumières, c'est-à-dire enrichi d'un savoir que ne possédaient pas les philosophes de l'Antiquité, et c'est avec le vocabulaire du physiologiste et de médecin philosophe du XVIIIe siècle qu'il décrit cette intelligence diffuse dans l'univers :

> L'intelligence se trouve en quantité différente, ou développée à différents degrés dans ces organisations particulières qui paraissent n'être que des espèces de centres partiels, faiblement et momentanément isolés de la vie générale. Mais ces centres, ou ces anneaux, plus ou moins remarquables dans la chaîne des êtres ; ces existences, émanées et sorties pour un temps plus ou moins long du réservoir commun de la sensibilité, y rentrent sans cesse pour en ressortir encore : et pendant toute la durée de la combinaison, elles jouissent de la *personnalité*, du *moi*, c'est-à-dire du sentiment de leur propre pensée et de leur volonté, qui, soit qu'il doive cesser à la mort, soit qu'il doive survivre à la dissolution des organes, croît, se fortifie, se développe avec eux, et se perfectionne ou se détériore, suivant que son action est bien ou mal dirigée dans chaque individu [2].

Ainsi au feu originel des Stoïciens, feu qui anime de l'intérieur tous les êtres, Cabanis substitue le « réservoir commun de la sensibilité », autrement dit le « centre commun » ou le « cerveau » du monde, dont émane des centres partiels jouissant plus ou moins de la *personnalité* ou du *moi*, c'est-à-dire de la conscience de leur intelligence et de leur volonté, en fonction du degré de leur sensibilité.

Le système moral de l'homme survit-il à la dissolution des organes ?

La réponse à la première question autorise à soulever la seconde, au moins pour ce qui concerne celui qui, dans notre monde, est placé au sommet de la chaîne des êtres, à savoir l'homme : son système moral, consistant dans l'usage de ses facultés (intelligence et volonté) dont le *moi* constitue le lien, est-il frappé de mort en même temps que les organes physiques qui le portent, ou peut-on espérer qu'il leur survive ? On doit remarquer tout d'abord, et ce point est essentiel, que Cabanis indique que

1. *Ibid.*, p. 281 et 283.
2. *Ibid.*, p. 285.

la probabilité d'une survie du *moi* après la dissolution des organes est faible et que ceux qui nient « la persistance du moi après la mort sont guidés par des analogies plus sensibles que celles qui l'affirment » [1].

Il fait valoir toutefois que l'on pourrait trouver un argument en faveur de l'hypothèse de la persistance du système moral après la mort en fonction de l'idée que l'on se fait de la force vitale : celle-ci est-elle le produit de l'action des organes ou est-ce elle au contraire qui y porte la vie ? Si, comme le pense Cabanis, c'est bien le second terme de l'alternative qui est le bon [2], cela pourrait ouvrir la voie à une possible réponse positive à la question. Il convient donc de procéder à l'examen du *principe vital*, notion héritée de Barthez, pour éclairer le débat.

Émanation du principe général, sensible et intelligent qui anime l'univers, on peut le définir comme

> l'ensemble de la sensibilité dont est animé le corps vivant, [...] comme un être réel, dont la présence imprime aux organes tous les mouvements dont se composent leurs fonctions ; qui retient liés entre eux les divers éléments employés par la nature dans leur composition régulière, et les laisse livrés à la décomposition, du moment qu'il s'en est séparé définitivement et sans retour [3].

À ce titre, on doit reconnaître au principe vital la double qualité d'être indestructible et conscient de lui-même [4]. Cela suffit-il pour répondre positivement à la question soulevée ? On ne peut que faire état de l'extrême circonspection de Cabanis à ce sujet. Certes, il indique qu'il a là des « motifs qui peuvent faire pencher la croyance d'un homme raisonnable en faveur de la persistance du principe vital et du *moi*, après la cessation des mouvements vitaux dans les organes » [5], mais c'est pour ajouter aussitôt que son degré de probabilité et de vraisemblance est faible. En outre, c'est une chose que de reconnaître au principe vital, dans l'universalité ou la généralité qui le caractérise, la permanence et la conscience du *moi* quand les fonctions organiques ne s'exécutent plus, c'est tout autre chose de transposer cette permanence ou survivance et cette conscience aux idées, sentiments, habitudes morales propres à chaque individu : ici,

1. *Lettre à Fauriel*, dans *OPC* II, p. 286.

2. « Tout se réunit pour nous convaincre que la vie générale des animaux est concentrée dans un foyer, d'où elle rayonne par sa force expansive sur tous les organes, sur toutes les parties, et que la vie particulière de ces derniers, bien loin d'être la source de celle qui anime tout le système, n'en est elle-même qu'une émanation » (*Ibid.*, p. 290).

3. *Ibid.*, p. 291.

4. « La conscience du moi est essentielle [au principe vital] » (*Ibid.*, p. 292).

5. *Ibid.*

nous dit Cabanis, « le fil de l'analogie nous abandonne entièrement et les probabilités favorables à l'affirmative deviennent plus faibles encore » [1]. Quant à associer à cette très hypothétique survie individuelle des punitions et des récompenses en fonction de la conduite observée pendant la vie, c'est non seulement invraisemblable mais même totalement absurde : cela revient à se représenter la cause première occupée à peser le mérite ou le démérite de chaque détail de chaque existence alors qu'elle ne connaît et n'agit que par des lois universelles ou générales. En réalité, les sanctions de nos actes leur sont immanentes et il n'est pas nécessaire d'en imaginer d'autres :

> Quand il n'y aurait pas de vie à venir, leur sanction, dès celle-ci, n'en serait pas moins réelle et moins puissante, la vertu n'en aurait pas moins ses motifs solides et sa récompense assurée ; sa destinée et celle du méchant n'en seraient pas moins conformes aux lois de la justice ; l'un n'en jouirait pas moins de tous les vrais biens, l'autre n'en serait pas moins privé de tout ce qui peut donner une valeur véritable à notre existence passagère. Enfin, dans quelque situation que vous les supposiez, leur sort n'en sera pas moins tel qu'il doit être. Car, au sein de l'adversité, l'homme vertueux n'a que des souvenirs consolants et des espérances heureuses ; le méchant, au sein de la prospérité, ne peut avoir que de sinistres souvenirs et des terreurs [2].

En effet, la morale a des bases suffisamment solides dans la nature pour qu'il ne soit pas raisonnable de faire appel à des croyances « si diverses, si peu fixes, si problématiques, [...] si contraires aux simples lumières du bon sens ». Il n'existe en fin de compte qu'une seule « *vraie religion* », c'est celle qui associe l'homme à l'ordre de l'univers et lui donne « bien plus que l'immortalité » en lui montrant que son existence passagère est liée à tous les faits des temps antérieurs et à ceux des temps futurs. Pratiquer son « culte » consiste à se conformer aux lois de la nature, à cultiver notre raison ; celui-ci réside « dans la pratique de toutes les actions utiles aux individus, à notre patrie, au genre humain » [3].

Sur l'ensemble de cette question, Cabanis s'inscrit là aussi dans la filiation des Stoïciens. S'agissant de la physique, il a certainement en mémoire les débats qu'ils entretenaient au sujet de la survie de l'âme humaine : en tant que *pneuma* qui assure la cohésion du corps, celle-ci n'est pas détruite au moment de la mort, mais nous savons que les philosophes du Portique sont divisés quant à la durée de sa survie (limitée

1. *Ibid.*
2. *Ibid.*, p. 293.
3. *Ibid.*, p. 294-295.

en toute hypothèse à l'avènement de la prochaine « conflagration » qui verra la destruction du monde et sa régénération). S'agissant de la morale, son propos sur la vertu et le bonheur est d'une tonalité clairement stoïcienne. Pour autant, il refuse de les suivre en tout point : il conteste les thèses selon lesquelles toutes les fautes seraient également graves ou que la douleur ne serait pas un mal. Il ne reprend de la tradition stoïcienne que ce qui lui paraît s'accorder avec son approche, tout comme il le fait par ailleurs avec la tradition épicurienne dans laquelle s'inscrit également l'Idéologie [1].

Un changement de doctrine ?

On voit qu'il fallait soit être singulièrement de mauvaise foi, soit ne pas s'être donné la peine de lire sérieusement Cabanis, pour remarquer un changement de doctrine entre les *Rapports* et la *Lettre à Fauriel*, le « spiritualisme » voire le christianisme de la seconde succédant au « matérialisme » des premiers. La matière dont il est question dans les *Rapports* est, comme nous l'avons vu, non pas une matière brute mais une matière dynamique, vivante et quasiment spiritualisée : elle est travaillée de l'intérieur par une force génératrice d'un ordre [2], ordre qui « règne » dans le monde physique et « prédomine » dans le monde moral, ce qui revient à lui conférer, sans que ce soit dit explicitement, une forme d'intelligence et de volonté. Or jamais Cabanis ne dit autre chose dans la *Lettre*. Ce qui change, c'est l'angle d'attaque et la méthode. Dans les *Rapports*, Cabanis s'attache au démontrable sans s'interdire à plusieurs reprises de formuler des hypothèses au-delà de ce qu'il peut connaître par l'observation et le raisonnement : il s'en tient alors pour l'essentiel au domaine de l'Idéologie physiologique. Dans la *Lettre*, il prend appui sur les données issues des *Rapports* pour approfondir ou développer les hypothèses qu'il avait déjà pu esquisser, en s'efforçant de les évaluer en fonction de leur probabilité ou de leur vraisemblance,

1. « Parmi ces bienfaiteurs du genre humain, […] Pythagore, Démocrite, Hippocrate, Aristote et Épicure doivent être mis au premier rang » (*RPMH*, M I, § 2, dans *OPC* I, p. 130). « Hippocrate, Aristote et Épicure paraissent avoir été les seuls chez les Anciens, qui avaient bien senti que dans ce genre de recherche [la connaissance des opérations de notre intelligence], il faut commencer par observer ce qui se passe en nous, quand nous sentons et jugeons ; parce qu'eux seuls avaient bien reconnu que les sensations sont les véritables matériaux de nos jugements » (*RRM*, dans *OPC* II, p. 150). Voir sur ce sujet : Mariana Saad, « Cabanis, Destutt de Tracy et Volney : science de l'homme et épicurisme », dans *Dix-huitième siècle*, 2003, n° 35, p. 101-112.

2. « Une force secrète, toujours agissante, tend sans relâche, à rendre cet ordre plus général et plus complet » (*RPMH*, M VII, § 1, dans *OPC* I, p. 359).

de façon toujours raisonnée ou argumentée, et sans jamais conclure de manière péremptoire : il fait alors de la métaphysique au seul sens où elle est permise à ses yeux. Il s'autorise même à célébrer le culte de ce qu'il ne craint pas d'appeler la « vraie religion », mais le lecteur comprend bien que celle-ci n'a strictement rien à voir avec les religions.

On retiendra toutefois que Cabanis, en n'envisageant à aucun moment, semble-t-il, de publier la *Lettre à Fauriel*, a avant tout souhaité attacher son nom et sa mémoire à ses travaux de médecin philosophe plutôt qu'à ses libres réflexions.

Retour à la poésie

L'année 1807 ouvre la dernière séquence de sa vie. À 20 ans, il avait renoncé à la poésie pour la médecine et abandonné sa traduction de *L'Iliade*; à 50 ans, même s'il lui arrive encore de songer à l'écriture de son hypothétique ouvrage sur le perfectionnement de l'homme, il parcourt en sens inverse le chemin emprunté 30 ans plus tôt en reprenant et en corrigeant, dès que sa santé le lui permet, sa traduction. Le 23 janvier 1807, il écrit à Ginguené :

> Je suis revenu au divin Homère, … me voici au Second Chant. Je poursuis avec le zèle d'un converti, mais il restera peut-être quelque chose du vieil homme [1].

Il nourrit alors le projet de publier sa traduction en la faisant précéder d'une *Lettre à M. T***[Thurot], sur les poèmes d'Homère* [2], dans laquelle il esquisse très sommairement une théorie esthétique fondée sur les caractéristiques propres à chacun des organes des sens et sur la sympathie :

> Si, pour établir enfin quelque chose de solide dans la théorie des arts, la connaissance des impressions directes et de la formation des idées ou des sentiments qu'elles produisent, est absolument nécessaire, l'étude et l'observation délicate des impressions sympathiques sont peut-être plus indispensables encore. [En effet], un homme n'agit sur les autres, ou ne leur fait partager ses idées et ses sentiments, qu'en se mettant avec eux dans un état de sympathie qui fasse sentir et penser ceux qui écoutent ou

1. Lettre citée dans François Labrousse, *op. cit.*, p. 30.

2. Rappelons que Thurot, ami proche de Cabanis rencontré dans le salon de Mme Helvétius dans les premières années de la Révolution, est à la fois un philosophe et un helléniste : il est élu en 1814 au Collège de France dans la chaire de langue et littérature grecques.

> regardent, en commun avec celui qui parle ou qui se sert de tout autre langage, soit naturel, soit artificiel [1].

La *Lettre à Thurot* et divers fragments de la traduction de *L'Iliade* ne seront toutefois publiés que de façon posthume dans l'édition des *Œuvres complètes* dirigée par le même Thurot [2] en 1823-1825, car la santé de Cabanis ne lui permet pas de mener son projet à son terme.

La dernière année de sa vie n'est en effet plus guère que la chronique de la dégradation de son état. Le 22 avril 1807, il connaît, en présence de Richerand, une première attaque vasculaire cérébrale dont Destutt de Tracy fait un récit circonstancié dans une lettre à Maine de Biran du 26 avril [3]. Le 11 mai, Cabanis quitte Auteuil pour la dernière fois et part se reposer à la Maisonnette chez Madame de Condorcet. Le lendemain, Destutt de Tracy écrit à nouveau à Maine de Biran :

> Je vois sa délicatesse habituelle changée en débilité, et la vieillesse commencer pour lui dix ans plus tôt qu'elle n'aurait dû, et je ne songe absolument plus qu'à sa conservation si précieuse à tant de gens, sans plus prétendre du tout à l'espoir de lui voir rendre de nouveaux services à la masse entière de la société [4].

À la mi-septembre, il est brièvement paralysé et décide d'aller s'installer avec sa famille à une lieue de la Maisonnette, au hameau de Rueil dans la commune de Seraincourt. Ginguené fait dans son *Journal* le récit des six jours qu'il passe en novembre auprès de son ami [5]. Le 23 janvier 1808, Destutt de Tracy confie à Maine de Biran : « Rien ne se remet ni ne se raffermit chez lui. A tous moments sa tête est prête à s'embrouiller et son côté gauche à s'engourdir » [6]. Le 22 février, Cabanis dicte à son neveu, Georges Montagut, une lettre pour Ginguené qui se termine par : « Adieu, mon cher et bon ami, je suis tout à vous pour la vie et par delà, s'il y a un par delà », formule qui confirme son grand scepticisme quant à la vie éternelle des individus. Il y ajoute un *post-scriptum* manuscrit : « Ma main ne peut plus guère me servir pour écrire ;

1. *OCC,* t.5 , p. 352-254.

2. Rendant compte en 1809 dans le *Mercure de France*, (t. XXXVI, p. 582 *sq.*) d'une nouvelle traduction de l'*Iliade* par Étienne Aignan, Thurot procède à une comparaison avec celle de Cabanis et conclut à la supériorité de cette dernière : « Cabanis l'emporte par la clarté, l'élégance et la douceur de style » (Repris dans *Mélanges de feu François Thurot*, Paris, Firmin Didot, 1880, p. 111).

3. DdT, *Correspondance*, *OC* VIII, p. 217-219.

4. Lettre en date du 12 mai 1807, *ibid.*, p. 223.

5. Des extraits de ce *Journal* sont cités dans Antoine Guillois, *op. cit.*, p. 223-225.

6. DdT, *Correspondance*, *OC* VIII, p. 256.

je suis obligé de la soutenir de la gauche, et c'est un travail pénible pour moi » [1]. Dans la nuit du 5 au 6 mai 1808, il décède après une dernière attaque. Par une ironie de l'histoire, ce républicain a été fait comte d'Empire quelques jours auparavant, mais il n'y a rien de personnel dans cette dignité puisque le titre est alors automatiquement décerné à tous les sénateurs. À l'issue d'une cérémonie religieuse célébrée le 14 mai en l'église d'Auteuil, son cœur est enterré à côté de la tombe de Mme Helvétius au fond du jardin de sa célèbre maison, tandis que le reste de la dépouille prend le chemin du Panthéon où Garat prononce un discours. Peu après, c'est l'École de médecine qui lui rend hommage par la voix de Richerand. Le 5 juin, Destutt de Tracy lui succède dans son fauteuil au sein de la classe de langue et littérature françaises de l'Institut.

1. Lettre citée dans Antoine Guillois, *op. cit.*, p. 230.

CONCLUSION

1. Comme celle de tous les Idéologues, la pensée de Cabanis est fondée sur la continuité qui unit le réel, la sensation, l'idée et le signe. Elle est avant tout marquée par une linéarité qui s'exprime dans tous les domaines :

– *dans le champ scientifique*. Pour lui, connaître consiste à observer de façon de plus en plus approfondie, en allant du connu à l'inconnu par l'usage de la faculté de juger, c'est-à-dire en constatant qu'une idée est comprise dans une autre, puis en répétant l'opération autant de fois que nécessaire pour former un raisonnement. Ce processus forme un *continuum* qui n'ouvre la voie ni aux expérimentations qui s'imposent en médecine au milieu du XIXe siècle, ni aux ruptures ou coupures épistémologiques dont est issue la science moderne.

– *dans le champ historique*. L'histoire est pour Cabanis le récit d'un progrès qui conduit de la brutalité à la civilisation, d'une quasi-imbécillité à l'intelligence, de l'ignorance à la lumière. Certes, il est possible d'observer des reculs (par exemple celui que Rome représente par rapport à la Grèce, comme la plupart des esprits le pensent alors) ou encore l'existence de longues périodes d'obscurité (par exemple le Moyen-âge tel qu'on le conçoit à l'époque), mais il ne s'agit là que de longues séquences jugées provisoires. Si la marche en avant de l'humanité peut être momentanément perturbée, notamment par la puissance des corps sacerdotaux, le mouvement général est inexorable sur le long terme. Cette conception ne laisse aucune place au travail du négatif, à l'opposition des contraires et à leur dépassement dialectique.

– *dans le champ économique*. Dès lors que le pouvoir n'est plus entre les mains d'une aristocratie qui dévoie la production des biens en fonction de ses intérêts (le luxe), une industrie à la fois totalement libre et destinée à la satisfaction des vrais besoins (les biens utiles) ne saurait générer des conflits entre l'intérêt général et l'intérêt particulier :

> Dans un état social bien réglé, la liberté d'industrie ne doit rencontrer aucun obstacle ; elle doit être entière, illimitée : et comme le développement d'une industrie quelconque ne peut devenir utile à celui qui la cultive qu'autant qu'elle l'est elle-même au public, il s'ensuit que l'intérêt général est ici véritablement confondu avec l'intérêt particulier [1].

Ainsi, une « heureuse nécessité » [2] fait que la liberté des agents économiques se conjugue, là encore sans contradictions, avec l'intérêt général et est porteuse de justice et de progrès.

– *dans le champ socio-politique*. La suppression des trois ordres qui organisaient l'Ancien Régime n'a certes pas supprimé les classes sociales. À côté de la classe instruite et propriétaire, il existe une classe manouvrière, et pour partie indigente, qui réunit le plus grand nombre. Si ces deux classes sont différentes et même susceptibles d'entrer en conflit, notamment sous l'influence des démagogues qui, pour leur plus grand profit, flattent les passions populaires, elles n'ont pas des intérêts fondamentalement opposés. Il n'y a pas de « lutte des classes » mais un intérêt mutuel à se rapprocher grâce au développement de l'instruction, du travail et de la propriété. Le destin de la classe pauvre n'est pas d'être en opposition : il est d'être progressivement absorbée au sein de la classe instruite, industrieuse et propriétaire qui est animée par la raison et le souci de l'intérêt général.

– *dans le champ de la morale*. Le mal trouve sa source dans l'ignorance et n'est jamais que la méconnaissance par l'homme de ses intérêts bien compris. On peut même aller jusqu'à dire que le mal n'a pas de véritable existence : l'homme vertueux peut se trouver dans une situation difficile et souffrir mais il ne saurait être véritablement malheureux ; quant au méchant, même dans l'opulence, il ne peut pas connaître le vrai bonheur. Cabanis aimait à rappeler la formule de Benjamin Franklin : « Si les coquins savaient tous les avantages de la vertu, ils deviendraient *honnêtes gens par coquinerie* » [3].

Ainsi les progrès de la connaissance, de l'histoire, de la production des richesses, de la société et de la morale sont-ils directement fonction de

1. Conseil des Cinq-Cents. *Rapport fait au nom de la Commission d'instruction publique et projet de résolution sur un mode provisoire de police médicale, présentés par Cabanis*. Séance du 4 messidor an VI [22 juin 1798], Paris, Imprimerie nationale, an VI, dans *OPC* II, p. 391.

2. « Par une heureuse nécessité, l'intérêt de chaque individu ne saurait jamais être véritablement séparé de l'intérêt des autres hommes » (*RPMH*, préface, dans *OPC* I, p. 118).

3. Notice sur Benjamin Franklin, dans *OPC* II, p. 346 et *RPMH*, préface, dans *OPC* I, p. 118.

l'usage correct de notre raison et de son développement à travers les âges. Ils peuvent rencontrer des obstacles, avancer par étapes ou par paliers, connaître même des phases de régressions, mais il n'est aucune difficulté qui ne puisse être finalement levée car il n'est aucune erreur qui ne puisse être corrigée avec le temps. En cultivant cette vision « progressiste » et optimiste, Cabanis témoigne du fait qu'il est davantage un esprit du XVIIIe siècle que du siècle suivant.

2. Outillé de la méthode analytique condillacienne, il s'est fait médecin philosophe en s'inscrivant pleinement dans la lignée de l'hippocratisme et du vitalisme. Outre le fait qu'une énergie vitale est à l'œuvre au cœur de la sensibilité et que le physique et le moral trouvent leur source dans cette origine commune, il en a hérité l'idée selon laquelle des mouvements organiques, qui sont pour une partie d'entre eux non conscients, influencent directement nos pensées, nos penchants ou nos sentiments. Son apport ou son mérite par rapport à ses prédécesseurs qui en sont restés sur ces points soit à l'énoncé d'un principe, soit à des vues embryonnaires, c'est de s'être attaché à donner un véritable contenu à cette approche : d'abord en identifiant, à côté des impressions externes ou sensations, des impressions internes inconscientes et des impressions formées au sein même du système nerveux, ensuite en en tirant un vaste ensemble de conséquences pour la connaissance de l'homme et de l'exercice de ses facultés. Certes, eu égard aux connaissances de son temps, il étaye ou documente son examen des rapports du physique et du moral de l'homme en ayant le plus souvent recours à des notions ou à des analyses préscientifiques. Ces éléments, inévitablement « datés », peuvent le conduire à des conclusions qui nous paraissent peu convaincantes ou même irrecevables : l'exemple le plus emblématique en est donné par ses développements sur la condition de la femme qui supportent mal la comparaison avec ceux, beaucoup plus éclairés, de son maître Condorcet. Sur de nombreux sujets en revanche, comme l'instinct, la sympathie, la folie et son traitement, il ouvre des perspectives nouvelles, qu'il partage sur certains points avec quelques-uns des meilleurs de ses contemporains, comme Bichat ou Pinel. Cela ne fait sans doute pas de Cabanis un « précurseur » : la formule de Georges Gusdorf qui voit dans son œuvre une « pierre d'attente » [1] paraît beaucoup plus juste, en ce qu'elle dit que Cabanis a donné à pressentir l'étendue et la complexité d'un continent ouvert à la recherche mais qu'il appartiendra à d'autres que lui d'explorer

1. Georges Gusdorf, *La Conscience révolutionnaire. Les Idéologues*, Paris, Payot, 1978, p. 462.

avec d'autres méthodes et d'autres outils. C'est ce que lui-même semble laisser entendre quand, dans la préface des *Rapports*, il écrit :

> Le lecteur s'apercevra bientôt que nous entrons ici, dans une carrière toute nouvelle : je n'ai pas la prétention de l'avoir parcourue jusqu'au bout : mais des hommes plus habiles et plus heureux achèveront ce que trop souvent je n'ai pu que tenter ; et mon espoir le plus solide est d'exciter leurs efforts : car je le confesse sans détour, cette route est à mes yeux celle de la vérité [1].

Cette route sera en effet empruntée ultérieurement, mais sous des formes à chaque fois totalement différentes, que ce soit par la philosophie, comme avec Schopenhauer, par la psychologie et les travaux sur l'inconscient ou plus récemment par les neurosciences et les sciences cognitives.

3. Comme tous les philosophes des Lumières, Cabanis n'a pas pu rester à l'écart de la politique et, compte tenu de la génération qui est la sienne, de la Révolution française. Cette dernière n'exprime pas pour lui une rupture inscrite dans la dialectique de l'histoire : elle n'est que le résultat des « vains obstacles » qui ont été « imprudemment » opposés au libre développement des Lumières [2], ce qui signifie que davantage de lucidité et de sagesse auraient permis de faire l'économie d'un bouleversement où les plus grandes espérances ont été accompagnées des plus grands malheurs. Son seul souci est d'accorder les institutions à l'état des esprits et c'est pour cela qu'il est présent à toutes les étapes du processus : au 14 juillet 1789 où il assiste à la prise de la Bastille ; auprès de Mirabeau puis de Condorcet et en tant que membre de la commission des hôpitaux ; comme député au Conseil des Cinq-Cents puis comme acteur du 18 Brumaire. En référence à la *sympathie* qui est au cœur du moral de l'homme, son engagement se traduit d'abord par son implication dans l'organisation des hôpitaux, dans les secours aux indigents comme dans les réformes de l'enseignement de la médecine. Mais le plus important réside sans doute dans sa volonté de délivrer le message universel porté par l'événement : les promesses de la Révolution que sont le *bonheur*, la *liberté* et l'*égalité* ne pourront être tenues qu'à la condition de développer la *raison*, c'est-à-dire de développer à la fois les connaissances et l'instruction qui sont à la racine du progrès et de la perfectibilité. Pour autant, loin de la tentation que l'on a parfois prêtée à tort aux Idéologues, Cabanis ne défend à aucun

1. *RPMH*, préface, dans *OPC* I, p. 115.
2. *Ibid.*, p. 117.

moment l'idée selon laquelle il appartiendrait aux savants de s'emparer du pouvoir ou de placer celui-ci sous leur tutelle. Au contraire, il appelle de ses vœux un régime à la fois représentatif de l'opinion et marqué par la division des pouvoirs qui, parce qu'il garantit la liberté et a pour seul objet l'intérêt général, crée les conditions du développement et de la diffusion des sciences. Dans ce cas, le gouvernement

> craint pas qu'on examine, qu'on s'éclaire ; il ne craint pas de voir les principes qui doivent le constituer, et les pouvoirs qu'il exerce au nom du peuple, soumis à la plus sévère discussion. Bien loin de repousser ou d'étouffer les idées saines, il les appelle, il les propage avec confiance [1].

Il se forme ainsi un cercle vertueux : la science éclaire la politique qui, en retour, favorise le développement de la connaissance, au service de la perfectibilité et du bonheur de l'homme privé et public ainsi que de l'espèce.

1. Conclusion du premier mémoire des *RPMH*, publié dans le tome I des *Mémoires de l'Institut national, Sciences morales et politiques*. Une autre conclusion lui est substituée dans le volume des *Rapports* paru en 1802. Texte repris dans *OPC* I, p. 161-162.

BIBLIOGRAPHIE SÉLECTIVE

ŒUVRES DE CABANIS [1]

Œuvres complètes ou choisies

Œuvres complètes de Cabanis, accompagnées d'une notice sur sa vie et ses ouvrages, [éd. par François Thurot], Paris, Bossange Frères, Firmin Didot, 1823-1825.

T. 1, 1823 : *Coup d'œil sur les révolutions et sur la réforme de la médecine; Rapport fait au Conseil des Cinq-Cents sur l'organisation des Écoles de médecine; Du Degré de certitude de la médecine.*

T. 2, 1823 : *Journal de la maladie et de la mort de Mirabeau; Observations sur les affections catharrales; Note sur l'opinion de MM. Œlsner et Soemmering, et du citoyen Sue, touchant le supplice de la guillotine; Quelques principes et quelques vues sur les secours publics; Observations sur les hôpitaux; Travail sur l'éducation publique trouvé dans les papiers de Mirabeau; Note sur un genre particulier d'apoplexie.*

T. 3, 1824 : *Rapports du physique et du moral de l'homme* [7 premiers mémoires].

T. 4, 1824 : *Rapports du physique et du moral de l'homme* [5 derniers mémoires], avec les tables de Destutt de Tracy et Sue.

T. 5, 1825 : *Lettre à M. F*** sur les causes premières; Discours d'ouverture du cours sur Hippocrate; Discours de clôture pour le cours sur Hippocrate; Éloge de Vicq-d'Azir; Notice sur Benjamin Franklin; Lettre à M. T*** sur les poèmes d'Homère; Fragments de la traduction de l'*Iliade; *Serment d'un médecin.*

[La notice sur la vie et les œuvres ne figure dans aucun volume]

1. On trouvera une bibliographie détaillée des œuvres de Cabanis dans les *Œuvres philosophiques de Cabanis*, texte établi et présenté par Claude Lehec et Jean Cazeneuve, Paris, P.U.F., 1956.

Cabanis, choix de textes et introduction par Georges Poyer, Paris, 1910.

Œuvres philosophiques de Cabanis, texte établi et présenté par Claude Lehec et Jean Cazeneuve, Paris, Presses universitaires de France, 1956, 2 vol.

Anthropologie médicale et pensée politique, textes réunis et présentés par Marie Gaille, Paris, CNRS Éditions, 2014.

Ouvrages publiés du vivant de l'auteur

Observations sur les hôpitaux, Paris, Impr. nationale, 1790.

Journal de la maladie et de la mort d'Honoré-Gabriel-Victor Riquetti Mirabeau, Paris, Grabit, [avril] 1791. [Nouvelle édition présentée et annotée par Carmel Ferrandes, Bari, Adriatica Editrice, 1996].

Travail sur l'éducation publique, trouvé dans les papiers de Mirabeau l'aîné, publié par P.-J.-G. Cabanis, Paris, Imprimerie nationale, [août] 1791.

Mélanges de littérature allemande, ou Choix de traductions de l'allemand, etc., Paris, J.J. Smits et Cie an V-1797. [ouvrage rédigé en 1793-1794].

Du Degré de certitude de la médecine, Paris, Didot, an VI-1798.

Nouvelle édition, revue, corrigée et augmentée, Paris, Crapart, Caille et Ravier, an XI-1803, comprenant en outre :

– *Observations sur les hôpitaux*;

– *Journal de la maladie et de la mort de Mirabeau*;

– *Note sur l'opinion de MM. Œlsner et Soemmering, et du citoyen Sue, touchant le supplice de la guillotine*;

– *Rapport fait au Conseil des Cinq-Cents, sur l'organisation des Écoles de médecine ;*

– *Quelques principes et quelques vues sur les secours publics*. [ouvrage rédigé entre 1791 et 1793].

Rapports du physique et du moral de l'homme, Paris, Crapart, Caille et Ravier, [thermidor] an X-1802, 2 vol.

Seconde édition, revue, corrigée et augmentée par l'auteur, [comprenant un Extrait raisonné servant de table analytique par Destutt de Tracy et deux tables des auteurs et des matières par P. Suë], Paris, Crapart, Caille et Ravier, [mai] 1805, 2 vol.

[Les six premiers mémoires sur les *Rapports du physique et du moral de l'homme* ont été préalablement publiés dans *Mémoires de l'Institut national..., Sciences morales et politiques*, t. I, Paris, thermidor an VI [juillet-août 1798], p. 37-208, et t. II, Paris, fructidor an VII [août-septembre 1799], p. 107-287.]

Coup d'œil sur les révolutions et sur la réforme de la médecine, Paris, Crapart, Caille et Ravier, an XII-1804. [ouvrage rédigé en 1795].

Observations sur les affections catharrales, en général et particulièrement sur celles connues sous les noms de rhume de cerveau et de rhume de poitrine, Paris, Crapart, Caille et Ravier, 1807.

Ouvrage inédit publié après la mort de l'auteur

*Lettre (posthume et inédite) de Cabanis à M. F*** sur les causes premières*, avec des notes de F[rédéric] Bérard, Paris, Gabon, 1824.

Articles et brochures publiés du vivant de l'auteur

« Note sur l'opinion de MM. Œlsner et Soemmering, et du citoyen Sue, touchant le supplice de la guillotine », dans *Le Magasin encyclopédique*, t. 5, an IV-1795 [reprise dans *Mémoires de la Société médicale d'émulation*, t. 1, an VI-1798, p. 278-293].

« [Sur] l'*Épitre sur la calomnie*, par M.J. Chénier », dans *Le Mercure français*, 30 frimaire an V [20 décembre 1796], p. 144-155.

« Projet d'une bibliothèque universelle à l'Institut national », dans *Le Mercure français*, 20 germinal an V [6 avril 1797].

« Opinion de Cabanis sur les réunions s'occupant d'objets politiques », Paris, Baudouin, [6 thermidor an V ou 24 juillet 1797].

[Articles publiés dans] *Le Conservateur, Journal politique, philosophique et littéraire*, du 9 vendémiaire an VI [30 septembre 1797] au 10 frimaire an VI [30 novembre 1797].

« Opinion de Cabanis sur la nomination des juges du Tribunal de cassation », Conseil des Cinq-Cents, séance du 2 prairial an VI [21 mai 1798], Paris, Imprimerie national, prairial an VI.

« Rapport fait au nom de la Commission d'instruction publique et projet de résolution sur un mode provisoire de police médicale, présentés par Cabanis », Conseil des Cinq-Cents, séance du 4 messidor an VI [22 juin 1798], Paris, Imprimerie nationale, an VI.

« Opinion de Cabanis sur la nécessité de réunir en un seul système commun la législation des prisons et celle des secours publics », Conseil des Cinq-Cents, séance du 7 messidor an VI [25 juin 1798], Paris, Imprimerie nationale, an VI.

« Discours prononcé le 26 messidor, anniversaire du 14 juillet, au sujet de l'adresse et de l'offrande des Irlandais », Conseil des Cinq-Cents, Paris, Imprimerie nationale, thermidor an VI.

« Discours de Cabanis offrant au Conseil des Cinq-Cents la gravure du portrait de Mirabeau. Discours de Cabanis offrant au Conseil des Cinq-Cents l'édition des *Œuvres* de Condillac », Conseil des Cinq-Cents, séance du 13 thermidor an VI [31 juillet 1798], Paris, Imprimerie nationale, an VI.

« Discours prononcé par Cabanis, sur les inconvéniens que présente la salle du Conseil », Conseil des Cinq-Cents, séance du 17 thermidor an VI [4 août 1798], Paris, Imprimerie nationale, an VI.

« Opinion de Cabanis sur l'impôt du sel à l'extraction », Conseil des Cinq-Cents, séance du 11 fructidor an VI [28 août 1798], Paris, Baudouin, s.d.

« Discours prononcé par Cabanis, en offrant au Conseil un ouvrage posthume de Condorcet sur l'arithmétique », Conseil des Cinq-Cents, séance du 26 vendémiaire an VII [17 octobre 1798], Paris, Imprimerie nationale, an VII.

« Discours prononcé par Cabanis, en offrant au Conseil la nouvelle édition du *Dictionnaire* de la ci-devant Académie française », Conseil des Cinq-Cents, séance du 18 brumaire an VII [8 novembre 1798], Paris, Imprimerie nationale, an VII.

« Rapport de Cabanis, au nom des Commissions d'instruction publique et des institutions républicaines réunies sur l'organisation des Écoles de médecine », Conseil des Cinq-Cents, séance du 29 brumaire an VII [19 novembre 1798], Paris, Imprimerie nationale, an VII.

« Opinion de Cabanis contre le projet de partage des biens communaux », Conseil des Cinq-Cents, séance du 7 pluviôse an VII [27 janvier 1799], Paris, Imprimerie nationale, an VII.

« Rapport fait au nom d'une Commission spéciale, par Cabanis, sur la pétition des citoyens Bédigis et Testevuide, entrepreneurs et directeurs du cadastre de la Corse », Conseil des Cinq-Cents, séance du 9 pluviôse an VII [29 janvier 1799], Paris, Imprimerie nationale, an VII.

« Opinion sur le projet d'organisation des écoles primaires, et en général sur l'instruction publique », [manuscrit inédit rédigé vers ventôse ou germinal an VII [février/mars 1799], publié dans *OPC* II, p. 425-450].

« Lettre sur un passage de la *Décade philosophique* et en général sur la perfectibilité de l'esprit humain », dans *La Décade philosophique, littéraire et politique*, an VII, 3 e trimestre, 30 germinal an VII [20 avril 1799], p. 149-159. Repris dans *OPC* II, p. 512-519.

« Discours prononcé par Cabanis sur le message du Conseil des Anciens, relatif aux journaux calomniateurs des premières autorités », Conseil des Cinq-Cents, séance du 1 er fructidor an VII [19 août 1799], Paris, Imprimerie nationale, an VII.

« Lettre aux auteurs de *La Décade philosophique* sur l'École polytechnique », dans *La Décade philosophique, littéraire et politique*, 10 brumaire an VIII [1 er novembre 1799], n° 23, p. 200-207.

« Projet de résolution portant qu'il sera fait une adresse au peuple français, présenté au nom d'une Commission, par Cabanis », Conseil des Cinq-Cents, séance du 19 brumaire an VIII [10 novembre 1799], Saint-Cloud, Imprimerie nationale, an VIII.

« Discours prononcé par Cabanis à la suite du rapport de la Commission des Sept », séance extraordinaire du 19 brumaire an VIII [10 novembre 1799], Saint-Cloud, Imprimerie nationale, an VIII.

« Opinion de Cabanis sur l'emprunt forcé », séance du 25 brumaire an VIII [16 novembre 1799], Paris, Imprimerie nationale, an VIII.

« Cabanis à ses collègues », dans *L'Ami des lois*, 30 brumaire an VIII [21 novembre 1799].

« Quelques considérations sur l'organisation sociale en général et particulièrement sur la nouvelle Constitution », Commission du Conseil des Cinq-Cents, séance du 25 frimaire an VIII [16 décembre 1799], Paris, Imprimerie nationale, an VIII. Repris dans *OPC* II, p. 460-490.

« Discours prononcé par Cabanis », séance du 3 nivôse an VIII [24 décembre 1799], Paris, Imprimerie nationale, an VIII.

[Compte-rendu de l'*Influence de l'habitude sur la faculté de pensée* de Maine de Biran], dans *Le Citoyen français, journal politique, commercial, littéraire*, 23 pluviôse an XI, n° 1178 [13 février1803]. Repris dans Maine de Biran, *Œuvres*, t. II, Paris, Vrin, 1987, p. 360-363.

Édition de Condorcet

Œuvres complètes de Condorcet, publiées par M.-L.-S. de Condorcet, avec le concours de A.-A. Barbier, Cabanis et Garat, Brunswick, Paris, Henrichs, an XIII-1804, 21 vol.

SOURCES IMPRIMÉES

ALEMBERT Jean Le Rond d', *Discours préliminaire de l'Encyclopédie*, introduit et annoté par Michel Malherbe, Paris, Vrin, 2000.

– *Essai sur les éléments de philosophie*, Paris, Fayard, 1986.

ALIBERT Jean-Louis, « Discours sur les rapports de la médecine avec les sciences physiques et morales », dans *Mémoires de la Société médicale d'émulation*, 2 e année, Paris, Richard, Caille et Ravier, an VII.

BARTHEZ Paul-Joseph, *Nouveaux éléments de la science de l'homme*, Montpellier, Martel aîné, 1778.

BÉRARD Frédéric, *Doctrine des rapports du physique et du moral, pour servir de fondement à la métaphysique*, Paris, Gabon, 1823.

BICHAT Xavier, *Recherches physiologiques sur la vie et la mort,* Paris, Brosson, Gabon et Cie, an VIII.

– *Anatomie générale appliquée à la physiologie et à la médecine*, Paris, Brosson, Gabon et Cie, 1801, 3 vol.

BONALD Louis de, *Recherches sur les premiers objets des connaissances morales*, Paris, A. Le Clère, 1818, 2 vol.

BONNET Charles, *Essai de psychologie, ou Considérations sur les opérations de l'âme, sur l'habitude et sur l'éducation. Auxquelles on a ajouté des Principes philosophiques sur la cause première et sur ses effets*, Londres, 1755.

– *Essai analytique sur les faculté de l'âme,* Copenhague, Les Frères Cl. et Ant. Philibert, 1760.

BORDEU Théophile de, *Recherches sur les maladies chroniques*, Paris, Ruault, 1775.

BOYER Alexis, *Traité complet d'anatomie, ou Description de toutes les parties du corps humain*, Paris, Migneret, an V-an XIII, 1797-1805, 4 vol.

CONDILLAC Étienne BONNOT de, *Essai sur l'origine des connaissances humaines*, Amsterdam, Mortier, 1746. [Édition critique, introduction et note par Jean-Claude Pariente et Martine Pécharman, Paris, Vrin, 2014]

– *Traité des systèmes*, La Haye, Neaulme, 1749. [Paris, Fayard, 1991]

– *Traité des sensations*, Paris, De Bure, 1754. [Paris, Fayard, 1984]

– *Traité des animaux*, Paris, de Bure, 1755. [Paris, Vrin, 2004]

– *Cours d'étude pour l'instruction du prince de Parme*, Parme, 1775, 16 vol.

– *Logique*, Paris, L'Esprit et Debure l'aîné, 1780.

– *Œuvres*, revues et corrigées par l'auteur et augmentées de la *Langue des calculs*, Paris, Gratiot, Houel, Guillaume et Gide, an VI-1798, 23 vol.

CONDORCET Nicolas de, *Œuvres complètes*, publiées par S. de Condorcet, avec le concours de A.-A. Barbier, P.-J.-G. Cabanis et D.-J. Garat, Brunswick, Vieweg, Paris, Heinrichs, 1804, 21 vol.

– *Esquisse d'un tableau historique des progrès de l'esprit humain*, texte revu et présenté par O.H. Prior, Paris, Vrin, 1970.

– *Esquisse d'un tableau historique des progrès de l'esprit humain,* suivi de *Fragment sur l'Atlantide*, introduction, chronologie et bibliographie par Alain Pons, Paris, Flammarion, 1988.

– *Cinq Mémoires sur l'instruction publique*, présentation, notes, bibliographie et chronologie par Charles Coutel et Catherine Kintzler, Paris, Flammarion, 1994.

CONDORCET Sophie de, Les *Lettres sur la sympathie* (1798) de Sophie de Grouchy : philosophie morale et réforme sociale, sous la dir. de Marc-André Bernier et Deidre Dawson, Oxford, Voltaire Foundation, 2010.

DAMIRON Philibert, *Essai sur l'histoire de la philosophie en France au dix-neuvième siècle*, Paris, Ponthieu, 1828. Deuxième édition, Paris, Schubart et Heideloff, 1828. [Rééd., Paris, CNRS Éditions, 2007].

DESTUTT DE TRACY Antoine Louis Claude, *Œuvres complètes*, introductions, édition et notes par Claude Jolly, Paris, Vrin, 2011-2018, 8 vol.

DIDEROT Denis, *Œuvres philosophiques*, éd. par Paul Vernière, Paris, Classiques Garnier, 1998.

DROZ Joseph, *De la philosophie morale, ou des différents systèmes sur la science de la vie*, Paris, A.-A. Renouard, 1823.

DUMAS Charles-Louis, *Principes de physiologie, ou introduction à la science expérimentale, philosophique et médicale de l'homme,* Paris, Deterville, 1800-1803, 4 vol.

GARAT Dominique-Joseph, *Mémoires sur la Révolution, ou Exposé de ma conduite dans les affaires et les fonctions publiques*, Paris, J.J. Smits et Cie, an III [1795].

– *Leçons d'analyse de l'entendement*, dans *L'École normale de l'an III : Leçons d'analyse de l'entendement, art de la parole, littérature, morale*, [édition publiée] sous la direction de Jean Dhombres et Béatrice Didier, Paris, Éditions Rue d'Ulm, 2008.

GINGUENÉ Paul-Louis, [notice] *Cabanis*, dans Michaud, Louis Gabriel, *Biographie universelle, ancienne et moderne*, 1811-1828.

GUILLAUME James, *Procès-verbaux du comité d'instruction publique de la Convention nationale*, Paris, Impr. nationale, 1891-1958, 7 t. en 8 vol.

HELVÉTIUS Claude-Adrien, *De l'esprit*, Paris, Fayard, 1988.

– *De l'homme, de ses facultés intellectuelles et de son éducation*, Paris, Fayard, 1989, 2 vol.

HOLBACH Paul Henri d', *Système de la nature, ou des lois du monde physique et du monde moral*, Londres [Amsterdam], M. M. Rey, 1770.

HUMBOLDT Wilhelm von, *Journal parisien (1799-1799)*, trad. par É. Beyer, Arles, Solin, Actes Sud, 2001.

LA CAZE Louis de, *Idée de l'homme physique et moral pour servir d'introduction à un traité de médecine*, Paris, H.L. Guérin et L.F. Delatour, 1755.

LAKANAL Joseph, *Exposé des travaux de Joseph Lakanal [...] pour sauver, durant la Révolution, les sciences, les lettres et ceux qui les honoraient par leurs travaux*, Paris, F. Didot, 1838.

LAPLACE Pierre Simon, *Leçons de Laplace*, dans *L'École normale de l'an III : Leçons de mathématiques*, [édition publiée] sous la direction de Jean Dhombres, Paris, Dunod, 1992.

– *Exposition du système du monde*, seconde édition, Paris, Duprat, an VII. [Paris, Fayard, 1984].

– *Essai philosophique sur les probabilités*, cinquième édition, Paris, Bachelier, 1825. [Nouvelle édition par Bernard Bru, Paris, Christian Bourgois, 1986].

LOCKE John, *Essai philosophique concernant l'entendement humain*, trad. Coste, troisième édition, Amsterdam, P. Mortier, 1735. [Nouvelle traduction par Jean-Michel Vienne, Paris, Vrin, 2001-2006].

MAINE DE BIRAN François-Pierre, *Œuvres*, publiées sous la direction de François Azouvi, Paris, Vrin, 1984-2014, 20 vol.

MAUPERTUIS Pierre Louis MOREAU de, *Essai sur la formation des corps organisés*, Berlin, 1754.

MIGNET François-Auguste, « Cabanis, notice lue dans la séance publique de l'Académie des sciences morales et politiques du 15 juin 1850 », dans *Portraits et notices historiques et littéraires*, tome second, Paris, Didier, 1852, p. 225-266.

MOREAU DE LA SARTHE Jacques Louis, « [Recension de la seconde édition des] *Rapports du physique et du moral de l'homme*, dans *Revue philosophique, littéraire et politique*, 10, 20, 30 thermidor an XIII (29 juillet, 8, 18 août 1805), n° 31-33, p. 193-202, 257-263, 321-328.

– « Notice sur la vie et les ouvrages de Cabanis », première partie de l'article « Moral » dans *Encyclopédie méthodique, Médecine*, tome X, Paris, Agasse, 1821, p. 250-259.

MORELLET André, *Mémoires sur le dix-huitième siècle et sur la Révolution*, introduction et notes de Jean-Pierre Guicciardi, Paris, Mercure de France, 1988.

PINEL Philippe, *Nosographie philosophique ou la méthode de l'analyse appliquée à la médecine*, Paris, Maradan, an VI.

– *Traité médico-philosophique sur l'aliénation mentale ou la manie*, Paris, Richard, an IX.

RAVAISSON Félix, *La Philosophie en France au XIXe siècle*, Paris, Imprimerie impériale, 1868. [Nouvelle édition, Paris, Fayard, 1984].

RICHERAND Balthazar-Anthelme, *Nouveaux éléments de physiologie*, Paris, Crapart, Caille et Ravier, an X-1802.

ROUSSEL Pierre, *Système physique et moral de la femme*, Paris, Vincent, 1775.

ROYER-COLLARD Pierre-Paul, *Textes philosophiques et psychologiques*, introduction de Corinne Doria, Paris, L'Harmattan, 2013.

SAINT-LAMBERT Jean-François de, *Principes des mœurs chez toutes les nations ou Catéchisme universel*, Paris, Agasse, an VI-1798.

SÈZE Paul-Victor de, *Recherches phisiologiques et philosophiques sur la sensibilité et la vie animale*, Paris, Prault, 1786.

SMITH Adam, *Théorie des sentiments moraux ou Essai analytique sur les principes des jugemens que portent naturellement les hommes*...suivi d'une *Dissertation sur l'origine des langues*, trad. de l'anglais par S. Grouchy, Ve Condorcet. Elle y a joint *Huit lettres sur la sympathie*. Paris, F. Buisson, an VI-1798, 2 vol.

– *Théorie des sentiments moraux*, trad., introduit et annoté par Michaël Biziou, Claude Gautier et Jean-François Pradeau, 2e éd., Paris, P.U.F., 2011.

Les Stoïciens, textes traduits par Émile Bréhier et édités sous la direction de Pierre-Maxime Schuhl, Paris, Gallimard, 1962.

THUROT Jean-François, *De l'entendement et de la raison. Introduction à l'étude de la philosophie*, Paris, Aimé Andre, 1830, 2 vol.

TURGOT Anne-Robert-Jacques, *Œuvres de Turgot et documents le concernant*, avec biographie et notes par Gustave Schelle, Paris, Alcan, 1913-1923, 5 vol.

VOLNEY Constantin François de CHASSEBŒUF dit, *Œuvres complètes*, Paris, Bossange, 1821, 8 vol.

– *Œuvres*, textes réunis et revus par Anne et Henry Deneys, paris, Fayard, 1989-1998, 3 vol.

Ouvrages et articles critiques

Ouvrages

ALFARIC Prosper, *Laromiguière et son école, étude biographique*, Paris, Les Belles Lettres, 1929

AMIABLE Louis, *Une loge maçonnique d'avant 1789 : la Loge des Neuf Sœurs*, augm. d'un commentaire et de notes critiques de Charles Porset, Paris, Éditions maçonniques de France, 2014.

AZOUVI François, *Maine de Biran, la science de l'homme*, Paris, Vrin, 1995.

BACZKO Bronislaw, *Une éducation pour la démocratie : textes et projets de l'époque révolutionnaire*, Genève, Droz, 2000.

BADINTER Élisabeth et Badinter, Robert, *Condorcet, un intellectuel en politique*, Paris, Fayard, 1988.

BÉNÉTRUY Joseph, *L'Atelier de Mirabeau : quatre proscrits genevois dans la tourmente révolutionnaire*, Genève, 1962 (Mémoires et documents publiés par la Société d'histoire et d'archéologie de Genève, tome XLI).

BESANCON Serge, *La Philosophie de Cabanis, une réforme de la psychiatrie*, Le Plessis-Robinson, Institut Synthélabo, 1997.

BOURGEY Louis, *Observation et expérience chez les médecins de la Collection Hippocratique*, Paris, Vrin, 1953.

BOURY Dominique, *La Philosophie médicale de Théophile de Bordeu, 1722-1776*, Paris, Champion, 2004.

BRAUNSTEIN Jean-François, *Broussais et le matérialisme : médecine et philosophie au XIXe siècle*, Paris, Méridiens Klincksieck, 1986.

CANGUILHEM Georges, *Œuvres complètes*, Paris, Vrin, 2011-2019. [Quatre tomes parus sur six].

CHAPPEY Jean-Luc, *La Société des observateurs de l'homme (1799-1804) : des anthropologues au temps de Bonaparte*, Paris, Société des études robespierristes, 2002.

CHAUSSINAND-NOGARET Guy, *Les Lumières au péril du bûcher, Helvétius et d'Holbach*, Paris, Fayard, 2009.

CLAUZADE Laurent, *L'Idéologie ou la révolution de l'analyse*, Paris, Gallimard, 1998.

– *L'Organe de la pensée : Biologie et philosophie chez Auguste Comte*, Besançon, Presses universitaires de Franche-Comté, 2009.

CORLIEU Auguste, *L'Ancienne faculté de médecine de Paris*, Paris, Delahaye, 1877.

DALED Pierre, *Le Matérialisme occulté et la genèse du « sensualisme »*, Paris, Vrin, 2005.

DARNTON Robert, *La Fin des Lumières, le mesmérisme et la Révolution*, Paris, Perrin, 1984.

GAULMIER Jean, *L'Idéologue Volney, 1757-1820 : contribution à l'histoire de l'orientalisme en France*, Beyrouth, 1951.

GUILLOIS Antoine, *Le Salon de Madame Helvétius, Cabanis et les Idéologues*, Paris, Calmann Levy, 1894. [Rééd. Genève, Slatkine Reprints, 2013].

– *La Marquise de Condorcet, sa famille, son salon, ses amis, 1764-1822*, Paris, Paul Ollenforff, 1897.

GOUHIER Henri, *Les Conversions de Maine de Biran*, Paris, Vrin, 1947.

GUSDORF Georges, *La Conscience révolutionnaire, les Idéologues*, Paris, Payot, 1978.

HAHN Roger, *Le Système du monde : Pierre Simon Laplace, un itinéraire dans la science*, trad. par P. Hersant, Paris, Gallimard, 2004.

HUNEMAN Philippe, *Bichat, la vie et la mort*, Paris, P.U.F., 1998.

L'Institution de la raison : la révolution culturelle des Idéologues, sous la dir. de François Azouvi, Paris, Éditions de l'E.H.E.S.S., Vrin, 1992.

KITCHIN Johanna, *Un journal « philosophique », La Décade (1794-1807)*, Paris, Minard, 1965.

LABROUSSE François, *Quelques notes sur un médecin philosophe, P.-J.-G. Cabanis*, Paris, Michalon, 1903.

MACHEREY Pierre, *Études de philosophie « française », de Sieyès à Barni*, Paris, Publications de la Sorbonne, 2013.

MADINIER Gabriel, *Conscience et mouvement, étude sur la philosophie française de Condillac à Bergson*, Paris, Librairie Félix Alcan, 1938.

Le Moment idéologique : littérature et sciences de l'homme, sous la dir. de Yves Citton et Lise Dumasy, Lyon, E.N.S. éditions, 2013.

MORAVIA Sergio, *Il Tramonto dell'Illuminismo, Filosofia e politica nella società francese (1770-1810)*, Bari, Laterza, 1986.

– *Il Pensiero degli Idéologues, Scienza e filosofia in Francia (1780-1815)*, Firenze, La Nuova Italia, 1974.

MROZOVSKI Robert, *Médecine et politique dans l'œuvre de Pierre-Jean-Georges Cabanis*, Thèse, Université Paris I, 2013.

MULLER Robert, *Les Stoïciens, la liberté et l'ordre du monde*, Paris, Vrin, 2012.

PEISSE Louis, *Notice historique et philosophique sur la vie, les travaux et les doctrines de Cabanis*, [en tête de la huitième édition des] *Rapports du physique et du moral de l'homme*, Paris, J.B. Baillière, 1844.

PICAVET François, *Les Idéologues, essai sur l'histoire des idées et des théories scientifiques, philosophiques, religieuses, etc. en France depuis 1789*, Paris, Alcan, 1891. [Rééd. Hidelsheim, New York, Georg Olms Verlag, 1972].

POULIQUEN Yves, *Cabanis, un Idéologue de Mirabeau à Bonaparte*, Paris, Odile Jacob, 2013.

RÉGALDO Marc, *Un milieu intellectuel, La Décade philosophique, 1794-1807*, Lille, A.N.R.T., 1976.

REY Roselyne, *Naissance et développement du vitalisme en France*, Oxford, Voltaire Foundation, 2000.

ROLE André, *Georges Cabanis, le médecin de Brumaire*, Paris, Lanore, 1994.

SAAD Mariana, *Cabanis, comprendre l'homme pour changer le monde*, Paris, Classiques Garnier, 2016.

SAVIOZ Raymond, *La Philosophie de Charles Bonnet de Genève*, Paris, Vrin, 1948.

SIMON Jules, *Une Académie sous le Directoire*, Paris, Calmann Lévy, 1885.

STAUM Martin S., *Cabanis, Enlightenment and Medical Philosophy in the French Revolution*, Princeton, Princeton University Press, 1980.

TEYSSEIRE Daniel, *De la vie dans* Les Rapports du physique et du moral de l'homme *de Cabanis*, Saint-Cloud (E.N.S.), CREFED, 1982.

VERMEIL DE CONCHARD Paul-Prosper, *La Famille de Cabanis, son influence sur la formation de son caractère et de ses idées*, Tulle, Impr. Juglard, 1921.

– *Trois études sur Cabanis d'après des documents inédits : le serment de Cabanis ; le mariage de Cabanis ; Cabanis homme politique*, Brive, Libr. Petit et Boussus, 1914.

VILLEFOSSE Louis de, BOUISSOUNOUSE Janine, *L'Opposition à Napoléon*, Paris, Flammarion, 1969.

WEINER Dora B., *Comprendre et soigner : Philippe Pinel (1745-1826), la médecine de l'esprit*, Paris, Fayard, 1999.

Articles

COLONNA D'ISTRIA F., « Cabanis et les origines de la vie psychologique », dans *Revue de métaphysique et de morale*, t. XIX, n° 2, 1911, p. 177-198.

– « Les formes de la vie psychologique et leurs conditions organiques d'après Cabanis », dans *Revue de métaphysique et de morale*, t. XX, n° 1, 1912, p. 25-47.

– « L'influence du moral sur le physique d'après Cabanis et Maine de Biran », dans *Revue de métaphysique et de morale*, t. XXI, n° 4, 1913, p. 451-461.

– « La religion d'après Cabanis », dans *Revue de métaphysique et de morale*, t. XXIV, n° 3, 1916, p. 455-471.

– « La logique de la médecine, d'après Cabanis », dans *Revue de métaphysique et de morale*, t. XXV, n° 1, 1917, p. 59-73.

GAILLE Marie, « D'indispensables services rendus : l'alliance épistémologique de la philosophie et de la médecine selon Cabanis », dans *Médecins et philosophes, une histoire, sous la dir. de Claire Crignon et David Lefebvre*, Paris, CNRS éditions, 2019, p. 295-319.

HOFFMANN Paul, « Le concept de moral chez Cabanis », dans *L'Héritage des Lumières, Volney et les Idéologues*, textes réunis par Jean Roussel, Angers, Presses de l'Université, 1988, p. 113-130.

MORAVIA Sergio, « Philosophie et médecine en France à la fin du XVIIIe siècle », dans *Studies on Voltaire and the eighteenth Century*, 89, Oxford, The Voltaire Foundation, 1972, p. 1089-1151.

PAGANINI Gianni, « Psychologie et physiologie de l'entendement chez Condillac », dans *Le Matérialisme des Lumières, Dix-huitième siècle*, 1992, n° 24, p. 165-178.

PARADIS André, « De Condillac à Pinel, ou les fondements philosophiques du traitement moral », dans *Philosophiques*, vol. XX, n°1, 1993, p. 69-112.

RÉMUSAT Charles de, « Cabanis », dans *La Revue des deux mondes*, 1844, p. 316-349.

REY Roselyne, « L'âme, le corps et le vivant », dans *Histoire de la pensée médicale en Occident, 2. De la Renaissance aux Lumières*, sous la direction de Mirko D. Grmek, Paris, Seuil, 1997, p. 117-155.

SAAD Mariana, « Cabanis, Destutt de Tracy, Volney : science de l'homme et épicurisme », dans *Dix-huitième siècle*, n° 35, Paris, P.U.F., 2003, p. 101-112.

– « Matérialisme, monisme et physiologie : l'héritage d'Helvétius chez les Idéologues », dans *Matérialistes français du XVIIIe siècle*, sous la dir. de Sophie Audidière et *alii*, Paris, P.U.F., 2006, p. 215-234.

SCHLIEBEN-LANGE Brigitte, et KNAPSTIN Franz, « Les Idéologues avant et après Thermidor », dans *Annales historiques de la Révolution française*, n° 271, janv.-mars 1988, p. 35-59.

TEYSSEIRE Daniel, « Lien social et ordre politique chez Cabanis », dans *Studies on Voltaire and the Eighteenth Century*, 267, Oxford, The Voltaire Foundation, 1989, p. 353-400.

– « Comme un fils tendre et dévoué : Cabanis et Madame Helvétius », dans *Madame Helvétius et la Société d'Auteuil*, textes réunis et présentés par Jean-Paul de Lagrave, Oxford, The Voltaire Foundation, 1999, p. 53-71.

INDEX NOMINUM

TABLE DES MATIÈRES

ACHEVÉ D'IMPRIMER
EN JUIN 2021
SUR LES PRESSES
DE
L'IMPRIMERIE F. PAILLART
À ABBEVILLE

DÉPÔT LÉGAL : 2e TRIMESTRE 2021
N°. IMP. 16798